Wer sind die Juden? Und woher kommen sie?

Schon vor rund 2000 Jahren siedelten sich die ersten Juden auf dem Gebiet des heutigen Deutschland an. Gut 1000 Jahre zuvor war das Judentum begründet worden, als Gott mit den Israeliten in der Wüste Sinai einen Bund geschlossen und sie ins Heilige Land geführt hatte. Dort, an der Südostküste des Mittelmeeres war unter König David ein mächtiges Reich entstanden, mit Jerusalem als Hauptstadt.

Aber diese Heimat wurde immer wieder von mächtigen Feinden bedroht. Die Juden wurden vertrieben und in alle Welt verstreut. Sie lebten fortan nicht mehr in einem gemeinsamen »Staat«, sondern in vielen Ländern – auch in Deutschland.

Auch wenn sie hier eine neue Heimat fanden, blieben ihre Herzen doch zerrissen. Sie wollten Deutsche jüdischen Glaubens sein, wurden aber von der Mehrheit vor allem als Juden gesehen – als Fremde.

Dabei ist die Geschichte der Deutschen ohne die deutschen Juden gar nicht zu denken: Moses Mendelssohn verdanken wir die Aufklärung, Johann Jacoby mehr Bürgerrechte, Heinrich Heine Weltliteratur, Albert Einstein die moderne Physik, Emil Rathenau die Elektrizität. Die deutschen Juden haben entscheidend zu Kunst und Technik, Wirtschaft und Wissenschaft beigetragen, waren aber die meiste Zeit Anfeindungen, Ausgrenzungen und Gewalt ausgesetzt. Von dieser wechselvollen Beziehung, von religiösen Gesetzen und Riten, von »Judenschmerz« und der Sehnsucht nach Gleichberechtigung erzählt dieses Buch.

Ingke Brodersen, 1950 geboren, hat u. a. Geschichte studiert und war lange Jahre Lektorin und Herausgeberin politischer Bücher im Rowohlt Verlag, später Leiterin des Verlages Rowohlt Berlin. Heute arbeitet sie als Agentin. Sie hat u. a. zusammen mit Carola Stern den Band »Eine Erdbeere für Hitler. Deutschland unterm Hakenkreuz« herausgegeben.

Rüdiger Dammann, geboren 1959 in Hamburg, hat Soziologie und Völkerkunde studiert und ist seit vielen Jahren Lektor und Herausgeber politischer Bücher. Zuletzt erschien von ihm »1968. Die Revolte« (als Herausgeber zusammen mit Daniel Cohn-Bendit).

Klaus Ensikat, 1937 geboren, gilt als der »ungekrönte König der Buchillustratoren«. Er hat an der Fachhochschule für Gestaltung in Hamburg unterrichtet und zahllose Bücher illustriert, u. a. die Bände der »Kinder-Uni« und zuletzt »Brehms Tierleben«.

Unsere Adressen im Internet: www.fischerverlage.de

Ingke Brodersen, Rüdiger Dammann

Zerrissene Herzen

Die Geschichte der Juden in Deutschland

Illustriert von Klaus Ensikat

Fischer Taschenbuch Verlag

Ungekürzte Ausgabe
Veröffentlicht im Fischer Taschenbuch Verlag,
einem Unternehmen der S. Fischer Verlag GmbH,
Frankfurt am Main, Oktober 2008

Typografie Farnschläder & Mahlstedt, Hamburg
Druck und Bindung Kösel, Krugzell
Printed in Germany
ISBN 978-3-596-16236-9

Inhalt

ציון

Judenschmerz und Heimatträume

Ein Jude ist, wer von einer jüdischen Mutter geboren wurde oder wer zum Judentum übergetreten ist. Und ein Jude ist, anders gesagt, ein Mensch, der sich selbst für einen Juden hält. Das klingt einfach, erklärt aber nicht viel. Was »Jüdischsein« bedeutet, kann letztlich nur verstehen, wer sich ein wenig mit der Geschichte des Judentums vertraut macht. Denn das »Jüdische« lässt sich nicht kurzerhand definieren. Das Judentum ist nicht einfach eine Religion. Die Juden begreifen sich zugleich als Volk mit einer gemeinsamen Geschichte.

Wer sie anders definiert, führt meist nichts Gutes im Schilde, möchte sie ausgrenzen, sie zu Fremden stempeln. Davon wird auf den folgenden Seiten leider oft die Rede sein. Dabei sind die Juden in Deutschland seit vielen Hundert Jahren alles andere als fremd. Sie sind auch keine »jüdischen Mitbürger«, als die sie oft bezeichnet werden, sondern zunächst und vor allem Deutsche.

Dass diese Tatsache bis heute immer wieder betont werden muss, ist schon ein deutlicher Hinweis darauf, dass es sich hierbei um keine Selbstverständlichkeit handelt. Jude und Deutscher zugleich zu sein, stellt – aus jeweils unterschiedlichen Gründen – sowohl für viele jüdische als auch für viele nicht-jüdische Deutsche offenbar ein Problem dar. Dieses Problem lässt sich logisch nicht erklären. Es kann nur durch Geschichte und Geschichten entschlüsselt werden.

Die Jüdischen Gemeinden in Deutschland zählen heute etwa 120 000 Mitglieder. Und obwohl diese Gruppe recht klein ist, spielt das Verhältnis von »Deutschen und Juden« in der Öffentlichkeit immer eine besondere Rolle. Die meisten von uns wissen auch, warum das so ist: wegen der unvergleichlichen Verbrechen, die während der Zeit des Nationalsozialismus von Deutschen an den Juden begangen worden sind.

Aber die Geschichte der Juden in Deutschland kennt nicht nur Opfer, sondern auch Helden. Erst wer den Blick weitet, wird den kulturellen Reichtum einer zweitausendjährigen deutsch-jüdischen Geschichte entdecken können. Was als deutsches Kultur-, Geistes- und Wirtschaftsleben bezeichnet wird, ist in ganz maßgeblicher Weise durch die in Deutschland lebenden Juden mitgestaltet worden.

Von dieser wechselvollen Geschichte – von Helden und Mördern, von Freundschaften und Feindseligkeiten, von Hoffnungen und Enttäuschungen, von großen Forschern und üblen Brandstiftern – wollen wir in diesem Buch erzählen: zum Beispiel von Moses Mendelssohn und der Aufklärung, von Johann Jacoby und dem Kampf um Bürgerrechte, von Heinrich Heine, Albert Einstein, Emil Rathenau und vielen anderen, aber auch von religiösen Gesetzen und Riten, vom Kampf um Gleichberechtigung, von glücklichen und von qualvollen Zeiten. Die Ausgrenzung und Verfolgung der Juden setzte nicht erst in der Nazi-Zeit ein. Schon seit Jahrhunderten und überall auf der Welt haben die Juden dort, wo sie zu Hause waren, sich heimatlos gefühlt, so als lebten sie – mit zerrissenem Herzen – in der Fremde.

Das Gefühl der Zerrissenheit kannte auch schon der berühmte deutsche Schriftsteller Heinrich Heine. Er gab ihm sogar einen eigenen Begriff: »Judenschmerz.« Wer jüdischen Glaubens war, hatte es auch zu Heines Zeiten nirgendwo leicht. In den Jahren 1819 und 1820 beispielsweise war es aus nichtigem, später gar nicht mehr nachvollziehbarem Anlass in vielen deutschen Städten, so in Würzburg, Frankfurt, Karlsruhe oder Hamburg, zu gewaltsamen Ausschreitungen gegen jüdische Anwohner gekommen. Fensterscheiben wurden zertrümmert, Wohnungen und Geschäfte verwüstet. Einige Juden, die ihren Besitz zu schützen versuchten und sich gegen die Übergriffe wehrten, wurden ermordet. In manchen Städten jagte man am Ende alle dort ansässigen Juden davon. Mit dem Wenigen, was sie in Eile retten und mitnehmen konnten, mussten sie woanders wieder ganz von vorn beginnen.

Diese Ausschreitungen hatte Heine, der damals Rechtswissenschaft in Bonn studierte, genau verfolgt. Auch wenn er nicht persönlich davon betroffen war, so gingen ihn die Ereignisse doch unmittelbar an: Denn Heinrich Heine war Jude.

1797 als Sohn des wohlhabenden jüdischen Kaufmanns Samson Heine und seiner Frau Elisabeth van Geldern in Düsseldorf geboren, musste Heinrich, der damals noch Harry genannt wurde, selbst schmerzlich erfahren, was es heißt, als Jude in einer nichtjüdischen Umwelt zu leben. Juden galten nicht viel, und viele bürgerliche Berufe – auch der Staatsdienst – waren ihnen verwehrt, wogegen der ehrgeizige und selbstbewusste Heine heftig aufbegehrte. Nachdem er eine kaufmännische Ausbildung absolviert und das juristische Studium fast beendet hatte, schrieb er an einen Freund: »Aber dennoch halte ich es unter meiner Würde und meine Ehre befleckend, wenn ich, um ein Amt in Preußen anzunehmen, mich taufen ließe (...). Wir leben in einer traurigen Zeit, Schurken werden zu den Besten, und die Besten müssen Schurken werden.«

Nun ja, kaum zwei Jahre später, nach erfolgreichem Abschluss seines Studiums, wurde Heine dann selbst zum »Schurken«. In der Hoffnung auf bessere Berufsaussichten trat er 1825 vom Judentum zum Christentum über und ließ sich taufen. Es hat ihm allerdings nichts genützt. Im Gegenteil, der Religionswechsel entpuppte sich nicht, wie Heine gehofft hatte, als Eintrittskarte »in die europäische Kultur«, sondern verschärfte seine innere und äußere Zerrissenheit eher noch. Die Nichtjuden betrachteten ihn fortan als »nicht ganz deutsch« und die Juden als »nicht ganz jüdisch«. Diese Nichtzugehörigkeit, diese Fremdheit, die ungestillte Sehnsucht nach Anerkennung hat er in vielen Geschichten, Liedern und Texten beschrieben – auch in seinem wohl berühmtesten Gedicht, der Lorelei: »Ich weiß nicht, was soll es bedeuten, dass ich so traurig bin.«

Heine fühlte sich als Deutscher und als Jude, musste aber erkennen, »dass die Welt selbst«, wie sein eigenes Herz, dadurch »mitten entzweigerissen ist«. Unter den gegebenen Umständen war es nicht möglich, beides zu sein:

Heines Vaterland

1831 entschloss sich Heinrich Heine, nach Frankreich auszuwandern. Das ist ihm alles andere als leicht gefallen. Die dadurch ausgelöste Traurigkeit ist noch heute an seinen Gedichten abzulesen: »Ich hatte einst ein schönes Vaterland. / Der Eichenbaum / Wuchs dort so hoch, die Veilchen nickten sanft. / Es war ein Traum. Das küsste mich auf deutsch, und sprach auf deutsch / (Man glaubt es kaum, / Wie gut es klang) das Wort: ›Ich liebe dich!‹ / Es war ein Traum.«

Deutscher und Jude; es war ihm aber, als Dichter deutscher Sprache, auch nicht möglich, sich für eins von beidem zu entscheiden.

So kehrte er Deutschland den Rücken und hoffte, sein Glück im aufgeklärteren Frankreich zu finden. Heines Übersiedlung nach Paris im Jahre 1831 änderte jedoch wenig an seinem Gefühl der Zerrissenheit. Von den einen als Dichter von Weltrang verehrt, von den anderen als »Israelit« angefeindet, blieb bis zu seinem Tod im Jahre 1856 alles, was er über Judentum und Christentum, über Deutschland und die Deutschen schrieb, auch weiterhin so widersprüchlich, so »zerrissen«, wie seine ganze Existenz. Einmal liebte er das Deutsche »mehr als alles auf der Welt«, ein anderes Mal war es ihm zutiefst zuwider: »Alles Deutsche wirkt auf mich wie Brechpulver. Die deutsche Sprache zerreißt meine Ohren. Die eigenen Gedichte ekeln mich zuweilen an, wenn ich sehe, dass sie auf deutsch geschrieben sind.«

Neben dem Vaterland, dem Heine nachtrauerte, gab es für ihn – wie für alle Juden, unabhängig davon, wo sie lebten – aber noch eine andere Heimat. Diese Heimat war (und ist) das »Heilige Land«, das im Denken und Glauben des Judentums deshalb eine so wichtige Rolle spielt, weil Gott selbst es ihnen

Altes Testament

Das Alte Testament ist kein einheitlicher Text, sondern eine Sammlung von ursprünglich mündlich überlieferten Geschichten. Es ist so etwas wie die literarische Hinterlassenschaft des alten Israel. Diese »kleine Bibliothek« ist über einen Zeitraum von fast 1000 Jahren entstanden und gilt als Heilige Schrift, weil sie »göttlichen Ursprungs« sei. Die Texte sind ursprünglich vor allem in Althebräisch, einige Abschnitte auch in Aramäisch geschrieben.

lange vor unserer Zeitrechnung zugewiesen hat und sie darüber mit ihm gewissermaßen einen Vertrag geschlossen haben. Davon erzählen die so genannten Geschichtsbücher des älteren Teils der Bibel, des Alten Testaments.

Aber dieses Heilige Land mussten die Juden etwa zu Beginn unserer Zeitrechnung verlassen. Kriege und Eroberungen, Fremdherrschaft und Zerstörung zwangen sie in die Fremde. Dieser Verlust ihrer Heimat war in der Geschichte des Judentums ein entscheidender Einschnitt; seit dieser Zeit lebte ein Großteil der Juden auf der ganzen Welt verstreut, das heißt in der »Diaspora« (griechisch: »Zerstreuung«).

Auch in Deutschland ließen sie sich nieder. Als Heinrich Heine mit »zerrissenem Herzen« Gedichte schrieb, war die Geschichte der Juden in Deutschland also schon viele Hundert Jahre alt. Seit etwa 2000 Jahren gibt es ein »jüdisches Leben« in deutschen Städten und Gemeinden. Bevor wir nun aber darüber berichten, was sich während dieses langen Zeitraums ereignet hat, müssen wir zunächst einmal noch weiter zurückblicken – in eine Zeit lange vor unserer Zeit, als sich die ersten Nomadenstämme, die bis dahin durch die karge syrisch-arabische Wüste gezogen waren, in einem fruchtbaren Land namens Kanaan niederließen und dort einen Bund mit Gott schlossen.

Die Kinder Israels *Von den Anfängen des Judentums*

Das Judentum ist nicht allein eine Religion. Anders als etwa die Christen verstehen sich die Juden darüber hinaus als ein Volk, auch wenn sie – zum Teil seit Generationen – gebürtige Deutsche oder Polen, Griechen oder Franzosen, Russen oder US-Amerikaner sind. Die Juden, könnte man sagen, sind ein Volk mit ganz vielen Heimatländern. In all diesen Heimatländern – mit Ausnahme des jungen Staates Israel – bildeten sie allerdings stets eine erkennbare Minderheit. Ihre Religion, ihre Speise- und Kleidungsvorschriften, ihre Feiertage unterschieden sie von der Mehrheitsgesellschaft, und das rief und ruft nicht selten Feindseligkeit hervor.

Neben den vielen verschiedenen Heimatländern haben die Juden aber auch eine gemeinsame Heimat. Und dieser merkwürdige Widerspruch hatte eine Zerrissenheit zur Folge, die lange Zeit nicht zu heilen war. Um das zu verstehen, muss man an die Anfänge des Judentums und in die gemeinsame Heimat der Juden zurückkehren – in das Heilige Land, das »Land Israel«, nicht zu verwechseln mit dem heutigen Staat Israel.

Nachdem Gott die Israeliten aus ägyptischer Knechtschaft befreit und am Berg Sinai einen Bund mit ihnen geschlossen hatte, besiedelten sie das ihnen von Gott zugewiesene Land. Unter König David und seinem Sohn Salomo erlebte das Land seine Blütezeit, Jerusalem wurde zur Hauptstadt und zum zentralen Heiligtum der Juden. All das ereignete sich mehr als 1000 Jahre vor unserer Zeitrechnung

Aber das fruchtbare Land, in das Moses die Israeliten mit Gottes Hilfe geführt hatte, wurde immer wieder von mächtigen Völkern erobert, zuletzt von den Römern. Nach erbittertem Widerstand gegen die römische Übermacht wurde Jerusalem in Schutt und Asche gelegt und den Juden verboten, die Stadt je wieder zu betreten. Der Verlust ihrer Heimat und das Laben in der Fremde haben die Geschichte des Judentums entscheidend geprägt.

Auszug ins Heilige Land

Am Berg Sinai, mehr als 1200 Jahre vor Beginn unserer Zeitrechnung: Zwei Tage lagerten sie nun schon unweit des Berges Sinai, dort, wohin sie Moses auf Geheiß Gottes geführt hatte. Hier, in der Wüste, wollte sich Jahwe »seinem« Volk, dem Volk Israel, offenbaren. Es war zu spüren, dass etwas Außergewöhnliches bevorstand. Und tatsächlich, im Morgengrauen des dritten Tages schien die Welt plötzlich in Flammen zu stehen. Ein Beben und Grollen, ein Donnern und Blitzen erhob sich, »und eine schwere Wolke lag auf dem Berge, und mächtiger Posaunenschall ertönte, sodass das ganze Volk im Lager erschrak« – so wird es in der Bibel (2. Buch Mose, 19. Kapitel) beschrieben. »Da führte Mose das Volk aus dem Lager heraus, Gott entgegen, und sie stellten sich unten am Berge auf. Der Berg Sinai aber war ganz in Rauche gehüllt, weil der Herr im Feuer auf ihn herabgefahren war. Und der Rauch stieg von ihm auf wie von einem Schmelzofen, und der ganze Berg erbebte stark. Und der Posaunenschall wurde je länger je stärker; Mose redete, und Gott antwortete ihm im Donner« – während das Volk erzitterte und dem wolkendunklen Schauspiel aus sicherer Entfernung ehrfürchtig zusah.

Jahwe

Der Ursprung des Namens »Jahwe« für »Gott« ist nicht geklärt, und viele Gläubige scheuen sich, den »heiligen Namen« auszusprechen. Sie nennen Gott stattdessen einfach »Herr«, »adonai«. Überliefert wurde der Name »Jahwe« von Moses. Als Moses Gott nach seinem Namen fragt, erhält er zur Antwort: »Ich werde sein, der ich sein werde.« Und die Abkürzung der hebräischen Fassung dieses Ausdrucks lautet: JHWH. So heißt Gott bei Moses dann »Jahwe«.

Wie gebannt standen die Menschen – in der Bibel ist von 600 000 »Männern« die Rede – am Fuß des Berges und fürchteten sich vor dem, was nun kommen würde. Denn Kummer waren sie gewöhnt. Sie hatten auf ihrer Wanderung durch die Wüste schon so manches durchlitten. Ein langer, gefährlicher und qualvoller Weg lag hinter ihnen. Monate zuvor waren sie unter Moses' Führung von Ägypten aus aufgebrochen. Was heißt aufgebrochen? Sie waren regelrecht geflohen – aus der Knechtschaft des Pharao, der sie keineswegs ziehen lassen wollte.

Gott selbst hatte sich zuvor höchstpersönlich an Moses gewandt, ihn aus einem Dornbusch heraus angesprochen und ihm den Auftrag erteilt, die Stämme Israels aus Ägypten herauszuführen: »Gesehen habe ich das Elend meines Volkes (...) So bin ich herabgestiegen, es zu erretten (...) und es hinaufzuführen in ein Land, das von Milch und Honig fließt.« Und er, Moses, sei dazu auserkoren, diesen »Exodus« anzuführen.

Moses war daraufhin zum Pharao gegangen und hatte freien Abzug für sein Volk gefordert. Sollte ihnen der Auszug aus Ägypten verweigert werden, so hatte Moses den Pharao wissen lassen, würden die Ägypter den Zorn seines Gottes zu spüren bekommen. Doch der Pharao war ein mächtiger Herrscher, er dachte gar nicht daran, klein beizugeben und seinen Arbeitssklaven einfach die Freiheit zu schenken. Auch Wundertaten und schlimme Plagen, die daraufhin, wie von Moses angedroht, tatsächlich über die Ägypter gekommen waren – Heuschrecken, Frösche, Mücken, eine Viehseuche, schwerste Hagelstürme, eine mehrtägige Finsternis –, hatten den Pharao nicht zum Einlenken bewegen können. So hatten die versklavten Israeliten das Land schließlich heimlich und bei Nacht verlassen müssen. In dieser selben Nacht schickte Gott zugleich seine schlimmste Strafe über die Ägypter – ein Würgeengel tötete alle Neugebore-

nen in ihren Häusern, während die mit Lämmerblut markierten Hütten der Israeliten verschont blieben. Diese Nacht der Verschonung wird von den Juden bis heute alljährlich als Passahfest gefeiert.

Im Schutz der Dunkelheit waren sie aufgebrochen, einer besseren Zukunft entgegen, und unter Moses' Führung in die Wüste gezogen, wo ihnen Gott den Weg wies – tags als Wolkensäule, nachts als Feuersäule. An Rast war nicht zu denken, denn der Pharao hatte mit seinem Heer, mit Wagen und Reitern, die Verfolgung aufgenommen. Als er die Israeliten schließlich am Schilfmeer einholte, hielten Moses und die Seinen ihre letzte Stunde für gekommen. Da aber teilte Gott das Wasser, damit sein Volk trockenen Fußes hindurchgehen konnte. Hinter ihnen ließ er es jedoch gleich wieder zurückfließen, sodass die Ägypter unter den Fluten begraben wurden.

Doch auch nach dieser Rettung und dem Tod ihrer Verfolger war der Weg durch die Wüste für die Israeliten kein Spaziergang gewesen. Hunger, Durst, Hitze, Kälte setzten ihnen zu, sie murrten, klagten und begehrten gegen Gott und gegen ihren Anführer Moses immer wieder auf. Und die Wortführer solcher kleineren und größeren Aufstände waren stets hart bestraft worden; manche wurden von Giftschlangen gebissen, andere von Erdspalten verschluckt, einige wurden gepfählt oder verloren ihren Erstgeborenen.

Es war ein Leidensweg. Und der Gott, der die Israeliten ins gelobte Land zu führen und sie zu schützen versprochen hatte, war ein Gott voller Widersprüche; er stellte die Menschen ein ums andere Mal auf eine harte Probe: Er ernährte und bestrafte sie, er gab ihnen Zuversicht und versetzte sie in Schrecken, er war großmütig und rachsüchtig, nachsichtig und aufbrausend zugleich – und dabei alles andere als zimperlich!

Da wundert es nicht, dass die Israeliten nun ängstlich am Fuße des Berges Sinai standen und kaum den Blick zu heben wagten. Dabei ereignete sich in der Wolke über ihnen gerade das vielleicht größte Wunder: Gott war auf den Berg herabgefahren – nicht im Zorn, sondern um mit »seinem« Volk einen ewigen Bund zu stiften: »Wenn ihr auf meine Stimme hört und meinen Bund haltet, so sollt ihr vor allen Völkern mein Eigentum sein (...), ein heiliges Volk.« Solange sie streng nach seinen Regeln lebten, so versprach er, werde er sie schützen und segnen. Und diese Regeln übergab er am Sinai nun an Moses. Es waren nicht nur die auf zwei Steintafeln eingeschriebenen zehn Gebote, sondern viele weitere, nach der Überlieferung genau 613 Vorschriften, die den Gottesdienst ebenso betreffen wie den Alltag von Männern, Frauen und Kindern. Nicht nur durch ihren Glauben an einen einzigen Gott sollten sich die Israeliten von anderen Völkern unterscheiden, die damals eine Vielzahl unterschiedlicher Götter verehrten. Auch ihre Feste und Feiertage, ihre Rechtsordnung und ihr Familienleben sowie feste Regeln für die Essenszubereitung sollten für alle Welt erkennbar machen, dass sie von Gott als seine Bundesgenossen auserwählt worden waren. Ein Privileg war das allerdings nicht, eher eine Bürde. Denn wer auserwählt ist, für den gelten strengere Maßstäbe. »Aus allen Geschlechtern auf Erden habe ich allein euch erkannt«, sagte Gott zu Moses und ergänzte:

Die zehn Gebote

1. Ich bin der Herr, dein Gott, der ich dich aus dem Lande Aegypten, aus dem Sklavenhause, herausgeführt habe; du sollst keine andern Götter neben mir haben.
2. Du sollst dir kein Gottesbild machen, in keinerlei Gestalt (...).
3. Du sollst den Namen deines Herrn, deines Gottes, nicht missbrauchen (...).
4. Achte auf den Sabbattag, dass du ihn heilig haltest (...). Sechs Tage sollst du arbeiten und all dein Werk tun; aber der siebente Tag ist ein Ruhetag, dem Herrn, deinem Gott, geweiht; da sollst du keine Arbeit tun, weder du noch dein Sohn, noch deine Tochter, noch dein Sklave, noch deine Sklavin (...).
5. Ehre deinen Vater und deine Mutter (...).
6. Du sollst nicht töten.
7. Du sollst nicht ehebrechen.
8. Du sollst nicht stehlen.
9. Du sollst nicht falsch Zeugnis reden wider deinen Nächsten.
10. Du sollst nicht verlangen nach dem Weibe deines Nächsten und nicht begehren nach dem Hause oder Acker deines Nächsten (...), nach irgend etwas, was dein Nächster hat.

Palästina

Eines der mächtigsten Völker zur damaligen Zeit waren die Philister, die im Gebiet des heutigen Gaza-Streifens siedelten; sie wurden vor allem deshalb gefürchtet, weil sie im Unterschied zu ihren Nachbarn bereits über eiserne Waffen verfügten. Nach ihnen, den Philistern, benannten später die Römer die gesamte Region: »Philistäa«, Palästina.

»darum will ich ahnden an euch all eure Missetaten«.

Zwei Jahre lagerten die Israeliten am Berg Sinai. In dieser Zeit bildete sich jene Religionsgemeinschaft aus, die wir bis heute das »Judentum« nennen. Moses machte die Menschen mit allen göttlichen Vorschriften vertraut, er benannte Stammes- und Heerführer und bereitete das Volk auf die kommenden Eroberungen vor. Denn das Land, in das Gott sie zu führen versprochen hatte, war nicht unbewohnt. Und schon auf dem Wege dorthin lebten starke und zahlenmäßig überlegene Völker – Hethiter, Amoriter, Kanaaiter, Philister –, die sich nicht freiwillig den Israeliten ergeben würden; sie mussten vertrieben, unterworfen oder getötet werden.

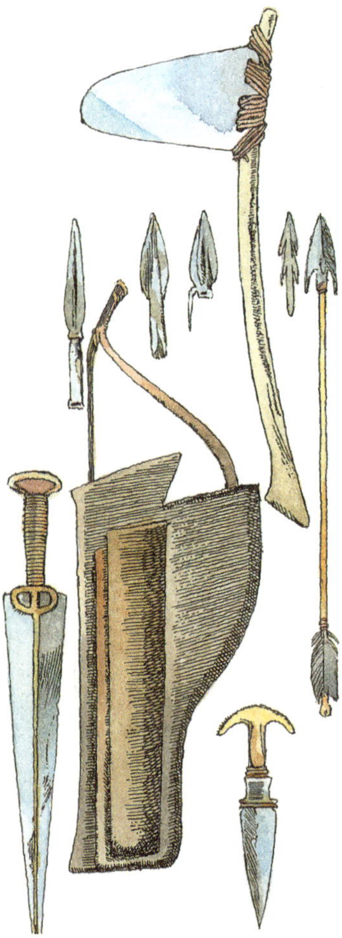

So sollte es noch einmal fast 38 Jahre dauern, bis das Volk Israel, nach vielen Kämpfen und zahlreichen Prüfungen, an den Ufern des Jordan stand – an der Grenze zu jenem Land namens Kanaan, das Gott für sie vorgesehen hatte: »Von der Wüste an und dem Libanon dort bis an den großen Strom, den Euphratstrom, das ganze Land der Hethiter, und bis an das große Meer im Westen soll euer Gebiet reichen.« Dieser Landstrich an der östlichen Mittelmeerküste, der von lokalen Fürsten beherrscht, aber insgesamt von Ägypten beansprucht wurde, war zu jener Zeit viel fruchtbarer und üppiger als heute. Für die Nomaden aus der syrisch-arabischen Wüste ebenso wie für die Israeliten herrschten hier geradezu paradiesische Zustände, weshalb das Gebiet über Jahrhunderte hinweg stets umkämpft war.

Dieses Land – von schier übermächtigen Gegnern bewohnt – hatten die Israeliten nun vor Augen. Moses selbst konnte seine Leute aber nur noch bis hierhin, bis an den Jordan führen. Er war alt geworden, von 120 Jahren ist die Rede, und Gott hielt seine Zeit für gekommen. Er führte ihn auf einen Berg, und Moses blickte auf »ein Land mit Wasserbächen, Quellen, Fluten, die in den Tälern und an den Bergen hervorströmen, ein Land mit Weizen, Gerste, Reben, mit Feigen- und Granatbäumen, ein Land mit Oelbäumen und Honig«. Er selbst sollte diesen Reichtum jedoch nicht mehr genießen können: »Denn schauen darfst Du zwar das Land, wie es Dir gegenüberliegt, aber hineinkommen darfst Du nicht in das Land, das ich Israel geben will.« Moses hatte seine Aufgabe erfüllt. Er hatte die Stämme Israels zu einem Volk geeint. Er hatte dem Volk Israel den Glauben an den einen Gott gegeben und Gottes Gesetze in Kraft gesetzt – wie sie für die Juden bis heute Gültigkeit haben. Die nun anstehenden Kämpfe und Eroberungen sollten andere anführen.

»Wo Milch und Honig fließen«

Als die Israeliten unter Josuas Führung, den Moses selbst noch vor seinem Tod zu seinem Nachfolger bestimmt hatte, schließlich den Jordan überquerten, drangen sie nach eigenem Verständnis nicht etwa in fremdes Territorium vor, sondern kehrten gewissermaßen in ihre Heimat zurück. Denn das Land, das sie nun gegen erbitterten Widerstand eroberten und besiedelten, war einst das Land ihrer Ahnen gewesen. Obwohl erst am Berg Sinai – durch

Gottes Bund mit Abraham

Abraham ist der Stammvater des Volkes Israel. Nach der Erzählung des Alten Testaments bricht er auf Weisung Gottes mit seiner Familie nach Kanaan auf, wo ihm Gott einen Bund anbietet: »Ich will dich über alle Maßen fruchtbar machen und dich zu Völkern werden lassen, und Könige sollen von dir abstammen. Ich richte meinen Bund auf zwischen mir und dir und deinen Nachkommen. Und ich gebe dir und deinen Nachkommen das ganze Land Kanaan zu ewigem Besitz.« Als Zeichen dieses Bundes, so teilt Gott Abraham mit, sollen künftig alle männlichen Nachkommen am achten Tag nach ihrer Geburt an der Vorhaut beschnitten werden: »Das soll mein Bund an eurem Leibe sein, ein ewiger Bund.«

den Bund mit Gott und die Übergabe der Gesetzestafeln – zu einer Religionsgemeinschaft geworden, blickte das Volk »Israel« bereits auf eine längere Geschichte zurück, die viele Menschenalter zuvor eingesetzt hatte. Etwa 800 Jahre vor dem Auszug aus Ägypten, im 20. Jahrhundert v. Chr., war ein Mann namens Abram (der sich später in »Abraham« umbenannte) aus seiner chaldäischen Heimatstadt Ur im Zweistromland aufgebrochen und, ebenfalls unter Gottes Führung, in die fruchtbare kanaanäische Kulturlandschaft gezogen. Dort hatten er und seine Familie sich niedergelassen und waren zu großem Reichtum gelangt. Als zwei Menschenalter später eine verheerende Hungersnot ausbrach, waren Abrahams Nachkommen nach Ägypten geflohen – Abrahams Enkel Jakob, ein Sohn Isaaks, hatte sich inzwischen in »Israel« umbenannt und zwölf Söhne gezeugt, die als Ahnherren der zwölf Stämme Israels gelten. Dort, in Ägypten, waren sie dann als unerwünschte Fremdlinge in jene Knechtschaft geraten, aus der sie – wie eben berichtet –, erst von Moses wieder erlöst werden sollten.

Nun standen die Israeliten, nach 40-jähriger Wanderschaft durch die Wüste, vor dem Land ihrer Vorväter und machten sich unter Josuas Führung auf den Weg, es wieder in Besitz zu nehmen. Von den dort ansässigen Völkern bekämpft, schlossen sich die israelitischen Stämme eng zusammen, eroberten schließlich große Teile Kanaans und teilten das Land anschließend durch ein Losverfahren unter den zwölf Stämmen auf. Da die daraus entstehenden Territorien allein jedoch nicht verteidigungsfähig waren, taten sich jeweils mehrere Stämme zusammen und einigten sich auf eine gemeinsame Führung. Die sich dabei formierenden Reichsgebiete, Israel im Norden und Juda im Süden, blieben jedoch durch interne Streitigkeiten sowie durch starke äußere Feinde weiterhin bedroht. Vor allem untereinander gab es stets Intrigen um die Macht, und diese inneren Kämpfe schwächten die Israeliten auch nach außen, weshalb ihre Gegner immer wieder leichtes Spiel hatten und Teile des israelitischen Gebietes zurückerobern konnten.

Sara

Von ebenso großer Bedeutung wie der Erzvater Abraham ist seine Frau Sara, die »Mutter des Glaubens«. Der Überlieferung nach war sie eine sagenhaft schöne Frau, von »blindmachender Schönheit«, im Alter von 100 Jahren noch so schön wie mit 20. Darüber hinaus war sie eine Seherin; ihre prophetische, Gefahren vorhersehende Gabe übertraf die Abrahams, weshalb dieser »alles befolgen« sollte, »was Sara ihm sagte«. Sara, Gefährtin, Mutter, Prophetin und Missionarin ist für viele Frauen der jüdischen Geschichte zum Vorbild geworden.

Davidstern

Der Davidstern oder »Magen David«, der Schutzschild Davids, ist ein sechszackiger Stern, der aus zwei gekreuzten gleichseitigen Dreiecken besteht. Ob Davids Schild tatsächlich diese Sterngestalt hatte, ist nicht bekannt. Vermutlich war der Stern eher ein amulettähnliches Zeichen zur Abwehr böser Geister. Zum zentralen Symbol wurde der Magen David erst ab dem 19. Jahrhundert und steht seitdem für das jüdische Volk. Auch die Flagge des Staates Israel enthält deshalb den Stern.

So ging es über viele Jahre hin und her.

Erst einem tolldreisten Krieger und überaus geschickten Feldherrn namens David gelang es schließlich – mehr als hundert Jahre, nachdem die Israeliten in Kanaan eingezogen waren – alle äußeren Feinde Israels: Amalekiter, Ammoniter, Aramäer und zuletzt sogar die mächtigen Philister zu bezwingen. Der Legende nach konnte er den entscheidenden Sieg über die Philister in einem bis heute berühmten Zweikampf erringen. Nachdem weder Israeliten noch Philister die Schlacht für sich hatten entscheiden können, sollten die jeweils besten Krieger beider Seiten den Sieg unter sich ausmachen. Die Philister schickten den bis dahin unbezwungenen Riesen Goliat in den Kampf und waren entsprechend siegesgewiss. Aber David machte ihnen zur Überraschung aller einen Strich durch die Rechnung und erschlug den zwar körperlich weit überlegenen, aber in seiner sperrigen Kampfausrüstung sehr unbeweglichen Gegner.

Davids Heldentaten und Kriegserfolge verschafften ihm unter den eigenen Leuten so viel Respekt, dass man ihn sich als Anführer erwählte. Die bis dahin zumeist zerstrittenen Stammesführer versammelten sich unter seiner Regentschaft. So konnte David alle Landesteile zu einem mächtigen Königreich vereinen. Jerusalem, die »Stadt König Davids«, wurde zur Hauptstadt des Reiches – und bald darauf, unter Davids Sohn Salomo, der am Berg Zion den prachtvollen ersten Tempel errichten ließ, auch zu dessen zentralem Heiligtum. Aus dem einst mit den Stämmen wandernden Jahwe war ein Gott mit festem Wohnsitz geworden.

Der erste Tempel

Als Nomadenvolk hatten die Israeliten nie über ein festes Heiligtum verfügt. Viele Jahre lang diente ein nach Gottes Vorgaben gestaltetes Zelt als Kultstätte und als Aufbewahrungsort der Gesetzestafeln, die in einer mit Gold überzogenen Kiste aus Akazienholz, der Bundeslade, verwahrt wurden. Der erste Jerusalemer Tempel entstand zwischen 960 und 950 v. Chr. an einer Stelle, die schon König David als Opferplatz gedient haben soll. In der Bibel wird dieser Tempel als ein schlichter, rechteckiger Saalbau aus Kalkstein und Zedernholz beschrieben. Er war in drei Bereiche unterteilt: eine Vorhalle (Ulam), das »Heilige« (Hechal) und das »Allerheiligste« (Dewir). Das Allerheiligste, wo die Bundeslade stand, durfte nur vom höchsten Priester betreten werden.

Zankapfel Jerusalem

Diese kurze Blütezeit, die bis heute die Bedeutung Jerusalems als des zentralen Heiligtums prägt, geht mit dem Tod Salomos (um 926 v. Chr.) zu Ende. Zehn der zwölf Stämme Israels begehrten gegen Salomos Nachfolger Rehabeam auf und schlossen sich erneut zu einem eigenen Königreich Israel im Norden des Landes zusammen. Nur die Stämme Juda (Jehuda) und Benjamin hielten weiterhin zum König und gründeten im Süden das Königreich Juda, mit Jerusalem als Hauptstadt. Nach einer wechselvollen Geschichte beider Reiche, in der man sich immer wieder äußeren Angriffen ausgesetzt sah, wurde der Norden schließlich um 722 v. Chr. von den Assyrern erobert; die zehn Stämme, die sich den Eroberern entgegengestellt hatten, wurden zersprengt oder gingen unter. Das Südreich Juda hingegen leistete keinen Widerstand, sondern beugte sich der assyrischen Fremdherrschaft, weshalb es fortan nur noch die Abkömmlinge Judas geben sollte: die Juden.

Doch die so fruchtbare Region, in der »Milch und Honig fließen«, blieb auch weiterhin umkämpft. Wiederum rund 150 Jahre später, um 586 v. Chr., eroberten die Babylonier das Land. Sie zerstörten den Tempel in Jerusalem und verschleppten einen Großteil der Juden nach Babylonien – jenseits der syrischen Wüste im Westen, zwischen den Flüssen Euphrat und Tigris gelegen. Weil das »gelobte Land« verloren war, die Israeliten in der Fremde aber ihre eigenen Sitten und Gewohnheiten weitgehend beibehalten durften, zogen sie sich ganz auf das Geistige und Religiöse zurück, scharten sich um ihre Propheten und Lehrer und entwickelten sich zu einer Art Gemeinde. Das Gebet trat an die Stelle der einstigen Opferbräuche, die Einhaltung der religiösen Gebote hielt das »Haus Israel« zusammen, und das Schock-Erlebnis der Vertreibung wurde zunehmend religiös gedeutet. Der Verlust der Heimat, das lehrten bald die Propheten Jeremias und Hesekiel, war weniger eine Strafe Gottes, sondern vielmehr eine Prüfung ihres Glaubens, verbunden mit dem göttlichen Aufruf, auch unter widrigen Umständen für Recht und Wahrhaftigkeit einzustehen, aber auch die Regeln einer fremden Gesellschaft zu respektieren. »Bewahre deinen Mund vor jeder Sünde und Verfehlung«, so wird Gott später im Talmud zitiert, »und ich werde überall mit dir sein«.

Diese Botschaft sollte das jüdische Selbstverständnis in der Diaspora (griechisch: Zerstreuung, hebr.: *Galut*) entscheidend prägen. Loyalität gegenüber dem Staat, dessen Einwohner man – unabhängig durch welche Umstände – ist, wird geradezu zu einer religiösen Pflicht. Eine solche Einstellung, die unter anderem voraussetzt, dass das Wohnen in der Fremde von Dauer sein würde, musste auch das Glaubensleben auf neue Grundlagen stellen. Die Thora, also die Schriftrolle mit den Fünf Büchern Mose, wurde nun regelmäßig den Gemeindemitgliedern vorgelesen, erklärt und ausgelegt, wozu es keines Priesters mehr, sondern eines Lehrers, eines Rabbis bedurfte.

Und der Rabbi (wörtlich: mein Lehrer) wiederum brauchte keinen Tempel, der den Wohnort Gottes symbolisierte, sondern einen Ort der Versammlung, in dem die Gemeinde nicht mehr einem Ritual beiwohnte, sondern aktiv am Gottesdienst teilnehmen konnte – eine Entwicklung, in der Bethäuser, Synagogen und Liturgien ihren Anfang nahmen.

Aber auch die Babylonier konnten sich an ihren Eroberungen nicht lange erfreuen. Bereits ein halbes Jahrhundert nach der Einnahme Jerusalems wurden die Sieger selbst zu Besiegten und fielen unter die Herrschaft des zur Weltmacht aufstrebenden Persiens – das sich jedoch gegenüber den unterworfenen Völkern vergleichsweise tolerant zeigte. Nachdem der Perserkönig Kyros Babylonien erobert hatte, gestattete er um 538 v. Chr. den Juden die Rückkehr in die alte Heimat, die sie zudem weitgehend selbständig verwalten durften. Es machten allerdings nicht viele Judäer von dem Rückkehrangebot Gebrauch, da sich in Babylonien mittlerweile eine große und blühende Gemeinschaft entfaltet hatte. Die Menschen hatten hier ein Zuhause gefunden. So blieb in Babylonien auch weiterhin eine bedeutende jüdische Gemeinde ansässig.

Diejenigen aber, die in die Heimat zurückkehrten, bauten Jerusalem und den Tempel in der Folge wieder auf und konnten für lange Zeit Selbstverwaltung und Religionsfreiheit in ihrem kleinen Staat bewahren. Daran änderte sich auch nichts, als Alexander der Große die Perser in mehreren Schlachten besiegte und sein Weltreich anschließend bis nach Indien hin ausdehnte. Auch unter seiner Herrschaft konnten die Judäer weitgehend autonom in ihrem Gebiet leben. Erst nach dem frühen Tod Alexanders im Jahre 323 v. Chr. wurde Jerusalem erneut zum Zankapfel: Das Gebiet Juda geriet zunächst unter die Herrschaft der ägyptischen Ptolemäer und wurde bald darauf von den makedonischen Seleukiden besetzt und dem Königreich Syrien eingegliedert. Der im Jahre 515 neu errichtete Tempel wurde – wie der alte viele Jahre zuvor – geschändet, die jüdische Religion gewaltsam unterdrückt, gesetzestreue Juden, die den Sabbat feierten oder Kinder beschneiden ließen, wurden mit dem Tode bedroht. Dies führte schließlich 167 v. Chr. zu einem Aufstand der »Frommen«, zu den so genannten Makkabäerkriegen unter Führung des Judas Makkabäus, deren glücklicher Ausgang bis heute mit dem Chanukkafest gefeiert wird. Die folgenden hundert Jahre, bis das Römische Weltreich seine Herrschaft auf diese Region ausdehnte, lebte das Land in Frieden und Unabhängigkeit.

»Bellum Judaicum« – Rom gegen Jerusalem

Von 63 v. Chr. an übernahmen die Römer, zunächst unter Pompejus, dann unter Herodes, die Macht im Lande. Und sie regierten die von ihnen unterworfenen Gebiete mit großer Härte, Widerstand wurde nicht geduldet. Unter den brutalen und bestechlichen Statthaltern Roms, den Prokuratoren, gehörte der aus der Jesus-Geschichte bekannte Pontius Pilatus sicher zu den gefürchtetsten. Mit zunehmender Grausamkeit der Besatzer – Hunderte Juden wurden zum Kreuzestod verurteilt, darunter auch Jesus von Nazareth, den die Römer, angeführt von eben jenem Pontius Pilatus, als »König der Juden« zur Abschreckung ans Kreuz schlagen ließen – wuchsen jedoch die inneren Unruhen, wurde der Wunsch nach Befreiung immer stärker. Es kam zu bewaffnetem Widerstand, der erst nach vier Jahren, 70 n. Chr., durch die weit überlegenen römischen Legionen niedergeschlagen werden konnte: Jerusalem wurde einmal mehr in Schutt und Asche gelegt und der Tempel zerstört.

Nach unseren heutigen Maßstäben sind diese Ereignisse im Unterschied zu den zuvor erzählten Geschehnissen schon deutlich besser belegt. Denn die Nacherzählung dessen, was bis zur Zeit der römischen Herrschaft geschah, beruht im Wesentlichen auf der biblischen Überlieferung. Und wenngleich diese Überlieferung – die sich über zahlreiche Generationen hinweg mündlich erhalten hat und erst viele Hundert Jahre nach den geschilderten Ereignissen zu Papier gebracht wurde – einer historischen Überprüfung nicht immer standhalten kann, wenn also die Grenzen zwischen Dichtung und Wahrheit, Legende und Wirklichkeit in solchem Rückblick stark verschwimmen, so bleibt diese Vorgeschichte doch »wahrhaftig« – in dem Sinne, dass

darin die Entstehung und die Veränderungen des jüdischen Welt- und Selbstverständnisses zutreffend kenntlich werden. Natürlich sind etwa die Fünf Bücher Mose kein Geschichtsbuch. Aber vieles, was darin beschrieben ist – zum Beispiel die ägyptische Fremdherrschaft, die Besiedelung Kanaans oder die Errichtung des ersten Tempels – konnte durch Ausgrabungen und andere Quellen längst auch »wissenschaftlich« bestätigt werden. Das heißt, etwas in der Art, wie es in der Bibel nacherzählt wird – vielleicht nicht mit allen darin geschilderten Wundern –, wird sich zu jener Zeit im Nahen Osten tatsächlich abgespielt haben.

Mit der Ausdehnung des Römischen Weltreichs nach Süden und Osten ändert sich dann auch die Quellenlage über den Fortgang der Ereignisse in und um Kanaan. Denn die Römer verfügten nicht nur über starke, gut ausgerüstete Legionen, sondern – damit deren Erfolge fernab von Rom auch in der Hauptstadt angemessen gewürdigt werden konnten – auch über bestens ausgebildete Chronisten, die als Geschichtsschreiber den Kriegsverlauf dokumentierten. Natürlich waren auch diese Autoren nicht streng objektiv; sie standen ja im Dienst der Römer. Und dennoch sind ihre Berichte ganz wichtige historische Zeugnisse – entscheidende Bausteine für die Kenntnis dessen, was vor so langer Zeit geschah.

So verdanken wir die meisten Informationen über die römische Besetzung Kanaans einem außergewöhnlichen Mann namens Flavius Josephus (ca. 38 bis 100 n. Chr.). Diesen vielleicht wichtigsten Geschichtsschreiber seiner Zeit hatte ein seltsames Schicksal nach Rom verschlagen, wo er dann, im Dienst des mächtigen Kaisers Vespasian, die Chronik der jüdisch-römischen Kriege für seine Zeitgenossen und die Nachwelt niederschrieb. Und Flavius wusste sehr genau, vermutlich besser als irgendjemand sonst, wovon er da berichtete. Denn demselben Vespasian, für den er als Schreiber in Rom tätig war, hatte er zuvor auf dem Schlachtfeld in Galiläa als feindlicher Feldherr gegenübergestanden.

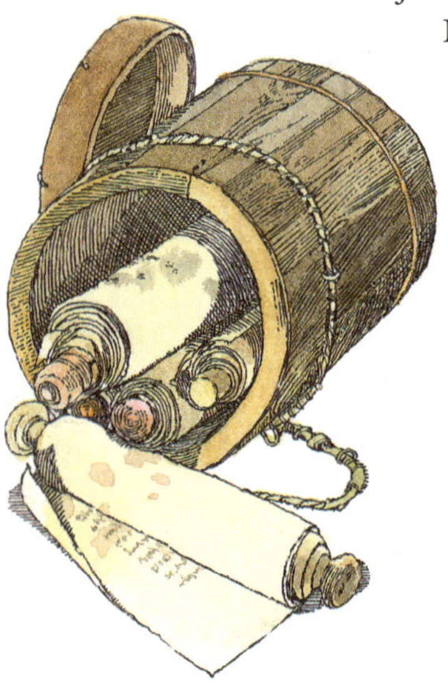

Flavius Josephus stammte nämlich aus Jerusalem. Er war als Joseph Ben Mattitiahu in der Hauptstadt des Königreichs Judäa geboren und hatte später maßgeblich den jüdischen Widerstand gegen die römische Fremdherrschaft mit organisiert. Als Befehlshaber der Region um die Residenzstadt Jotaphata hatte er mit seinen jüdischen

Rebellen den weit überlegenen römischen Besatzern zunächst sogar eine empfindliche Niederlage beibringen können. Kaiser Nero jedenfalls muss zutiefst erzürnt über die Schmach gewesen sein und hatte daraufhin seinen erfolgreichsten Heerführer, Vespasian, nach Judäa geschickt, um Vergeltung zu üben und den Widerstand mit aller Härte zu brechen. Und Vespasian, der schon die Germanen besiegt und Britannien erobert hatte, wurde seinem Ruf auch in Kanaan gerecht. Er unterwarf in Windeseile Stadt um Stadt, ließ jeden ans Kreuz schlagen oder gleich töten, der sich ihm entgegenstellte, und stand schließlich seinem Hauptfeind, dem jüdischen Feldherrn Joseph Ben Mattitiahu, vor den Toren von Jotaphata zur Entscheidungsschlacht gegenüber. Die jüdischen Aufständischen hatten gegen die römische Übermacht von vornherein keine Chance.

Da die Hoffnungslosigkeit der Lage schnell erkennbar war, kamen viele jüdische Rebellen dem römischen Mordeifer zuvor und begingen Selbstmord. Für Joseph Ben Mattitiahu hingegen, der sein Bestes gegeben und das eigene Leben im Kampf nie geschont hatte, kam die Flucht in den Tod nicht infrage. Er sah, dass die Schlacht nicht gewonnen werden konnte, war aber nicht bereit, sich sinnlos zu opfern. Also beugte er sich der Niederlage und ließ sich gefangen nehmen – weswegen er vielen Juden bis heute als Verräter an seinem Volk gilt. Für die Römer wiederum wurde er zu einem wertvollen Gefangenen – weshalb ihn Vespasian, der schon bald darauf dank seiner Erfolge zum Nachfolger Neros aufsteigen sollte, unter seinen Schutz stellte.

Schlacht von Jotaphata

In seiner späteren Chronik berichtet Flavius Josephus von 40 000 getöteten Männern, und Ausgrabungen aus jüngerer Zeit legten darüber hinaus die Spuren tausender ermordeter Frauen und Kinder frei. Es muss ein furchtbares Gemetzel gewesen sein.

Aus Joseph Ben Mattitiahu wird Flavius Josephus, der Schreiber: Er übersetzt bei Verhören und versucht immer wieder, zwischen Römern und Aufständischen zu vermitteln – zumeist vergeblich. So kommt Flavius im Gefolge der römischen Truppen schließlich auch in seine Heimatstadt Jerusalem zurück, wo er zum Augenzeugen des wahrscheinlich blutigsten Kapitels des »jüdischen Krieges« wird: der Eroberung der Heiligen Stadt durch Vespasians Sohn Titus. Innerhalb weniger Tage werden Zehntausende von den Römern niedergemacht, weite Teile der Stadt und vor allem das Allerheiligste, der Tempel, in Schutt und Asche gelegt. Bis heute zeugt der Titusbogen in Rom von diesem Ende des jüdischen Staates, wie es Flavius Josephus in seinem »Bellum Judaicum« so eindrucksvoll beschrieben hat.

Zwar kam es auch nach der Zerstörung Jerusalems (70 n. Chr.) immer einmal wieder zu schweren Aufständen gegen die römische Herrschaft, zuletzt unter Bar Kochba (132 bis 135 n. Chr.), doch behielten die Römer, trotz großer Verluste, von nun an für lange Zeit die Oberhand. Den Juden wurde fortan unter Androhung der Todesstrafe verboten, die Stadt Jerusalem je wieder zu betreten. Damit ging der nationale Mittelpunkt des Judentums verloren und die Geschichte Israels als eines Volkes in Palästina zu Ende.

Glaubensspaltung – Juden und Christen

Gleichwohl blieb Palästina weiterhin ein Zentrum jüdischen Lebens in der Welt. Unter den Patriarchen Schimon ben Gamaliel II. und Jochanan ben Sakkai entstanden in den Städten Uscha und Jawne wichtige Schulen, an denen Thora und mündliche Überlieferung nun systematisch bearbeitet und in der Folge niedergeschrieben wurden. Denn gerade unter den Bedingungen der Diaspora konnte die bisherige Tradition der mündlichen Überlieferung den Fortbestand des angesammelten Wissens nicht mehr gewährleisten. Die verbindliche Niederschrift der *Halacha,* des Religionsgesetzes, wurde entscheidend für die Zukunft des Judentums, dessen Zusammenhalt von einer möglichst einheitlichen Befolgung der religiösen Vorschriften abhing. Lehrer und Rabbiner der weit verstreuten Gemeinden benötigten hierfür einen autorisierten Text als Leitfaden für die Vermittlung von Lebens- und Sittenregeln sowie als Grundlage für ihre Entscheidungen in Streitfällen.

Vor diesem Hintergrund entstand ab etwa 200 n. Chr., als Ergänzung zur Thora, zunächst die *Mischna,* aus der wiederum etwas später, als Zusammenfassung der Lehre und zulässigen Gesetzesauslegungen, der *Talmud* hervorging. Obwohl Kontroversen über die Auslegungs- und Deutungspraxis, die eine Religion lebendig erhalten, auch weiterhin vorkommen werden, existierten nun zentrale Vorschriften, Glaubens- und Verhaltensregeln, die das Judentum nach innen zur Einheit machten. Und das war notwendig, da sich die Diaspora infolge der Kriege und Wirrnisse im Nahen Osten bereits in der Spätantike bis in ferne Länder hinein ausdehnte: Zwar blieb der Nahe Osten nach wie vor ein Siedlungsschwerpunkt, doch hatten sich bereits viele Juden entlang der antiken Handelsstraßen niedergelassen, sie siedelten rund um das Mittelmeerbecken, auf dem Balkan, in Italien, auf der Iberischen Halbinsel und in Gallien; in nahezu allen Provinzen des Römerreichs waren im Gefolge der römischen Legionen und im Zuge des Fernhandels jüdische Siedlungen und Gemeinden entstanden.

Auch in Rom selbst hatte sich schon vor jener Zeit, als Flavius Josephus dort sein »Bellum Judaicum« niederschrieb, ein reichhaltiges jüdisches Leben entfaltet. Der Sabbat war auch für die Juden im heidnischen Rom ein freier Tag, ihre Religion konnten sie weitgehend ungehindert ausüben; sie waren geschätzte Arbeiter, Handwerker, Kaufleute und schlossen sich zu aufstrebenden Gemeinden zusammen. Aufgestört wurde das sorglose jüdische Leben in der recht toleranten Weltmetropole dann in der zweiten Hälfte des ersten Jahrhunderts nach Christus, und zwar nicht etwa – wie so häufig in der jüdischen Geschichte – durch äußere Bedrohung, sondern diesmal durch eine innerjüdische Entwicklung, die zu einer den weiteren Weg der Geschichte entscheidend prägenden Glaubensspaltung führen sollte. Ein Jude namens Paulus, von den späteren Christen als Apostel verehrt, war aus Palästina in die Stadt am Tiber gekommen, um die jüdischen Diasporagemeinden davon zu überzeugen, dass Gott mit Jesus seinen Sohn auf die Erde geschickt hatte, um seine Herrschaft aufzurichten. Aber die

Paulus

Paulus wurde um 10 n. Chr. in Tarsus, das liegt in der heutigen Türkei, als Sohn einer jüdischen Familie geboren. Traditionell erzogen, erschienen ihm die Jesus-Anhänger zunächst als Gotteslästerer. Erst später kam es zu seiner Bekehrung. Danach widmete er sich der Aufgabe, die Menschen auf der ganzen Welt zum Christentum zu bekehren. Auf vielen Reisen hat er die Lehre von Jesus geradezu fanatisch verkündet – und zugleich verändert. Von Barmherzigkeit ist in Paulus Lehre keine Spur – er lobt das Sklavenwesen und erklärt die Frauen für minderwertig, weshalb sie den Männern unbedingt zu gehorchen hätten. Diese Sichtweisen haben die Kirche in der Folgezeit nachhaltig geprägt.

römischen Juden zeigten sich, sehr zum Ärger von Paulus, nur wenig beeindruckt und wollten der Messias-Geschichte keinen Glauben schenken. Als Paulus ihnen daraufhin Gottes Strafe androhte, der ihnen die einst »versprochene Rettung« nunmehr verweigern werde, setzten sich die Juden nur umso entschiedener von den neuen Jesusanhängern ab.

Aber die Christen, wie sie sich bald selbst nannten, waren auf dem Vormarsch. Die Gläubigen des neuen Messias trieben die Bekehrung Andersgläubiger massiv voran und erhielten großen Zulauf. Das erfüllte die Mächtigen vor allem deshalb mit Argwohn, weil die Christen jeden weltlichen Machtanspruch, also auch den Kaiserkult demonstrativ ablehnten. Was als jüdische Splittergruppe begann, bedrohte nun als eigenständige Religionsgemeinschaft die Autorität der Staatsmacht. Und der römische Staat, der zur Erleichterung der Juden sehr schnell zwischen Juden und Christen zu unterscheiden wusste, reagierte mit einer Welle von Gewalt: Tausende Christen verloren ihr Leben, öffentliche Verbrennungen und Kreuzigungen gehörten bald zur Tagesordnung.

Doch trotz aller Grausamkeiten war die christliche Religion nicht mehr aufzuhalten. Tapferkeit und Leidensbereitschaft der Christen schienen unermesslich. Das brachte ihnen mit der Zeit nicht nur immer mehr

Respekt, Sympathien und nicht zuletzt Anhänger ein, sondern führte, nach vielen Jahren, auch zu einem Einlenken des Staates. Unter Konstantin, römischer Kaiser von 324 bis 337, wurden dann schließlich die Weichen für die weitere Geschichte des Abendlandes gestellt. Unter seiner Herrschaft wurde das Christentum, nach langen Jahren der Verfolgung, endlich anerkannt; er gewährte Religionsfreiheit und ließ sich selbst noch auf dem Totenbett taufen, sodass das Christentum bald auch zur Staatsreligion des Römischen Reiches werden konnte. Mit Konstantin setzte damit nicht nur die Geschichte der Duldung des Christentums ein, sondern ebenso die Geschichte der engen Bindung von christlicher Kirche und Staat – und damit die Geschichte des christlichen wie des jüdischen Mittelalters.

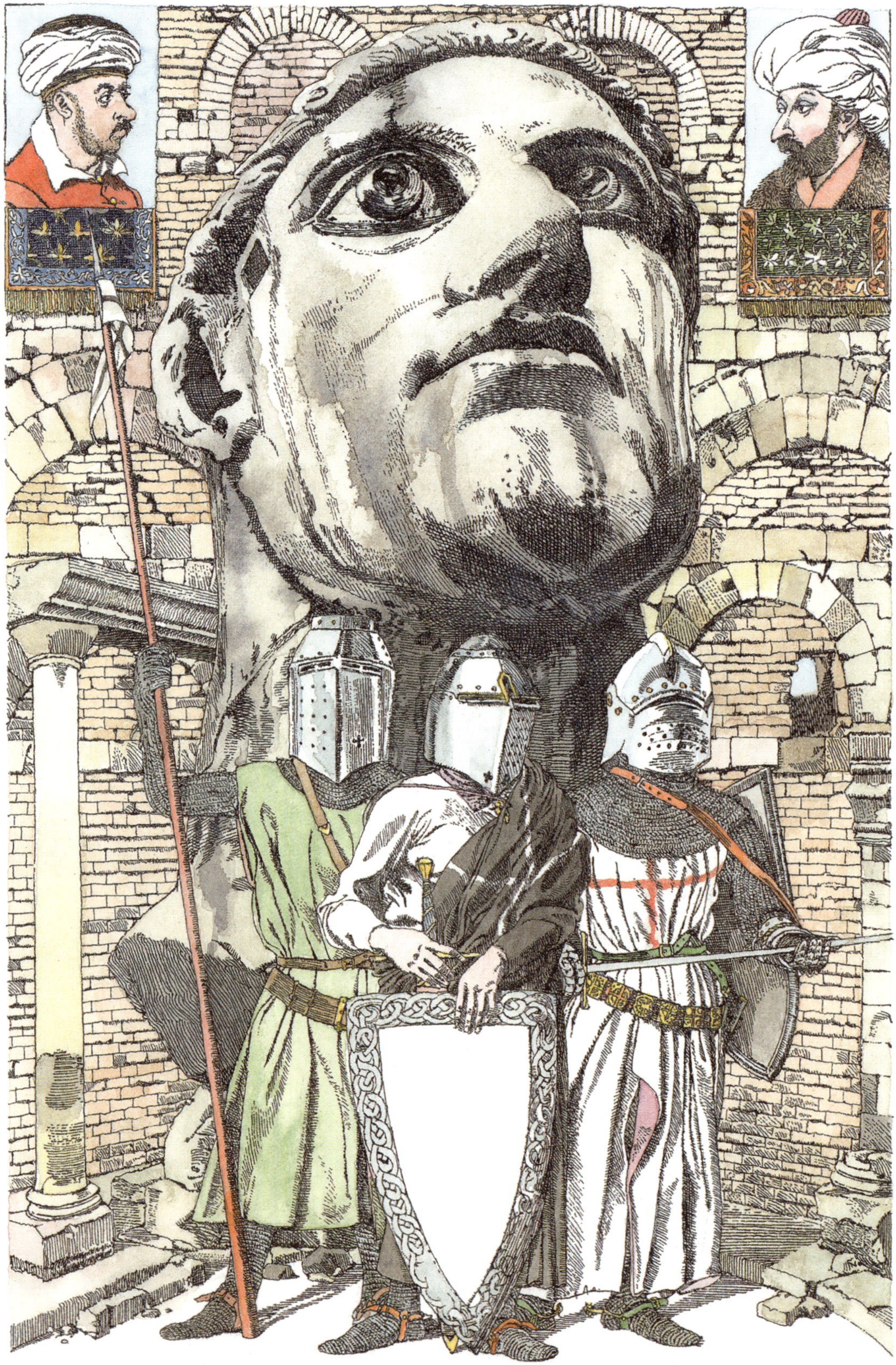

»Tod oder Taufe«

Die mittelalterliche Welt von Aschkenas

Die nun folgenden Jahrhunderte standen ganz im Zeichen des Christentums und der katholischen Kirche. Den jüdischen Bewohnern Europas standen schwere Zeiten bevor. Sie sahen sich immer stärker an den Rand gedrängt, obwohl die neue Religion in vielem mit ihrem eigenen Glauben übereinstimmte.

Das Christentum wurzelt wie das Judentum auf der Thora: Die fünf Bücher Mose sind der erste Teil des Alten Testaments. Das heißt, die ersten Christen waren eigentlich Juden. Es waren Anhänger von Jesus, die in dem gekreuzigten und wieder auferstandenen Mann den von den Juden seit langem erwarteten Messias (Christus) sahen, dessen Reich nun bevorstehe. Die meisten Juden hatten in Jesus von Nazaret allerdings eher einen jugendlichen Rebellen gesehen, der die Institution des Tempels kritisierte und die geistlichen Autoritäten nicht anerkannte. Sie mochten der Deutung der Jesusanhänger daher nicht folgen, hatten aber an den Christen ansonsten nichts weiter auszusetzen, weil auch diese sich streng an das jüdische Gesetz hielten.

Erst als aus dem Christentum eine Mehrheitsreligion wurde, die sich dann unter dem Dach der katholischen Kirche (»katholisch« bedeutet ursprünglich nichts weiter als »allgemein«, »das Ganze betreffend«) versammelte, entsteht eine zum Teil scharfe Gegnerschaft zum Judentum. Die Juden gelten vielen christlichen Kirchenführern als »Gottesmörder«, die den Tod von Jesus Christus zu verantworten haben, weil sie ihn der römischen Besatzungsmacht ausgeliefert hätten. Aus diesem Untergrund erwuchsen dann all die Beschuldigungen (Ritualmord, Hostienfrevel, Brunnenvergiftung), die immer wieder Anlass zu judenfeindlicher Gewalt gaben. Gleichzeitig aber entwickelte sich unter dem Schutz regionaler Fürsten ein reichhaltiges jüdisches Kultur- und Geistesleben, das die Geschichte des europäischen Judentums entscheidend prägte.

Himmlische Urteile

Mailand, im Jahre 388: Kurz vor dem Gottesdienst kommt es in der Mailänder Bischofskirche zum Eklat: Anstatt vor den Altar zu treten und mit der Messe zu beginnen, wendet sich Bischof Ambrosius zur Überraschung aller direkt an den in der Kirche anwesenden Kaiser Theodosius und beschuldigt ihn vor den Ohren der versammelten Gemeinde, durch eine falsche Entscheidung den christlichen Glauben beschädigt zu haben. Bevor der Kaiser diese Entscheidung nicht hier und jetzt und im Angesicht Gottes zurücknehme, werde er, Ambrosius, die Messfeier nicht zelebrieren. Betretenes Schweigen. Atemlose Spannung. Die geistliche Macht bietet der weltlichen Macht auf offener Bühne die Stirn. Der Kaiser ist konsterniert – und sieht, derart in die Enge getrieben, wohl keinen anderen Ausweg, als sich der bischöflichen Erpressung reumütig zu beugen. Was war geschehen?

Nur wenige Monate zuvor war an der östlichen Grenze des Römischen Reiches, in dem mesopotamischen Städtchen Kallinikon, eine Synagoge in Flammen aufgegangen, nachdem der dortige Bischof seine Gläubigen offen gegen die Juden aufgehetzt hatte. Als Theodosius davon erfährt, ist er verärgert. Nicht, dass er für die Juden besonders viel übrig gehabt hätte; im Gegenteil, als guter Christ stand er dem Judentum ja gleichfalls ablehnend gegenüber. Dennoch fühlte er sich provoziert, weil der selbstherrliche Anschlag seine »staatliche« Autorität untergrub; schließlich war das Judentum eine von ihm, dem Kaiser höchstselbst, zugelassene Religion. Sofort hatte er deshalb an seinen vor Ort zuständigen Statthalter die schriftliche Weisung übermitteln lassen, dass man sich auch im fernen Kallinikon gefälligst an die Gesetze zu halten habe. Die Brandstifter seien unverzüglich zu bestrafen und die Synagoge auf Kosten des Bischofs wieder aufzubauen.

Diese Weisung wiederum hatte die um ihre religiöse Autorität fürchtenden Kirchenführer erbost. Instinktsicher hatten sie die kaiserliche Verfügung sofort als das erkannt, was sie war: eine Machtprobe. Also ließen sie nun ihrerseits gewissermaßen die Muskeln spielen und schickten einen ihrer »Besten« ins Rennen: den angesehenen und einflussreichen Bischof von Mailand, Ambrosius. Und Ambrosius ließ sich nicht lange bitten. Umgehend schrieb er dem Kaiser einen empörten Protestbrief: Die himmlischen Maßstäbe seien doch wohl von höherem Rang als die irdischen Gesetze, weshalb die gutgläubigen Christen in Kallinikon das Richtige getan hätten, als sie die Synagoge dem Erdboden gleich machten. Schließlich handele es sich um einen »Ort des Unglaubens, eine Heimstatt der Gottlosigkeit, einen Schlupfwinkel des Wahnsinns, der von Gott selbst verdammt worden ist«. Die Brandstifter hätten deshalb unbehelligt zu bleiben, und die Synagoge dürfe auch nicht wieder aufgebaut werden. Im Übrigen, so ergänzte der machtbewusste Ambrosius – und mit dieser heimtückischen Ergänzung, die nichts anderes als eine Lüge war, machte er aus dem Prinzipienstreit so eine Art Zweikampf –, im Übrigen habe er selbst die Brandstiftung angeordnet. Wenn Theodosius also weiterhin darauf bestehe, die Schuldigen zu bestrafen, dann müsse er zuallererst ihn, den Bischof von Mailand, zur Rechenschaft ziehen.

Das war schweres Geschütz. Doch obwohl sich Ambrosius sogar persönlich und in vollem Umfang für den Anschlag verantwortlich erklärte, war Theodosius zunächst standhaft geblieben. Die Ordnung der Welt, so hatte er dem Bischof kühl geantwortet, ohne auf dessen »Selbstanzeige« einzugehen, beruhe nun einmal auf den kaiserlichen Gesetzen. Das Recht sei also auch in Kallinikon unbedingt einzuhalten. Es bleibe daher bei seiner Weisung, die Brandstifter zu bestrafen und die Synagoge wieder aufzubauen.

Zweifellos hatte der Kaiser damit gerechnet, dass sein »Machtwort« den unangenehmen Streit beenden würde. Nun, in der Mailänder Bischofskirche, musste er jedoch erleben, dass er diese Rechnung ohne Ambrosius gemacht hatte. Zugleich begann er wohl zu ahnen, dass die bislang uneingeschränkte Macht der römischen Herrscher fortan würde geteilt werden müssen. Einem »himmlischen Urteilsspruch« würde sich ein christlicher Kaiser in Zukunft nicht mehr so ohne weiteres widersetzen können. Ambrosius zeigte damit der alten Macht erstmals ihre neuen Grenzen auf. Und Theodosius, öffentlich vor die Wahl gestellt, zwischen dem staatlichen Interesse und dem »Willen Gottes« zu entscheiden, hatte in der Mailänder Kirche in Wahrheit schon keine Wahl mehr. Einen offenen Konflikt mit den geistlichen Führern des eigenen Glaubens, der inzwischen zur Mehrheitsreligion geworden war, konnte der Kaiser nicht riskieren. Also nahm er die Peinlichkeit, klein beizugeben, in Kauf und zog seine Weisung, wie Ambrosius es ihm abverlangte, zurück: keine Bestrafung der Brandstifter von Kallinikon, kein Auftrag zur Wiedererrichtung der Synagoge. Immerhin wahrte der Kaiser zumindest insofern sein Gesicht, als er es den Juden von Kallinikon freistellte, die Synagoge auf eigene Kosten wieder aufzubauen.

Im Schatten des Christentums

Dieser öffentliche Bußgang des Kaisers hat die Juden in Europa, unter denen sich der unerhörte Vorfall schnell herumsprach, in große Sorge versetzt. Wenn sich die weltliche Macht im Streit mit der Kirche genötigt sah, das geltende Recht für einen judenfeindlichen Akt außer Kraft zu setzen, musste die Billigung der Brandstiftung durch einen wichtigen Kirchenführer ja geradezu zur Nachahmung ermuntern. Und tatsächlich, nur wenige Jahre nach dem Vorfall in Kallinikon sah sich Kaiser Theodosius aufgrund einer Häufung judenfeindlicher Übergriffe erneut veranlasst, auf die Einhaltung seiner Gesetze zu pochen. In einem Brief an seinen Oberkommandierenden für den gesamten Orient aus dem September 393 wies er entschieden darauf hin, dass »die Sekte der Juden durch kein Gesetz verboten sei«, weshalb seine Soldaten dafür zu sorgen hätten, »dass der Übermut jener Leute, die unter dem Namen der christlichen Religion sich Unerlaubtes herausnehmen und Synagogen zu zerstören und zu plündern wagen, durch angemessene Strenge in Schach gehalten werde«.

Aber auch dieses Machtwort konnte die Lage der Juden nicht wirklich zu einem Besseren wenden. Seit mit der konstantinischen Wende ab dem 4. Jahrhundert überall in Europa die Christen an die Macht strebten, sahen sich die Juden nicht mehr nur in eine religiöse, sondern zunehmend auch in eine politische und rechtliche Außenseiterrolle gedrängt. Mit dem wachsenden Einfluss des katholischen Klerus wurden die bestehenden Gesetze von den jeweiligen Herrschern des Römischen Reiches nach und nach massiv verschärft:

Judengesetze

Juden durften keine öffentlichen Ämter mehr bekleiden; es wurde ihnen unter Androhung von Todesstrafe untersagt, einen Freien oder Christen zu ihrem Glauben zu bekehren; die Eheschließung zwischen Juden und Christen wurde verboten; und schließlich durften die Juden auch keine christlichen Sklaven mehr besitzen – was zur damaligen Zeit eine schwere Benachteiligung war, weil beispielsweise jüdische Weinbauern damit praktisch ohne Hilfe dastanden.

Diese Verschlechterungen und auch die mancherorts aufflackernden Feindseligkeiten bedeuteten jedoch noch lange nicht, dass sich die Juden nun ganz und gar in ihrer Existenz bedroht sahen. Nein, dass sie auf Misstrauen und Ablehnung in ihrer Umwelt stießen, war ihnen ja durchaus vertraut, und sie hatten im Verlauf ihrer Geschichte damit umzugehen gelernt. Entscheidend war, dass die jüdische Religion auch weiterhin eine religio licita blieb, eine staatlich zugelassene Religion, die unter dem formalen Schutz des Römischen Rechts ausgeübt werden durfte. Und dieser Schutz gewährleistete tatsächlich, dass die Mehrheit der Juden im Römischen Reich weitgehend unbehelligt ihren Alltag leben konnte.

Niemand hinderte einen Juden daran, am Morgen und am Abend zu beten, seinen Söhnen aus der Thora vorzulesen, Fleisch- und Milchprodukte beim Kochen zu trennen oder nach religiösen Vorschriften zu schlachten; niemand hinderte ihn an der Einhaltung von Reinheitsgeboten, der Sabbatruhe und all der anderen Regeln, in deren Befolgung die Juden jedoch von der religiösen Praxis der Mehrheit, in deren Mitte sie lebten, deutlich abwichen. Das heißt, trotz all der christlichen Glocken, Symbole und Prozessionen, die zunehmend den öffentlichen Raum beherrschten, trotz vieler Einschränkungen und mancher offener oder versteckter Feindseligkeiten wog das Trennende zu jener Zeit doch insgesamt weit weniger schwer als das Verbindende. Unter den Bedingungen des damaligen Lebens, das stets von Nässe und Kälte, von Hitze und Dürre, von Hunger und Krankheit bedroht war, begegneten sich Juden und Christen zunächst und vor allem als Nachbarn und als Partner im Überleben: Man half sich bei Aussaat und Ernte, man teilte, tauschte und trieb miteinander Handel, kurz, man war aufeinander angewiesen.

»Juden und andere Kaufleute«

Schon im 4. Jahrhundert war die Diaspora also auch in Europa weit verbreitet. Viele Juden waren nach der Zerstörung des Tempels den römischen Legionen gefolgt und hatten sich, Landwirtschaft oder Handel treibend, in Italien, Gallien, Franken und Spanien niedergelassen. Und auch weiter nördlich, in den germanischen Provinzen des Römischen Reiches, also auf dem Gebiet des heutigen Deutschlands, gab es zu jener Zeit bereits ein jüdisches Gemeindeleben. Das belegt zum Beispiel ein erhalten gebliebenes Dekret Kaiser Konstantins aus dem Jahre 321. Er teilt darin seinen Statthaltern, den »Decurionen in Köln« mit: »Allen Behörden erlauben wir durch allgemeines Gesetz, die Juden zur Kurie zu berufen.« Die Juden, die bis dahin von allen städtischen Ehrenämtern freigestellt waren, weil deren Ausübung vielfach den jüdischen Religionsgeboten – etwa die Sabbatruhe einzuhalten – widersprach, sollten künftig zu kommunalen Leistungen – also so etwas wie beispielsweise die Mitarbeit in einem Gemeinderat – verpflichtet werden können. Lediglich die »Rabbinen und Synagogenväter«, so das kaiserliche Dekret weiter, sollten nach wie vor »von jeder persönlichen Leistung frei« bleiben – eine Einschränkung, die den Respekt vor der jüdischen Religiosität noch deutlich bezeugt.

Was Kaiser Konstantin für

Köln festgelegt hatte, galt gewiss auch für andere Städte und Siedlungen an Rhein, Main und Donau, in denen sich Juden schon früh niedergelassen und wo sich dann im Laufe von zwei oder drei Generationen ein jüdisches Gemeindeleben ausgebildet hatte. Für die Gesamtheit der jüdischen Ansiedlungen in Germanien bürgerte sich unter den Juden bald der alte biblische Name *Aschkenas* ein – Aschkenas war ein Nachkomme des Stammvaters Noah, dessen Namen man mit der Region »Germania« gleichsetzte.

In Aschkenas konnte sich das jüdische Leben, trotz der – am Beispiel von Ambrosius beschriebenen – antijüdischen Haltung der katholischen Kirche, trotz gesetzlicher Benachteiligungen und obwohl es immer einmal wieder zu gewaltsamen Ausschreitungen kam, zunächst weitgehend harmonisch entfalten. Ja, die Juden wurden häufig sogar von lokalen Fürsten regelrecht hofiert und umworben. Denn im Vergleich zu anderen Bevölkerungsgruppen verfügten sie vielfach über Kenntnisse und Erfahrungen, die etwa für den Aufbau eines Städtewesens und den Ausbau des Handelswesens von unschätzbarem Wert waren. Außerdem war jede Besiedelung der menschen-

Aschkenas und Sefarad

Die Bewohner der germanischen Judengemeinden, die *Aschkenasim*, unterschieden sich durch diese Namensgebung von den *Sefardim*, die sich im Gefolge des ab dem 7. Jahrhundert westwärts vorstoßenden Islam vor allem in Spanien ansiedelten. Sefarad ist die biblische Bezeichnung für die Iberische Halbinsel, wo für lange Zeit, unter islamischer Herrschaft, ein zweites blühendes Zentrum jüdischen Kulturlebens entstand, bis die Juden Ende des 15. Jahrhunderts – nach der »Reconquista«, das heißt der christlichen Rückeroberung Spaniens – wieder von dort vertrieben und ein weiteres Mal in alle Himmelsrichtungen zerstreut wurden.

Thora

Das Allerheiligste der hebräischen Bibel sind die Fünf Bücher Mose (griechisch: Pentateuch): die Thora. Aufgeschrieben wurde sie etwa zwischen 950 und 800 vor unserer Zeitrechnung. Die Thora, von Hand auf Pergament geschrieben und um zwei Stäbe gewickelt, enthält alle 613 Ge- und Verbote des Judentums und erzählt die Geschichte von der Weltschöpfung bis zum Tode des Religionsstifters Moses. Die meist üppig verzierten Thora-Rollen sind in jeder Synagoge zu sehen, in einem hölzernen Schrein an der Wand, die in Richtung Jerusalem weist.

leeren Waldlandschaften den weltlichen Herrschern hoch willkommen. Jeder Acker, der bestellt wurde, jedes Haus, das sich mit Leben füllte, jeder Marktflecken, um den herum sich eine Stadt bildete, mehrte ihr Eigentum und ihr Ansehen; jede neue Ansiedelung bedeutete mithin Wachstum und »Fortschritt«. Das erkannten natürlich auch die Bischöfe, was ihren unverhohlenen Missionseifer lange Zeit im Zaum hielt. Weil sie der christlichen Mehrheit in zentralen Kompetenzen weit voraus waren, übernahmen die Juden sogar eine Schlüsselrolle auf dem langen Weg der Modernisierung.

Während die meisten Christen noch für Jahrhunderte Analphabeten bleiben sollten, lernten die jüdischen Jungen, um das göttliche Gebot des Thorastudiums zu erfüllen, schon vor mehr als tausend Jahren Hebräisch lesen. Und während die Gesellschaft um sie herum durch Immobilität gekennzeichnet war – die meisten Menschen verbrachten ihr Leben am Ort ihrer Geburt oder nicht weit entfernt –, war Mobilität den Juden seit Generationen vertraut: In der Thora konnten sie lesen, dass es nichts Besonderes war, Länder und Wüsten zu durchqueren, unterwegs zu sein und sich unter Fremden einzurichten; und auch die Lektüre des Talmuds, mit all seinen Geschichten über Streitschlichtung und Gesetzesbruch, über Maße und Gewichte, Schadenersatz und Übervorteilung, Wertminderung und Entschädigung, lehrte sie nicht nur Weltläufigkeit, sondern vermittelte ihnen wertvolle Kenntnisse für Handel und Gewerbe, Wissenschaft und Verwaltung.

Diese Kenntnisse machten sich die weltlichen und auch die geistlichen Herrscher gern zunutze. Juden waren als Ärzte ebenso geschätzt wie als Fernhändler und Seefahrer, die im 8. und

9. Jahrhundert fast eine Monopolstellung im Mittelmeerhandel innehatten und die königlichen Pfalzen und bischöflichen Paläste mit Juwelen, Gewürzen, Parfümen und weiteren Luxusgütern belieferten. Auch als Lehrer und Berater wurden ihre Dienste gesucht: Legendär ist die Geschichte des Kaufmanns Isaak aus Narbonne, dem Karl der Große im Jahre 797 eine christliche Gesandtschaft anvertraute, damit er sie als sprach- und wegekundiger Begleiter an den Hof des Kalifen Harun Ar Raschid nach Bagdad führe; allein der Jude Isaak überlebte die Strapazen dieser für damalige Verhältnisse aberwitzigen Reise und kehrte fünf Jahre später als einziger von drei Gesandten nach Aachen zurück, wo er dem Kaiser als Geschenk des Kalifen einen indischen Elefanten übergab.

Überhaupt wusste Karl der Große (768 bis 814), König der Franken und nach 800 erster Kaiser des nunmehr »Heiligen« Römischen Reichs, dessen Imperium sich von der Nordseeküste bis ans Mittelmeer und von der Elbe bis an den Atlantik erstreckte, die Fähigkeiten der Juden sehr zu schätzen. Während seiner Regentschaft wurden zahlreiche jüdische Gemeinden gegründet, die bestehenden erhielten regen Zulauf, Handel und Künste erlebten einen Aufschwung. Es war die Zeit des königlichen Judenschutzes und der so genannten Judenschutzbriefe. Solche Dokumente, die an Stadttoren oder Handelsplätzen jederzeit vorzeigbar waren, belegten schwarz auf weiß, dass einzelne Juden unter dem besonderen Schutz eines Herrscherhauses standen und man ihnen gewisse Privilegien, wie etwa Zollfreiheit, zu gewähren habe. Durch diese Praxis, die keiner Bevorzugung entsprang, sondern den Herrschenden dazu diente, sich begehrte Waren und nützliche Dienste auch weiterhin zu sichern, waren die Juden den Christen praktisch wieder rechtlich gleichgestellt: Sie konnten frei über ihr Eigentum verfügen, durften ungehindert und zollfrei Handel treiben und vor Gericht

Jüdische Sonderrechte

Wie sein Vater, Karl der Große, stellte auch Ludwig der Fromme die kleine Gemeinde jüdischer Kaufleute und Weinbauern unter seinen Schutz und signalisierte damit auch anderen Juden, dass sie in seinem Herrschaftsbereich willkommen waren. Da der König wusste, dass die Geistlichkeit solche wohlwollende Politik gegenüber den Juden gar nicht schätzte, wurden über den königlichen Schutz und die jüdischen Sonderrechte Urkunden ausgestellt, so genannte Schutzbriefe. Dem Juden Gaudiocus und seinen Söhnen Jakob und Vivacius bestätigte Ludwig 839 höchstpersönlich das Recht, ihre Ländereien ohne Einschränkung bewirtschaften und frei über sie verfügen zu können. Einer seiner Nachfolger, Heinrich IV., stellte die Juden von Worms und Speyer im Jahre 1090 unter seinen Schutz und gewährte ihnen einige Sonderrechte wie Zollfreiheit oder den Einsatz christlicher Knechte und Mägde.

nicht benachteiligt werden; ihre Religion wurde ausdrücklich gebilligt, und Zwangstaufen waren ebenso verboten wie jeder Versuch, die Juden an der Einhaltung ihrer religiösen Vorschriften zu hindern.

Diese friedliche, von Wohlstand und Fortschritt gekennzeichnete Phase setzte sich bis in die Zeit der Ottonen fort. Die freundliche Haltung gegenüber den Juden entsprang dabei – wie schon erwähnt – keinem Toleranzgebot, sondern beruhte zumeist auf klaren wirtschaftlichen und finanziellen Interessen, wie eine Urkunde Ottos des Großen (936 bis 973) aus dem Jahre 965 belegt. Darin spricht er »Judei et cetera mercatores«, den »Juden und anderen Kaufleuten«, das Privileg zu, mit allen Waren frei zu handeln und sie ohne Zollgebühren ins Land zu bringen.

Diese Formel kann zugleich veranschaulichen, wie sehr die Begriffe »Juden« und »Kaufleute« zu Synonymen geworden waren; in ihr drückt sich aber ebenso Respekt aus, die Anerkennung dafür, dass jüdische Kaufleute, Händler und Gelehrte den wirtschaftlichen und sozialen Aufschwung vor allem der Städte maßgeblich vorantrieben. Denselben Respekt zollte später noch einmal der Bischof Rüdiger von Speyer, geistlicher und weltlicher Herr der Stadt, als er offen einräumte, dass erst durch die Ansiedlung von Juden aus einer »villa«, aus dem Dorf Speyer, eine Stadt werden könne.

Das »neue« Jerusalem – Blüte am Rhein

Aus den vielen deutschen Städten, in denen sich ein reges jüdisches Gemeindeleben entfaltet hatte, ragten zwischen dem 10. und 13. Jahrhundert die Gemeinden Speyer, Worms und Mainz deutlich hervor, die sich zu Zentren des kulturellen und spirituellen Lebens und zu weithin ausstrahlenden Hochburgen jüdischer Gelehrsamkeit entwickelten. In diesen »Schum«-Gemeinden – so benannt nach den hebräischen Anfangsbuchstaben der Ortsnamen, die zusammen den hebräischen Begriff für »Knoblauch« ergeben – wurde der Grundstein gelegt für die bis heute maßgebliche Tradition im aschkenasischen Judentum; und hier, in Worms, stand auch die älteste, über viele Jahrhunderte genutzte Synagoge Deutschlands, bei deren Zerstörung durch die Nationalsozialisten im Jahre 1938 lediglich eine Stiftertafel des Ehepaares Jakob ben David und seiner Frau Rahel aus dem Jahre 1034 erhalten blieb. (Die Synagoge wurde zwar um 1960 nach alten Plänen wieder aufgebaut, blieb aber bedeutungslos, da es in Worms keine einzige jüdische Familie mehr gab.)

Im Gemeinde- und im Geistesleben jener Zeit spielte die wohlhabende, aus Italien stammende und unter Otto II. Ende des 10. Jahrhunderts nach Mainz übergesiedelte Familie des Kalonymos eine wichtige Rolle. Über Generationen hinweg repräsentierten Angehörige dieser einflussreichen und weit verzweigten Familiendynastie die jüdischen Gemeinden nach außen, sie bildeten deren ökonomisches Rückgrat, und sie gründeten bedeutende Talmudakademien, *Jeschiwot,* deren bedeutendste, in Mainz, zur maßgeblichen Instanz für das abendländische Judentum wurde. Für viele war die »Heilige Gemeinde« von Mainz zu jener Zeit so etwas wie das neue Jerusalem. Hier lebten bedeutende Rabbinen, die erforschten, bewahrten und in die Gegenwart übersetzten, was Gott dem Volk Israel einst offenbart hatte, die in religiösen und weltlichen Streitfragen um Rat gefragt wurden und die ihr Wissen an Talmudschüler weitergaben, die zum Teil von weit her zum Studium nach Mainz angereist kamen.

Der Ruhm der Mainzer – und später auch der Wormser – Talmudschulen überstrahlte bald selbst den Glanz der berühmten babylonischen Talmudakademien. Während dort von alters her nach strengen Regeln gelernt wurde und eine klare Hierarchie kein direktes Gespräch zwischen Schülern und Lehrern vorsah, ging es in den Rheinländer Lehrhäusern geradezu familiär zu. Die Mainzer und Wormser Rabbinen betrachteten sich als Lehrende und Lernende zugleich. Sie animierten ihre Schüler zum gleichberechtigten Gespräch und fanden jede Frage des Nachdenkens für wert. Überhaupt betrachteten sie das Nachdenken als ihre vornehmste Aufgabe, und sie sahen sich hierzu von ihrem Gott auch ausdrücklich ermuntert. Schon in der

Talmud

Nach der Zerstörung des Tempels und der »Zerstreuung« der Juden hatte man damit begonnen, Gesetze, Sitten und Überlieferungen aufzuschreiben, um religiöse Vorschriften und Brauchtum weiter zu erhalten. Damit war der Grundstein für die Mischna (=Wiederholung) gelegt, deren Lehren meist kurz und bündig gehalten sind. Auf die Mischna folgt die Gemara (=Vollendung), das heißt die Auslegung der in der Mischna festgehaltenen Gesetze. Die Zusammenführung von Mischna und Gemara wurde erstmals um das Jahr 500 in Mesopotamien abgeschlossen, im so genannten Babylonischen Talmud.
Im Talmud (=Belehrung) wird zwischen der strengen Halacha (Gesetzeslehre) und der Aggada (Erzählung) unterschieden. Letztere nimmt mit der Zeit an Umfang immer weiter zu, da es kaum ein Thema gibt, das der Talmud unbeantwortet lässt und die Gesetze im Lichte neuerer Entwicklungen stets neu ausgelegt werden müssen.

Thora wird berichtet, wie Gott selbst sein Volk des Öfteren daran erinnern musste, dass nicht der Buchstabe, sondern der Geist seiner Worte entscheidend sei. Und diesen Geist galt es, an jedem Ort und zu jeder Zeit neu zu bestimmen, da das Leben in christlicher Umgebung nicht mit dem Leben in Palästina oder Babylonien und schon gar nicht mit dem Leben zu Zeiten der Offenbarung verglichen werden konnte. Also mussten die göttlichen Gebote stets aufs Neue ausgelegt und entsprechend den Anforderungen einer sich verändernden Welt gedeutet werden.

Die Mainzer und Wormser Schriftgelehrten wollten nicht nur Buchstaben lehren, sondern die überlieferten Worte für die Gegenwart fruchtbar machen, um sie lebendig zu erhalten. Sie verstanden sich als Bewahrer und Erneuerer zugleich. Und sie erwiesen sich hierfür auch als bestens geeignet, weil sie keine reinen Buchgelehrten waren, sondern mitten im Leben standen. Neben dem eigenen Studium und dem gemeinsamen Lernen mit ihren Schülern, für das sie nach alter Tradition jede Bezahlung ablehnten, gingen sie alle einem Beruf nach oder lebten vom Familienvermögen. Als Kaufleute oder Weinbauern erlebten sie die sozialen, wirtschaftlichen und politischen Veränderungen ihrer Epoche hautnah mit. Das blieb nicht ohne Auswirkungen auf ihre Entscheidungen, ihre Gutachten und ihre Gespräche mit den Schülern. So besagt beispielsweise eine Vorschrift des Talmud, dass Juden kein Vieh an Nichtjuden verkaufen dürfen, weil diese Tiere dann möglicherweise deren Göttern geopfert würden. Für Palästina mag diese Regelung noch einsichtig gewesen sein, so befand der wohl berühmteste der in Mainz und Worms ausgebildeten Talmudgelehrten, Rabbi Salomo ben Isaak, weil die Juden dort ausschließlich vom Handel untereinander gelebt hätten: »Aber jetzt, wo wir unter unsern Nachbarn in der Minderheit sind, können wir nicht nach einem so nachteiligen Verbot handeln.«

»Leuchte des Exils«

Mit seiner pragmatischen Haltung setzte Salomo ben Isaak eine Tradition fort, die etwa hundert Jahre zuvor in Mainz ihren Anfang genommen hatte. Vom Ende des 10. Jahrhunderts an lehrte dort, vermutlich von der Familie Kalonymos berufen, Rabbi Gerschom ben Jehuda (960 bis 1040), der die Abhängigkeit der aschkenasischen Rabbinen sowohl vom strengen Wortlaut der Überlieferung wie auch von den babylonischen und palästinensischen Religionsschulen löste und sie zum eigenständigen Nachdenken anleitete – weshalb ihm die Nachwelt den Ehrentitel »Me'or Haggola«, Leuchte des Exils, verlieh. Seine Entscheidungen und Verordnungen, *Takkanot* – beispielsweise, dass eine Frau nicht gegen ihren Willen von ihrem Mann geschieden werden dürfe –, wurden überall in West- und Mitteleuropa als verbindlich anerkannt. Indem Gerschom versuchte, die religiösen Grundsätze des Judentums mit den ethisch-sittlichen Erfordernissen eines Lebens in christlicher Umgebung in Übereinstimmung zu bringen, schuf er die bis heute grundlegenden Strukturen für die jüdischen Gemeinden.

Gerschom ben Jehuda wurde zum geistigen Stammvater vieler Gelehrter, zu denen auch der gerade erwähnte Rabbi Salomo ben Isaak (1040 bis 1105) gehört, der als der bedeutendste der aschkenasischen Talmudgelehrten gilt. Als 18-Jähriger war Salomo, dessen Vater mit Weinbau und Weinhandel zu bescheidenem Wohlstand gekommen war, aus dem kleinen Ort Troyes in der französischen Champagne aufgebrochen, um sich in den berühmten rheinländischen Talmudschulen dem Thorastudium zu widmen. Als er nach zehn Jahren Lernen und Lehren in Mainz und Worms in seine Heimatstadt zurückkehrt und dort, neben seiner Arbeit in den Weinbergen, eine eigene Talmudakademie begründet, ist er bereits ein weithin geschätzter Gelehrter und Ratgeber. Von weither fragt man ihn um Rat, sein Ruf reicht bis nach Italien und Nordafrika, und seine Rechtsgutachten zeichnen ein lebendiges Bild einer Zeit, über die wir sonst nur wenig wissen. Seine prägnant formulierten, kurzen, eindeutigen und immer wieder mit Alltagsbeispielen veranschaulichten Kommentare, die bis heute in jedem Talmud nachzulesen sind, trugen schon damals zur Verbreitung und Popularisierung des talmudischen Wissens weit über jüdische Kreise hinaus bei.

Raschi, wie er bald nur noch von allen genannt wird – entsprechend einer jüdischen Angewohnheit, aus den Anfangsbuchstaben ein Namenskürzel zu bilden: RAbbi SCHlomo Itzchak nach der hebräischen Schreibweise –, Raschi hält zeit seines Lebens den Kontakt zu den rheinländischen Gemeinden aufrecht. Zwischen Weinberg und Gemeinde, Lehrhaus und Familie führt er einen regen Briefverkehr. Als Rabbi und Weinbergbesitzer hat er keine finanziellen Sorgen. Er kann seine Frau und seine drei Töchter versorgen und findet auch noch Zeit, die Mädchen selbst zu unterrichten und ihnen Lesen, Schreiben und Rechnen beizubringen – was für christliche Mädchen damals noch undenkbar war.

Im Werk Raschis klingen aber auch dunkle Töne an: »Wir haben traurige Erfahrungen im Leiden und sind immer in Gefahr, vernichtet zu werden.«

Papsttum

Dem katholischen Glauben zufolge hat Jesus selbst den ersten Papst ins Amt gesetzt, indem er Petrus zu seinem Nachfolger und zum Oberhaupt der Kirche erklärt hat. Auf dieser Überlieferung, der Stellvertreter Christi auf Erden zu sein, gründet sich das Papsttum und der Anspruch absoluter Herrschaft und Unfehlbarkeit. Dieser Anspruch führte immer wieder zu erbitterten Machtkämpfen und Kriegen, zwischen Kaisern, Königen und Fürsten auf der einen und dem jeweiligen Papst auf der anderen Seite. Über viele Jahrhunderte behielt die Kirche die Oberhand. Erst im 14. Jahrhundert entstand dann in Frankreich eine neue Staatsidee, wonach Staat und Kirche zu trennen und die Kirche dem Staat unterzuordnen sei. Der absolute Machtanspruch des Papstes hat sich bis heute erhalten, bezieht sich aber nur noch auf den Bereich der katholischen Kirche.

Und dies war keine Aussage über längst vergangene Ereignisse, sondern über eine sich vor seinen Augen abspielende Katastrophe. Sein friedliches Leben in der Champagne findet ein abruptes Ende. Unheilvolle Nachrichten aus dem fernen Rheinland versetzen ihn in Schrecken und lassen ihn um viele Freunde und Bekannte fürchten. Dort, wo er als junger Mann gelernt und später so viele Jahre gewirkt hatte, gerade dort, in den Schum-Gemeinden, die ihre Blüte den Juden verdankten, sahen sich diese Juden plötzlich einem mörderischen Hass ausgesetzt.

Als Heinrich IV. (1056 bis 1106) den Juden von Worms und Speyer im Jahre 1090 noch einmal umfangreiche Privilegien erteilte und sie ausdrücklich »als zur kaiserlichen Kammer gehörig« unter seinen Schutz stellte, wird er das drohende Unheil möglicherweise schon geahnt haben. Das Wohlergehen der Juden beruhte fast ausschließlich auf ihrer Nützlichkeit und war unter anderem abhängig von der Machtbalance zwischen Kaiser und Papst.

Wirtschaftliche Interessen hatten den Verkündigungs- und Missionseifer großer Teile der Geistlichkeit zwar lange Zeit gezügelt, aber, so wurde jetzt offenbar, die Feindseligkeit der Christen gegenüber den Juden keineswegs gemildert. Es kam zum offenen Konflikt.

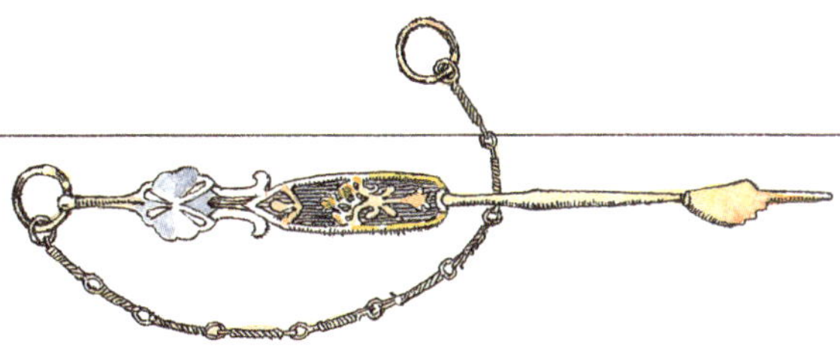

Ein Kreuzzug der Vernichtung

Speyer, Worms und Mainz, im Mai 1096: Graf Emicho von Leiningen war ein zu allem entschlossener Mann. Als selbsternanntes Werkzeug Gottes hatte er innerhalb kürzester Zeit Tausende Mitstreiter um sich versammelt, um die Welt von den Ungläubigen zu reinigen. Und vor der eigenen Haustür sollte damit begonnen werden. »Sehet, wir ziehen den weiten Weg, um die Grabstätte aufzusuchen und uns an den Ismaeliten zu rächen, und siehe, hier wohnen unter uns die Juden, deren Väter ihn unverschuldet umgebracht und gekreuzigt haben! So lasset zuerst an ihnen uns Rache nehmen und sie austilgen unter den Völkern, dass der Name Israel nicht mehr erwähnt werde; oder sie sollen unseresgleichen werden und zu unserem Glauben sich bekennen« – so zitiert eine hebräische Chronik aus dem zwölften Jahrhundert im Nachhinein, worauf Graf Emicho seine straff organisierte Truppe einschwor. Nicht nur nebenbei ging es den Männern um Emicho, zumeist Bauern, einfache Arbeiter und Handwerker, aber auch um ganz weltliche Dinge. Ihr Glaubenskrieg war in erster Linie ein ganz gewöhnlicher Raubzug. Und gerade die vermögenden jüdischen Händler und Kaufleute versprachen reiche Beute, die später unter den Mördern aufgeteilt werden sollte.

Und so nimmt die Katastrophe ihren Lauf. Nachdem die

eifernde Meute am 3. Mai Speyer und am 25. Mai Worms überrennt und alle Juden, auf die sie dort trifft, gleich ob Mann, Frau oder Kind, massakriert, steht sie nun, Ende Mai, vor den Toren von Mainz. Aber die Mainzer waren über das Wüten der Emicho-Bande schon informiert und sind auf den Angriff vorbereitet. Nach Beratungen der Ältesten der jüdischen Gemeinde mit dem Bischof der Stadt, wie das drohende Unheil abzuwenden sei, hatte der Bischof schließlich seinen Palast zum Schutz angeboten, »bis jene Scharen vorübergezogen sind«, und zugleich angeordnet, die Stadttore geschlossen zu halten und den Männern um Emicho den Eintritt zu verwehren.

Doch vergeblich. Nach zweitägiger Belagerung ergeben sich die Mainzer der Übermacht. Der Bischof wiederum erliegt schon kurz zuvor der Verlockung eines ihm von Emicho angebotenen Bestechungsgeldes und flieht mit seinen Leuten aus der Stadt. Die Juden sind nun sich selbst überlassen. Hunderte werden daraufhin von den Fanatikern niedergemetzelt, vielleicht noch einmal so viele begehen Selbstmord. Ähnlich wie schon einmal rund 1000 Jahre zuvor in Jotaphata und Jerusalem sind auch die Mainzer Juden bis zum Letzten entschlossen. Sie denken gar nicht daran, sich kampflos zu ergeben und abschlachten zu lassen. Als sie die Hoffnungslosigkeit ihrer Lage erkennen – so berichtet es die schon erwähnte Chronik –, »schrien alle wie einer mit lauter Stimme und sprachen: Jetzt können wir nicht mehr länger zögern, denn die Feinde kommen schon über uns. Lasset uns schnell handeln und uns selbst dem Ewigen als Opfer darbringen! Jeder, der ein Schlachtmesser besitzt, untersuche es, dass es nicht schartig sei, und komme und schlachte uns zur Heiligung des Einzigen, des Ewiglebenden.«

Und das Morden ging weiter. Graf Emicho und seine Kreuzfahrermeute schlugen eine Spur der Verwüstung durch das Land. Von Mainz aus zogen die Mörder rheinabwärts und setzten ihr blutiges Treiben fort. Auch in Metz, Köln, Neuss, Xanten oder Regensburg wurden viele Hundert Juden

Mainzer Tragödie

Über 1100 Menschen sollen an diesem einen Tag in Mainz durch fremde oder durch eigene Hand ums Leben gekommen sein: »Der Mann wurde geschlachtet von seinem Sohn oder Bruder, der Bruder von seiner Schwester, die Frau von ihrem Sohn oder ihrer Tochter, der Bräutigam von seiner Braut.« Ob die Zahl der Opfer stimmt, lässt sich heute nicht mehr ermitteln; auch mag manches Detail von den Chronisten überzeichnet worden sein. Die Gemetzel selbst werden aber von jüdischen und christlichen Quellen unabhängig voneinander bestätigt.

von ihnen erschlagen, verbrannt oder ertränkt. Mindestens ebenso viele zogen – vor die Alternative »Tod oder Taufe« gestellt – den Freitod als Märtyrer »zur Heiligung Gottes« vor und töteten die eigenen Kinder, bevor sie sich selbst das Leben nahmen.

Auch für die christliche Bevölkerung der betroffenen Städte waren die Massaker und Verwüstungen eine Katastrophe, weshalb die marodierenden Kreuzzügler auf wachsenden Widerstand stießen. Das blieb nicht ohne Wirkung: So plötzlich, wie der Schrecken im Frühjahr begonnen hatte, war er dann im Sommer wieder vorbei. Und, so unvorstellbar es klingt: Schon bald darauf kehrten die vor den Kreuzfahrern erfolgreich geflohenen Juden in ihre Heimatstädte zurück, begannen sofort mit dem Wiederaufbau und nahmen ihr gewohntes Leben wieder auf.

Diese rasche Rückkehr zur »Normalität« ist aus heutiger Sicht nicht leicht zu verstehen. Tausende waren innerhalb kurzer Zeit auf grausige Weise zu Tode gekommen, und die brutalen Ereignisse haben sich zweifellos tief ins Bewusstsein der Überlebenden gegraben. Dass die Juden dennoch an die Orte des Schreckens zurückkehrten, liegt zum einen daran, dass es nicht ihre Nachbarn gewesen waren, die sie »austilgen« wollten. Im Gegenteil, viele Juden hatten Unterschlupf und Schutz bei christlichen Bekannten gefunden und nur dadurch die Massaker überlebt; und fast alle Bischöfe und Landesherren hatten sich, wenn auch zumeist vergeblich, gegen die Kreuzfahrerbanden gestellt und die Juden zu schützen versucht. So war ein Weiterleben ohne Hass durchaus möglich. Zum anderen sind die Zeitumstände zu bedenken: Gewalt und Faustrecht gehörten in jener Zeit zum Alltag, auch unter den Christen; die meisten Menschen wurden nicht sehr alt, um die 40, und ein Menschenleben galt generell viel weniger als heute. Das macht zwar die Grausamkeiten nicht weniger schlimm, aber die Leute waren hart im Nehmen, und sie waren, um ihr Überleben zu sichern, gezwungen, sofort wieder nach vorn zu schauen und ihre Arbeit oder ihre Geschäfte wieder aufzunehmen.

Eine Frage hingegen wird auch die Zeitgenossen beschäftigt haben. Dass viele Christen ihnen feindselig gegenüberstehen, dass es dadurch auch einmal zu gewaltsamen Übergriffen kommen konnte, das war den Juden bewusst und aus ihrer Geschichte auch hinlänglich bekannt. Aber die Wucht des über Speyer, Worms, Mainz und all die anderen Orte einbrechenden Hasses hatte sie sichtlich überrascht. Kaum jemand hatte mit einer derartigen Mordlust gerechnet. Wie also war es dazu gekommen?

»Deus le volt« – Gott will es

Ein falsches Wort zur falschen Zeit kann einen Sturm entfachen – obwohl der Urheber des Gesagten vielleicht nur etwas Wind machen will. Als Papst Urban II. im November 1095, am Ende einer Kirchenversammlung in Clermont, Volk und Ritter dazu aufruft, ins Heilige Land zu ziehen, um die Ungläubigen zu vertreiben und die heiligen Stätten, allen voran Jerusalem, wieder in Besitz zu nehmen, hat er zweifellos einen geordneten Feldzug unter kirchlicher Kontrolle im Sinn. Kräftige adlige Männer sollen unter dem Banner des Christentums und unter Führung der Kirche nach Palästina aufbrechen und dort gegen die Anhänger Mohammeds einen »heiligen Krieg« führen. Und Papst Urban muss ein guter Redner gewesen sein. Als er vor einer riesigen Menschenmenge und mehr als 300 Kirchenführern – wegen des Andrangs kann die öffentliche Sitzung nicht in der Kathedrale, sondern musste auf freiem Feld stattfinden – die Leiden sowohl der Pilger im Heiligen Land als auch der »Brüder im Osten« anprangert, hat er seine Zuhörer bereits gewonnen. Seine Aufforderung, den Christen in Palästina zu Hilfe zu eilen, wird dann auch mehrfach von begeisterten Zwischenrufen unterbrochen: »Deus le volt« – Gott will es.

Eben diese Begeisterung, die sich mit einer lange unterdrückten Feindseligkeit mischte, hatte Urban offenbar unterschätzt: Das Kreuzzugsfieber erfasste nun vor allem die ärmeren Schichten und geriet außer Kontrolle. Zu Tausenden schlossen sich Menschen zusammen, die nicht in erster Linie gegen die Ungläubigen, sondern gegen die eigene Not zu kämpfen im Sinn hatten – und die ihren Mut gewiss nicht erst nach einer langen, beschwerlichen Reise nach Palästina kühlen wollten. »Ungläubige« gab es schließlich auch vor der eigenen Haustür. Warum also in die Ferne schweifen? Denn wenn die Feinde Christi im Heiligen Land zu bekämpfen seien, dann doch wohl erst recht die im eigenen Land – zumal hier reiche Beute zu erwarten war?

Der Islam und das Judentum

Der Islam ist die jüngste Weltreligion und entstand rund 600 Jahre nach Beginn der christlichen Zeitrechnung. Mit dem Judentum (und dem Christentum) hat der Islam sehr viel gemeinsam – nicht nur den Glauben, dass es nur einen einzigen Gott gibt. Beide Religionen schöpfen aus derselben Überlieferung, den Geschichten, die in der Bibel erzählt werden. Adam und Eva, Abraham und Moses, Joseph, Noah mit seiner Arche, Hiob, sogar Jesus tauchen auch im Koran auf, dem heiligen Buch der Muslime. Die biblischen Propheten einschließlich Jesus gelten als Vorgänger des letzten Propheten, den Gott den Menschen geschickt hat: Mohammed. Aber weder Juden noch Christen mochten sich dem Propheten Mohammed anschließen, und deshalb hat er sie zu Ungläubigen erklärt, die den wahren Glauben verfälschen würden.

Religiöser Hass und Habgier bildeten in den sich spontan und unorganisiert zusammenfindenden Kreuzfahrerbanden eine mörderische Mischung. Aus der gezielten Aktion, an die Papst Urban in Clermont gedacht haben mochte, wurde ungezügelte Gewalt, die auch den Kirchenführern gar nicht recht war. In Abwesenheit des Kaisers, der sich in Italien aufhielt, und gegen den mehr oder weniger heftigen Widerstand örtlicher Bischöfe und christlicher Mitbürger wurden so die jüdischen Siedlungen am Rhein im Laufe des Jahres 1096 gnadenlos überrannt.

Als Heinrich IV., der die Massaker verurteilte und die Verbrecher zur Rechenschaft zu ziehen androhte, 1097 nach Deutschland zurückkehrte, erneuerte er sofort seine alten Schutzrechte und gestattete allen Zwangsgetauften, dass sie unbehelligt zu ihrem Glauben zurückkehren können. Zwar erholten sich daraufhin die jüdischen Gemeinden, gleichwohl führte der bis dahin für Europa beispiellose Angriff auf die eigene Existenz zu einer tiefen Verunsicherung. Weder Recht noch Schutzbriefe hatten der Wut des Pöbels standhalten können.

Eine Folge der Gewaltausbrüche bestand deshalb darin, dass sich eine Gruppe von Juden regelrecht in ihren durch das Martyrium gestärkten Glauben hineinsteigerte. So entstand zu Zeiten der Kreuzzüge eine besondere Form der Mystik, deren Anhänger als die *Chasside Aschkenas,* die Frommen Deutschlands, bezeichnet wurden. Begründer dieser im 12. Jahrhundert einflussreichen Schule war Rabbi Jehuda ben Samuel, genannt Juda he-Chassid (der Fromme), wiederum ein Angehöriger der Familie Kalonymos, dessen Frau und zwei Kinder von Kreuzfahrern ermordet worden waren. Als Zeuge und Opfer der Grausamkeiten der Kreuzzüge sah Juda die Weltgeschichte als einen Opfergang, der – bis zur Ankunft des Messias – nur in fester Treue zu Gott beschritten werden könne, ohne sich hierbei mit den Christen zu arrangieren.

Ähnlich wie ihre Seelenverwandten, die spanischen *Kabbalisten,* die allerdings in der Verbreitung ihrer Gedanken weit erfolgreicher werden sollten, suchten die Frommen von Aschkenas einen emotionalen, persönlichen, innerlichen Kontakt zu Gott und empfahlen hierfür neben einer asketischen und kompromisslos gesetzestreuen Lebensführung auch allerlei magische Praktiken und Bußübungen. Sie wollten eine Gemeinde von Heiligen begründen, die den »alten« Glauben nicht nur buchstabentreu bewahren, sondern zugleich die geistige, tiefere, verborgene Dimension von Thora und Talmud zu durchdringen imstande sind. Diese jüdische Mystik hat die religiöse Kultur des Mittelalters stark geprägt und wird im 18. Jahrhundert, im *Chassidismus,* noch einmal eine Blüte erleben.

Das Bedürfnis nach religiöser Versenkung erhielt aus der Verunsicherung, aber auch aus einer sich verschlechternden Rechtslage Nahrung. Da sich die Juden nicht selbst hatten verteidigen können, stellte sie Heinrich IV. im Mainzer Reichslandfrieden, zweifellos in guter Absicht, als »homines minus potentes« (Menschen minderer Kraft) unter seinen besonderen

Die Kabbala

Wenn die Vernunft keine Antwort mehr auf die weltlichen Leiden wusste, konnte oftmals nur noch so etwas wie Versenkung Trost spenden. Wenn der Geist den Abstand zu Gott nicht überwinden kann, so ist es vielleicht der Seele möglich, die »Ausstrahlungen« Gottes zu spüren. In dieser Absicht entwickelte sich im 12. Jahrhundert eine jüdische Mystik, die Kabbala (hebräisch: Tradition, Übermittlung). Was »Mystik« ist, lässt sich nur schwer beschreiben, weil die dabei angestrebte Erkenntnis eben nicht auf Vernunft, sondern auf Erfahrungen oder Erlebnissen beruht, die jeder Einzelne nur für sich machen kann.

Schutz, entzog ihnen damit aber nebenbei das Waffenrecht, wodurch sich die Juden sozial herabgewürdigt sahen; denn wer in dieser Zeit – wie ein Sklave – keine Waffen tragen durfte, der war nicht gerade geachtet und konnte schnell zur leichten Beute werden.

So kamen die meisten Juden während des zweiten, von Papst Eugen III. im Jahre 1145 initiierten Kreuzzuges zwar mit dem Leben davon, viele wurden aber – derart wehrlos – durch Plünderungen um ihren mit steigender Missgunst betrachteten Besitz gebracht: »Unterstützt durch das Geld der frevelhaften Juden«, so der Abt von Cluny, Petrus Venerabilis, solle »der Übermut der ungläubigen Sarazenen besiegt« werden. Nunmehr trachtete man den Juden nicht mehr sofort nach dem Leben; dafür mussten sie den heiligen Krieg mit ihrem Hab und Gut unterstützen.

Immer häufiger kam es nun generell neben der religiös begründeten Feindschaft zu Angriffen auf die wirtschaftliche Grundlage der Juden. Das den Juden erlaubte Pfandleihgeschäft verlor wegen des Aufkommens von Schuldscheinen – und auch weil Papst Eugen III. in einer Verordnung schlicht die Zinsen annullierte, die die Kreuzfahrer jüdischen Geldverleihern für Kredite hätten zahlen müssen – zunehmend an Boden. Und der Druck verschärfte sich weiter. Auf einer von Papst Innozenz III. geleiteten Kirchenversammlung (4. Lateranisches Konzil) von 1215, bei der das Verhältnis der Christen zu den Juden verbindlich geregelt werden sollte, kamen neue isolierende Maßnahmen hinzu. Zum einen wurde nun die Begrenzung der Zinsen für die Kreditvergabe durch Juden erlaubt, zum anderen eine Kennzeichnungspflicht verfügt, um eine »Vermischung« mit den Christen zu verhindern: Juden sollten fortan auf ihrer Kleidung das gelbe Abzeichen der Vogelfreien tragen; auf vielen zeitgenössischen Abbildungen ist als Bestandteil der charakteristischen Judentracht darüber hinaus ein kegelförmiger Spitzhut zu sehen, der »Judenhut«.

Die von der Kirche durchgesetzten Benachteiligungen waren aller-

Pfandleiher

Im Pfandleihgeschäft verleiht ein Pfandleiher gegen Hinterlegung eines Pfandes und gegen einen festgesetzten Zinssatz kurzfristig Geld. Von solchen jüdischen Zinsgeschäften berichten christliche und jüdische Quellen seit dem 12. Jahrhundert. Sie wurden für viele jüdische Gemeinden zu einer wichtigen wirtschaftlichen Grundlage. Der Zinssatz, den die jüdischen Geldverleiher fordern konnten, war zumeist in amtlichen Schutzbriefen festgelegt. Er war relativ hoch: 33 Prozent Zinsen waren durchaus üblich, auch weil die Juden einen großen Anteil davon an die Regierenden abzuführen hatten.

dings gar nicht im Sinne der weltlichen Macht. Kaiser und Landesfürsten sahen ihre wirtschaftlichen Interessen verletzt. Um seinen Schutzrechten gegenüber den Juden neuerliche Geltung zu verschaffen und die Rechtsunsicherheit der Juden zu beenden, führte Friedrich II. daraufhin das Rechtssystem der Kammerknechtschaft ein. Als »Knechte der kaiserlichen Kammer« stellte er die Juden erneut unter seinen ausdrücklichen Schutz. Damit tat er ihnen allerdings einen schlechten Dienst, weil solche »Knechtschaft« die Juden endgültig der Willkür ihrer Herren auslieferte. Wenn es demjenigen, dessen Kammerknecht sie waren, gefiel, oder wenn es von wirtschaftlichem Vorteil war, konnte er das so genannte Judenregal an lokale Herrscher oder Städte abtreten. Und eine solche Abtretung erhielt zusätzlichen Reiz, weil die Kammerknechtschaft auch die Einführung einer regelmäßigen Kopfsteuer zur Folge hatte.

Mit »seinen« Juden konnte man Geschäfte machen. So legte etwa Kaiser Ludwig der Bayer im Jahre 1342 fest, »dass ihm jeder Jude und jede Jüdin (...) alle Jahre einen Gulden geben sollen zu Zins von ihrem Leibe, welcher dann dem Reich an dessen Kosten zustatten kommen soll und wofür er die Juden umso besser beschirmen will«.

Der Schwarze Tod

Wie es um diesen Schutz bestellt war, bewies eine nur wenige Jahre später, 1349, beginnende neue Schreckenszeit. Auf Schiffen von Ratten aus dem Orient eingeschleppt, raffte die Pest, der Schwarze Tod, über ein Drittel der Bevölkerung Europas hinweg. Da sich niemand die Ursache des Sterbens erklären konnte, schossen Gerüchte und Spekulationen ins Kraut. Und wie schon häufig zuvor gerieten die Juden ins Zentrum des Verdachts. Bereits im 13. Jahrhundert waren die Juden immer wieder und an verschiedenen Orten vor allem mit zwei Verleumdungen konfrontiert worden: Zum einen beschuldigte man sie des »Hostienfrevels« – man behauptete, sie würden Hostien, also das zum Abendmahl verteilte Brot bzw. die Oblaten, stehlen, durchstoßen und zum Bluten bringen –, zum anderen klagte man sie des »Ritualmords« an – wo immer ein Kind auf unerklärliche Weise zu Tode kam oder verschwand, wurden die Juden verdächtigt, das Blut von Christenkindern zur Feier des Pessachfestes zu benutzen. Und beide Anklagen endeten für die Beschuldigten zumeist tödlich und führten nicht selten zu Massakern an der jüdischen Bevölkerung.

Nun, auf dem Höhepunkt der Pestwelle, wurden die Juden abermals für das Unerklärliche verantwortlich gemacht: Sie hätten aus religiösem Hass und aus Rache für das ihnen zugefügte Leid die Brunnen vergiftet und dadurch die Ausbreitung der Seuche verursacht. Dieser Vorwurf der Brunnenvergiftung breitete sich ebenso schnell aus wie die Pest. Es kam zu blutigen Ausschreitungen, die sich zur systematischen Verfolgung auswuchsen; Tausende wurden ermordet, die Überlebenden vertrieben. Ende 1350 waren nahezu alle deutschen Judengemeinden zerstört. Auch wenn nach Beendigung der Pest viele auf das Land Geflohene zurückkamen und neue Gemeinden zu gründen begannen, konnte der alte Stand nie wieder erreicht werden.

Für viele Überlebende war die Erfahrung der

Jiddisch

Die Auswanderer nahmen ihre Sprache mit, die aus mittelhochdeutschen Dialekten unter Hinzufügung hebräischer und aramäischer Elemente hervorging. Aus diesem »Westjiddisch«, dem so genannten Juden-Deutsch, wurde mit der Zeit durch die Aufnahme slawischer Lehnwörter das »Ostjiddische« – jene Sprache, die bald zur Verkehrssprache in Ostmitteleuropa wurde und die man bis heute als das Jiddische kennt.

Massenverfolgung ein so tiefer Einschnitt, dass sie dem Land für immer den Rücken zuwandten und in einer ersten großen Auswanderungswelle nach Osten abwanderten, wo in der Folge – vor allem in Polen, aber auch in anderen östlichen Ländern Europas – ein bedeutendes jüdisches Kulturleben entstand.

Während sich das christliche Mittelalter mit dem ausgehenden 15. Jahrhundert, mit zunehmender Verrechtlichung, mit dem aufkommenden Bürgertum, mit der Gründung von Nationalstaaten und Reichsverfassungen, mit der Reformation und dem Aufschwung der Naturwissenschaften, seinem Ende zuneigt, wird es für die Juden noch weitere 200 bis 300 Jahre dauern, bis sie sich aus ihrem Mittelalter zu emanzipieren beginnen.

Hausierer, Händler, Geldverleiher

Land- und Hofjuden am Beginn einer neuen Zeit

Viele Entwicklungen des 15. und 16. Jahrhunderts setzten der engen und starren Welt des Mittelalters ein Ende. Vor allem die in ihrer Macht erstarrte Amtskirche sah sich von allen Seiten durch Wandel bedroht. Mitte des 15. Jahrhunderts hatte Gutenberg den Buchdruck erfunden, der vielen Gedanken und Ideen nun Flügel verlieh; die Weiterentwicklung von Feuerwaffen hatte das Kriegswesen revolutioniert; die neue Astronomie von Kopernikus (1473–1543) hatte den Himmel entzaubert; und im selben Jahr, 1492, als Kolumbus in Mittelamerika landete, hatte Martin Behaim den ersten Globus gebaut. All dies, so sahen es viele Zeitgenossen, erfordere auch eine Reform der Kirche. Das meinte auch der Wittenberger Mönch Martin Luther und veröffentlichte am 31. Oktober 1517 seine berühmten 95 Thesen, mit denen er das bestehende Kirchensystem infrage stellte.

Aber die Kirche, und an ihrer Spitze der Kaiser, lehnten jede Forderung nach Veränderung ab und beschlossen, gegen die »Reformatorischen« vorzugehen. Dagegen legten dann 1529 sechs Fürsten und 14 deutsche Städte Widerspruch ein, und es ist dieser »Protest«, dem die Protestanten ihren Namen verdanken. Es kam schließlich sogar zum Krieg, den der Kaiser 1547 zwar gewann. Doch es half nichts mehr. Die von Luther in die Welt gesetzten Ideen waren nicht mehr aufzuhalten..

Für die Juden schien der Streit zwischen Protestanten und Katholiken zunächst uninteressant. Sie hatten andere Sorgen. Allerdings hatte Luthers 1523 veröffentlichte Schrift »Daß Jesus Christus ein geborener Jude sei« immerhin die Hoffnung geweckt, durch die Reformation würde die harte Position der alten Kirche gegenüber den Juden einer gemäßigteren Haltung weichen. Das erwies sich jedoch schon bald als Missverständnis. Der anfangs judenfreundliche Ton Luthers war aus der Erwartung entstanden, die Juden würden sich zu Christus bekehren lassen. Als er jedoch einsehen musste, dass dies nicht geschah, rief er offen zu Gewalt und Vertreibung auf.

Aufstieg und Fall eines Weltreichs

Augsburg, im Juni 1530: Karl V., im Jahre 1516, als Sechszehnjähriger, zum König von Spanien gekrönt und seit 1519 Kaiser des Heiligen Römischen Reiches Deutscher Nation, hatte große Ambitionen. Er wollte nicht weniger als alle Menschen zum Christentum bekehren, um am Ende so eine Art christlicher Universalkaiser zu werden. Und er tat Einiges, um diesem Ziel näher zu kommen. So ließ er beispielsweise große Teile des erst kurz zuvor von Kolumbus entdeckten Amerikas erobern – ein Feldzug, dem bekanntlich die Inka- und die Aztekenkultur zum Opfer fielen – und konnte sich schließlich rühmen, dass sein Reich so groß sei, dass darin die Sonne niemals untergehe.

Aber was hieß das: »sein Reich«? Ohne Zweifel war Karl V. ungeheuer mächtig und von großem Einfluss. Er war allerdings nicht, was man gemeinhin einen Herrscher nennen würde, dem sich alle respektvoll oder unterwürfig beugten. Zwar befehligte er ein kaiserliches Heer, er konnte aber in nur wenigen Angelegenheiten wirklich allein entscheiden. Viele Länder seines Reiches – so wie Böhmen, Ungarn oder Frankreich – hatten eigene Könige, und noch mehr Landesteile – zum Beispiel Sachsen, Bayern, Burgund oder Mailand – waren eigenständige Herzog- oder Fürstentümer. Es gab also eine Menge Herrscher in »seinem Reich«, die alle auf ihre Eigenständigkeit pochten und eifersüchtig über ihre Macht wachten. Da gehörten Streitigkeiten untereinander fast schon zum Alltag. Auch Karl V. musste einige Kriege im eigenen Reichsgebiet führen, etwa in Italien oder Frankreich und auch am Niederrhein, und nur selten haben Sieg oder Niederlage den Konflikt tatsächlich beigelegt. Es waren unruhige Zeiten, und das Reich war so groß geworden, dass der Kaiser die einzelnen Regionen unmöglich kontrollieren konnte. Immer wurde irgendwo irgendetwas gegen ihn angezettelt – gar nicht zu reden von den äußeren Feinden, den Türken oder den Muslimen in Nordafrika, gegen die Karl seine Christenheit schließlich zu verteidigen hatte.

Das Osmanische Reich

Eine zweite große Macht war zu Zeiten Karls V. zu einem Weltreich aufgestiegen: das Osmanische Reich. Und es war weiter auf dem Vormarsch. Unter dem Sultan Süleiman I. (1520–1566), Der Prächtige genannt, hatten die Osmanen ihr Machtgebiet über Griechenland, Serbien und Ungarn weit nach Europa ausgedehnt und waren 1529 sogar bis Wien vorgedrungen. Sie konnten die Stadt aber nicht erobern, obwohl sie es während der nächsten Jahre immer wieder versuchten. Erst sehr viel später, 1606, hat dann der Nachfolger Süleimans, nach einem wiederum langjährigen Krieg gegen Österreich, die Eroberungsversuche aufgegeben und den Kaiser als gleichrangigen Partner anerkannt. Aus dem Osmanischen Reich ist 1923 die heutige Republik Türkei hervorgegangen.

Trotz aller Probleme sowie trotz allem weltlichen und religiösen Ehrgeiz war Karl mit Blick auf die Juden jedoch ein durchaus besonnener Mann. Das bewies er zum Beispiel im Juni 1530. Im März desselben Jahres hatte der zum Christentum übergetretene Jude Antonius Margaritha eine Schrift unter dem Titel »Der gantz jüdisch Glaub« veröffentlicht, die in Kirchenkreisen und unter Gelehrten für großes Aufsehen gesorgt und sehr viel Zustimmung erhalten hatte. Auch Karl V. hatte die »wahrhaften Anzaygunge aller Satzungen, Ceremonien, Gebeten, haymliche und offentliche Gebreuch, deren sich die Juden halten durch das gantz jar« wohlwollend zur Kenntnis genommen. Darin hatte der Verfasser die Juden als ein Volk »überführt«, das nicht nur Christus, sondern auch den Kaiser und alle Reichsuntertanen verfluchen würde.

Das waren schwerste Vorwürfe, die Karl als glaubensfester Christ zwar zu teilen geneigt war, die er aber nicht einfach ungeprüft für wahr nehmen konnte. Immerhin war der Kaiser der oberste Schutzherr der Juden im Reich, und außerdem wusste er, was er an »seinen« Juden hatte. Da galt es, kühlen Kopf zu bewahren. Also berief er eine gelehrte Kommission ein, die in seiner und der Gegenwart vieler Fürsten die Stichhaltigkeit von Margarithas »Enthüllungen« überprüfen sollte. Als eine Art Verteidiger wurde zudem der damals als Vermittler zwischen Christen und Juden weithin bekannte Josel von Rosheim aufgefordert, in einem Streitgespräch mit Margaritha zu den Vorwürfen Stellung zu nehmen. Ein solcher Zweikampf war ganz nach dem Geschmack des Kaisers, und er hatte hierfür eine gute Wahl getroffen.

Josel von Rosheim stand nicht nur unter Juden in hohem Ansehen. 1478 im Elsass geboren und wie viele andere Juden im Darlehens- und Pfandleihgeschäft tätig, waren seine organisatorischen und diplomatischen Fähigkeiten schon früh erkannt worden. Immer wieder hatten ihn jüdische Gemeinden, die sich durch falsche Anschuldigungen oder ungerechte Behandlung bedroht sahen, mit der Vertretung ihrer Angelegenheiten betraut. Und Josel hatte sich stets als geschickter Verhandler erwiesen. Durch seine erfolgreichen Vermittlungen war er so mit der Zeit zum »unbestrittenen Führer (Schtadlan) der elsässischen Juden« aufgestiegen, der bald auch über die Grenzen des Elsass hinaus als Anwalt aller Juden respektiert wurde. Wo immer Ritualmord- oder andere Beschuldigungen erhoben wurden, ein Konflikt zu schlichten oder eine drohende Vertreibung abzuwenden war, eilte Josel zur Hilfe – und konnte nicht selten das Schlimmste verhindern.

Als Karl V. Josel von Rosheim nun für den Juni 1530 zu dem Augsburger Streitgespräch einbestellt, ist der »Befehlshaber gemeiner Jüdischheit teutscher Nation«, wie er sich selbst inzwischen bezeichnet, längst als Sprecher aller Juden anerkannt. Und hier in Augsburg beweist er erneut, dass er solche Anerkennung auch redlich verdient. Durch sicheres Auftreten und großes rednerisches Geschick gelingt es ihm, jede von Antonius Margaritha gegen das Judentum vorgebrachte These so überzeugend zu widerlegen, dass der Ankläger am Ende der Verhandlung selber als Angeklagter dasteht. Die kaiserliche Kommission lässt Margaritha am Schluss der Veranstaltung sofort als Unruhe stiftenden Denunzianten gefangen nehmen und ordnet an, ihn aus der Stadt Augsburg zu verbannen.

Josel von Rosheim hatte seinem Ruf wieder einmal alle Ehre gemacht. Und auch der Kaiser zeigte sich nachhaltig beeindruckt, sodass er, auf Drängen von Josel, den Juden einige Jahre später das großzügigste und freiheitlichste Privileg zusprach, das ihnen je erteilt worden war. Im Jahre 1544 ordnete Karl V. als »oberster Herr und Richter« über die Judenheit an, dass kein Jude und keine Jüdin, welchen Standes sie auch seien, in Zukunft gefangen genommen, gepeinigt, gemartert, ihrer Habe beraubt oder getötet werden dürften. Und sollten Beschuldigungen gegen sie erhoben werden, so seien sie zuerst dem Kaiser anzuzeigen und sein Urteil abzuwarten. Darüber hinaus erlaubte er den Juden sogar ausdrücklich, höhere Zinsen als die Christen zu fordern.

Dieses so genannte Speyerer Privileg, das alle kaiserlichen Gerichte zu schützen hatten, wodurch es den Juden nun sehr viel leichter möglich war, sich zur Wehr zu setzen, war ein großer Fortschritt. Allerdings erwiesen sich weder die Macht des Kaisers noch die Kraft der wieder als Gruppe stärker zusammenwachsenden Juden als ausreichend, um die kaiserliche Anordnung auch überall und dauerhaft durchsetzen zu können. Ohnehin war die christliche Mehrheit in diesen Zeiten mit anderen Fragen beschäftigt, deren Beantwortung für die Juden wieder einmal nichts Gutes verhieß. Die Christen untereinander hatten begonnen, um den »richtigen« Glauben zu ringen. In einem allerdings blieben sie sich bei aller erbitterten Feindschaft auch weiterhin einig: in der Ablehnung des Judentums.

Reformation

Dass es heute Katholiken und Protestanten gibt, liegt an der Reformation (lateinisch: Wiederherstellung), die ganz wesentlich von einem Mann angestoßen wurde: Martin Luther. Am 10. November 1483 in Eisleben geboren und 1507 als Mitglied des Augustinerordens zum Priester geweiht, kam Luther durch sein Studium des Neuen Testaments zu der Überzeugung, dass der christliche Glaube durch die Amtskirche verfälscht wurde. Deshalb forderte er eine gründliche Erneuerung. Von den Kirchenoberen heftig angegriffen, entgegnete er nur: Niemand sei unfehlbar, auch der Papst nicht, weshalb die Christenheit »kein Haupt auf Erden haben kann«. Damit stellte Luther die Eigenverantwortlichkeit jedes Christen heraus und erteilte dem absoluten Machtanspruch der Kirche eine scharfe Absage.

Zwischen den christlichen Fronten

»Gibt es vielleicht jemanden unter uns, der diese Art von Menschen nicht genügend verabscheut? Wenn Judenhaß ein Zeichen der Christen ist, dann sind wir alle vorzügliche Christen«, schrieb der Humanist Erasmus von Rotterdam im Jahre 1519 an den Kölner Dominikaner Jakob von Hochstraten – und gab damit dem Geist der Zeit eine Stimme, die nur allzu leicht Gehör fand. In einem Umfeld, in dem Religion und Politik aufs engste miteinander verwoben waren und in dem es keine weltliche Macht ohne kirchlichen Segen gab, hatte jedes religiöse Bekenntnis – zumal wenn es das »falsche« war – ganz handgreifliche Auswirkungen. Das wusste auch ein anderer, ebenso frommer Mann, der die christliche Welt gerade in zwei sich erbittert bekämpfende Lager gespalten hatte – und damit die Geschichte Deutschlands und Europas sowie auch das Verhältnis zwischen Christen und Juden maßgeblich prägen sollte.

In seiner 1543 veröffentlichten Schmähschrift »Von den Jüden und ihren Lügen« erhob der Mönch Martin Luther die antijüdische Stimmung zum Programm: Die Synagogen seien in Brand zu setzen, die Häuser der Juden zu zerstören; ihre heiligen Bücher seien ihnen fortzunehmen, ihren Rabbinern solle jedweder Unterricht bei Todesstrafe verboten werden; jede Geschäftstätigkeit sei ihnen zu untersagen und aller Besitz abzunehmen. Am besten wäre es, sie ganz aus dem Land zu jagen. Viele Juden, die in Luther anfangs einen Hoffnungsträger gesehen hatten, waren bestürzt – auch Josel von Rosheim, der Luthers Schrift als »grob unmenschlich buch« bezeichnete.

Zwar wurden Luthers Empfehlungen keineswegs buchstabengetreu befolgt, am wenigsten noch von den katholischen Landesherren, etwa in Mainz und Speyer, Paderborn und Hildesheim, sie blieben dennoch nicht ohne Wirkung. Was er in offe-

Josel von Rosheim und Martin Luther

Martin Luther schrieb nicht nur judenfeindliche Bücher, er machte auch Politik. So überzeugte er den Kurfürsten von Sachsen, die Juden aus seinem Territorium zu vertreiben. Als Josel von Rosheim davon erfährt, reist er 1537 nach Wittenberg, um den Reformator zur Rede zu stellen. Doch Luther will ihn erst gar nicht sehen und schreibt ihm in einem Brief unmissverständlich: Die Juden sollen gefälligst zum Christentum übertreten, »wo aber nicht, so sollen wir sie auch bey uns nicht dulden noch leiden«. Mit dieser unversöhnlichen Haltung hat der Reformator die judenfeindliche Tradition des Mittelalters in die Neuzeit und in den Protestantismus hinübergetragen.

ner Feindschaft forderte, kann überdies als Beschreibung dessen gelesen werden, was die Juden in Deutschland und Europa bereits seit langem an Beschränkungen und Benachteiligungen erlitten. Insbesondere Vertreibungen sowie die Zerstörung jüdischer Gemeinden in den urbanen Zentren hatte es seit dem Ende des 13. Jahrhunderts immer wieder gegeben. Während die erste Verfolgungswelle im 14. Jahrhundert, als man die Juden zu Sündenböcken (Brunnenvergifter) für die Pestkatastrophe stempelte, oft in Massakern endete, ließ man ihnen ab der zweiten Hälfte des 15. Jahrhunderts zumeist immerhin das Leben, vertrieb sie aber aus ihren Häusern und Wohnorten, raubte ihnen alles Eigentum und belegte sie mit etlichen Sonderabgaben.

Lebten zu Beginn des 15. Jahrhunderts noch weit mehr als 70 Prozent aller Juden im deutschen Reich in Städten, so entzog ihnen nun eine Stadt nach der anderen das Aufenthaltsrecht: 1418 Trier, 1424 Köln, 1439 Augsburg, 1475 Bamberg, 1493 Magdeburg, 1499 Nürnberg, 1510 Berlin und die Mark Brandenburg. Nachdem 1519 auch die Regensburger und 1567 die Würzburger Juden ausgewiesen wurden, existierten im gesamten deutschen Reichsgebiet gerade noch vier große jüdische Gemeinden: in Prag, Frankfurt am Main, Worms und Friedberg.

Überleben auf dem Lande

Die Vertriebenen hatten nichts als die Hoffnung auf bessere Zeiten. Wer nicht nach Süden (Norditalien) oder nach Osteuropa auswanderte, versuchte vor den Toren der alten Heimat, auf dem Lande, einen Neuanfang. Dies war möglich, weil das deutsche Reich eine ungeheuer zerklüftete politische

Landschaft war; rund 300 Territorialfürsten und mehr als 1500 Reichsritter regierten ihre Länder und Ländchen wie kleine Könige; viele von ihnen versprachen sich von jüdischen Siedlern Kapital, Geschäftsverbindungen sowie ein belebendes urbanes Element in den ländlichen Gebieten und stellten daher, gegen Bezahlung, zeitlich befristete Schutzbriefe aus.

Die infolge der Vertreibungen nun weit über den Süden und Westen Deutschlands verstreuten rund 2000 Juden blickten nicht nur einer ungewissen Zukunft entgegen, sondern mussten sich radikal umorientieren. Zum einen hatten sie ihr soziales Milieu und den Rückhalt in der Gemeinde verloren; nicht selten war die jüdische Familie die einzige am Ort, sie war daher noch sehr viel stärker als vorher vom Wohlwollen ihrer christlichen Umwelt abhängig, um ohne tägliches Miteinander im Gottesdienst, ohne Zusammenhalt an den Feiertagen ihre Religion ausüben zu können. Zum anderen war ihnen der Zugang zu den meisten der bislang ausgeübten Berufe versperrt worden, sie wurden weder zum Heeres- und Staatsdienst zugelassen, noch durften sie als Bauer oder Handwerker arbeiten; auch Grundbesitz war ihnen vielerorts verboten. Wie aber sollten sie ihr Auskommen fristen und die vom jeweiligen Landesherrn geforderten Abgaben bezahlen?

Die wirtschaftliche Nische, die man ihnen ließ und die sie bald gut zu nutzen verstanden, war der Handel vor allem mit Landgütern – Pferde, Rinder, Getreide und Hopfen, später auch Tabak –, aber auch mit städtischen Produkten – Kleidung, Stoffe, Seidenbänder –, die auf dem Lande sehr gefragt waren. So entwickelten sich der Viehhandel und das Hausieren zu den wichtigsten Berufsfeldern für die Landjuden. Hausierer zu sein, war damals keineswegs unehrenhaft; Hausierer waren Handelsreisende, wandernde Kaufleute – Kutschen waren zu teuer, andere Verkehrsmittel gab es noch nicht –, die kilometerweit über die Ortschaften liefen, in den Städten oder von den Bauern Waren erstanden, die sie andernorts, häufig an eine Stammkundschaft, verkauften oder gegen Naturalien eintauschten.

Das Alltagsverhältnis zwischen Christen und Juden

Hausierer

Schwer bepackt mit ihrem Tragegestell voller Töpfe, Kisten und Körbe, zogen die Hausierer von Dorf zu Dorf und kehrten erst am Freitag nach Hause zurück, um mit der Familie den Sabbat zu verbringen. Ihre mühsame Tätigkeit war dabei nicht nur von zentraler wirtschaftlicher Bedeutung für sie selbst wie für die gesamte Landbevölkerung, sie erfüllte zugleich eine wichtige soziale Funktion. Die jüdischen Hausierer leisteten einen nicht zu unterschätzenden Beitrag für die Grundversorgung der ländlichen Regionen – und sie fungierten daneben als eine Art Informationsbörse, als »lebendige Zeitungen«, die die Bauern über alle Neuigkeiten, über Klatsch und Tratsch aus den umliegenden Dörfern und Städten auf dem Laufenden hielten.

begann sich wieder zu entspannen. Jede Form des Handels beruht auf dem Ausgleich von Interessen. Wie zwischen den Hausierern und ihren Stammkunden, so entwickelten sich auch zwischen christlichen Bauern und jüdischen Viehhändlern wirtschaftliche Interessengemeinschaften – etwa in der so genannten Viehverstellung. Wer sich kein eigenes Vieh leisten konnte, und viele kleine Bauern konnten das nicht, erhielt vom Viehhändler eine trächtige Kuh »eingestellt«, die er zur Feldarbeit nutzen und deren Milch und Dung er behalten konnte; als Gegenleistung versorgte der Bauer das Muttertier und zog das Kalb auf. Fand sich später ein Käufer für das Vieh, wurde der Erlös zwischen Bauer und Händler geteilt – ein für beide Seiten einträgliches und risikoarmes Geschäft.

Obwohl sich durch vielfältige Kontakte solcher Art nach und nach wechselseitiges Vertrauen ausbildete, blieb die Situation für die in bescheidenen Verhältnissen lebenden Landjuden jedoch weiterhin unberechenbar: Ihr Rechtsstatus war unsicher und von der willkürlich erteilten oder entzogenen Gunst des jeweiligen Landesherren abhängig; antijüdische Stimmungen konnten jederzeit wieder aufbrechen, Neid und Missgunst von Nachbarn oder christlicher Konkurrenz in Hass umschlagen; der Kontakt zu anderen Juden war sporadisch, und ein jüdisches Gemeindeleben, eine Synagoge in erreichbarer Entfernung, einen ortsansässigen Rabbiner und einen eigenen

Friedhof mussten die meisten Juden entbehren. So bildeten die eigene Familie, Improvisationstalent und Frömmigkeit die Haltetaue zum Judentum. Wie häufig in Zeiten der Not, in denen man böse Kräfte am Werk sieht, nahmen Mystik und Geisterglaube zu; wo man sich keine Synagoge leisten konnte, wurden Betsäle eingerichtet und ausgeschmückt; der Rabbiner am nächstgelegenen Rabbinats-Sitz wurde nur noch in dringenden Fällen zu Rate gezogen; und die Toten mussten zum Teil gegen hohe Zollzahlungen über viele Landesgrenzen transportiert werden, damit man sie in geweihter Erde begraben konnte.

»Judengassen« – »Judenstädte«

In dieser Situation eröffneten äußere Umstände den Juden unerwartete Perspektiven. Das Heilige Römische Reich Deutscher Nation zerfiel – trotz aller Einigungsanstrengungen etwa Karls V. – zunehmend in selbständige Territorialstaaten, deren Monarchen nun einen absoluten Herrschaftsanspruch stellten. Der von Gott eingesetzte Fürst oder König war allein Gott gegenüber verantwortlich und an keine andere Weisung gebunden. In seinem jeweiligen Fürsten- oder Königtum war er der oberste Herr über Recht und Gesetz, über Steuern und Abgaben, über Handel und Verwaltung, über Krieg und Frieden. Der so entstehende absolutistische Staat mit seinem Hang, zentrale und teure Verwaltungsstrukturen aufzubauen, verlegte sich mehr und mehr darauf, alle Untertanen nach ihrem Nutzen zu taxieren. Warum sollte ein Landesherr zusehen, wie andere Landesherren an »seinen« toten Juden verdienen, wenn er sich das Friedhofsprivileg selbst bezahlen

Dreißigjähriger Krieg

Dieser Krieg – in Wahrheit waren es mehrere Kriege mit wechselnden Gegnern –, der nahezu der Hälfte der europäischen Bevölkerung das Leben kostete, war nicht zuletzt eine Folge der Reformation. Das Reich war in verfeindete Lager, eine Katholische Liga und eine Protestantische Union, zerfallen, die sich – ausgehend von einem Aufstand der böhmischen Protestanten gegen den katholischen Kaiser im Jahre 1618 – erbittert bekämpften. Erst der Westfälische Frieden von 1648 machte den vielen Gemetzeln ein Ende. Einen eindeutigen Sieger gab es nicht, wenngleich die katholischen Habsburger (Österreich und Spanien) zunächst einmal gestärkt aus den Wirren hervorgingen.

lassen kann? Warum sollte er zulassen, dass sich »seine« Juden bei einem ausländischen Rabbiner Rat holten?

In dem Maße, in dem nun jedes Ländchen zentrale Verwaltungen aufbaute, wurde es auch den Juden möglich gemacht, einheitliche territoriale Gremien zu gründen und Landesrabbiner anzustellen. So bildeten sich ab der zweiten Hälfte des 16. Jahrhunderts die »Landjudenschaften« heraus und wurden zum neuen Selbstverwaltungsorgan der Juden in den deutschen Ländern. Nach vielen Jahren und Jahrzehnten der Vereinzelung keimte nun die Hoffnung auf einen Neubeginn jüdischen Lebens – eine Hoffnung, die durch die politischen Ereignisse der Folgezeit weiter genährt wurde. Selbst der ab 1618 den Kontinent verwüstende Dreißigjährige Krieg erwies sich hierbei für die Juden als durchaus vorteilhaft.

Im Schutz der kaiserlich-habsburgischen katholischen Truppen waren auch viele der einst vertriebenen Juden in ihre alte Heimat zurückgekehrt und hatten die sich dort gerade neu zusammenfindenden jüdischen Gemeinden verstärkt. Die zum Teil wütenden Proteste christlicher Stadtverwaltungen, Bürgermeister und Zünfte nützten wenig, weil sich jüdische Händler für sämtliche kriegführenden Parteien als Armeeausstatter unentbehrlich gemacht hatten.

Auch in den Städten – Wien, Heidelberg, Mannheim, Hamburg, Osnabrück, Münster – siedelten sich nun, trotz vehementer Proteste lutherischer Glaubenshüter, wieder Juden an; es entstanden »Judenstädte« mit öffentlicher Synagoge (Ghettos) und in kleineren Ortschaften »Judengassen«, die nicht selten zum lokalen Handelszentrum aufstiegen. Zwar gab es starke Kräfte, die diese Entwicklung nach Beendigung des Krieges, 1648, wieder zurückzudrehen versuchten – tatsächlich kam es zu erneuten Vertreibungen, etwa in Lübeck und Augsburg, Heilbronn und Schweinfurt –, doch ließ sich nun die Mehrzahl der Territorialherren nicht mehr vom Verlangen der christlichen Mehrheit und kirchlicher Ratgeber leiten, sondern von der neuen tonangebenden politischen Tugend: der Staatsräson. Viele jüdische Händler verfügten über Kenntnisse in Handel und Wirtschaft sowie über

Eine erfolgreiche Geschäftsfrau

»Wenn man Geld hat, kann man allerwegen zurechtkommen«, notierte die Kauffrau »Glückel von Hameln« (1645–1724) in ihren für ihre Kinder aufgeschriebenen »Denkwürdigkeiten« aus ihrem Leben. Sie war die Tochter eines vermögenden Juwelenhändlers und wurde als Vierzehnjährige an Chajim aus Hameln verheiratet. Das Paar lebte in Hamburg, wo die Frauen die »Kaufmannschaft« ausüben durften. Glückels Mutter hatte eine kleine Firma geleitet, in der Spitzen geklöppelt wurden. Da die Frauen oft die Buchführung machten, kannten sie sich in den Geschäften ihrer Männer aus. Nach dem Tod ihres Mannes wurde Glückel eine erfolgreiche Geschäftsfrau, die auf ihren beschwerlichen Reisen oft Juwelen »für etliche Tausende« in den Taschen hatte. Sie konnte lesen und schreiben und beherrschte mehrere Sprachen. Ihre Kinder konnte sie – dank einer reichen Mitgift – an einflussreiche und für ihre Geschäftsbeziehungen wichtige Familien verheiraten – in Zeiten der Bedrohung konnte das auch ein Schutz sein.

nationale und internationale Kontakte, wie sie nun, angesichts der desolaten wirtschaftlichen Lage nach dem dreißigjährigen Debakel, dringend benötigt wurden. So unterschrieb beispielsweise der Große Kurfürst von Brandenburg, von wo die Juden 150 Jahre zuvor »auf ewig« vertrieben worden waren, im Mai 1671 ein Niederlassungsedikt für fünfzig jüdische Familien, »dafern es reiche und wohlhabende Leute waren, welche ihre Mittel ins Land bringen und hier anlegen wollen«.

Doch der neue staatliche Pragmatismus, so sehr er auf der einen Seite einen Fortschritt bedeutete und das jüdische Leben in Deutschland sich wieder neu entfalten ließ, verschärfte auf der anderen Seite die sozialen Gegensätze. Nur eine jüdische Minderheit war wohlhabend genug, um sich den Genuss der angebotenen Privilegien auch leisten zu können. Wer einen Schutzbrief beantragte, musste seine Vermögensverhältnisse peinlich genau offen legen und wurde in der Regel nur aufgenommen, wenn er mehr als 1000 Taler besaß. Und über so viel Geld verfügten nur ganz wenige; als 1547 einmal das Vermögen der acht Würzburger Judenfamilien ermittelt wurde, nannte die reichste Familie die beträchtliche Summe von 735 Talern ihr Eigen. 1000 Taler konnten auch Jahrzehnte später nur Einzelne vorweisen.

Diese Besitz-Regelung, mit deren Hilfe die absolutistischen Landesfürsten die Zahl ihrer jüdischen

»Bletten«

Hilfeleistung und Armenfürsorge waren allerdings durch den christlichen Staat enge Grenzen gesetzt. Niemand durfte sich ohne Schutzbrief länger als eine Nacht an einem Ort aufhalten. So verteilten die jüdischen Gemeinden so genannte »Bletten«, das waren Gutscheine für eine Übernachtung und ein Essen bei einer jüdischen Familie. Diese Familien mussten aber, wollten sie sich nicht selbst in Gefahr bringen, streng darauf achten, dass die Bedürftigen die Gemeinde am nächsten Tag wieder verließen.

Untertanen, bei größtmöglichem Profit, gering zu halten versuchten, hatte zur Folge, dass im 17. Jahrhundert Tausende von Juden zu bettelnden Vagabunden wurden. Da ihnen der Staat, weil sie zu keinen Abgabenzahlungen fähig waren, das Niederlassungs- und Aufenthaltsrecht verweigerte, zogen die »Betteljuden« über Land und lebten von ihrem Anspruch auf Barmherzigkeit: Denn den Armen zu helfen ist Mizwa, göttliches Gebot.

Das wachsende Elend ließ sich auf Dauer aber weder durch Barmherzigkeit noch durch Solidarität beheben. Ein stärkerer politischer Einfluss war vonnöten, eine größere Nähe zur Macht, um den jüdischen Interessen besser Gehör zu verschaffen. Und in dieser Hinsicht wuchs der kleinen Schicht der Wohlhabenden eine besondere Rolle zu. An deren Spitze wiederum war zum Ende des 17. Jahrhunderts eine neue Führungsschicht entstanden: die Hofjuden, die nun im größeren Umfang fortsetzten, was ihre Vorläufer während des Dreißigjährigen Krieges begonnen hatten.

»Außen Friedrich, innen Ephraim«

Berlin, im Winter 1760: Ohne jede Vorankündigung war der Dichter Gotthold Ephraim Lessing Anfang November geradezu fluchtartig aus Berlin abgereist. Weder seine Eltern noch seine Freunde hatte Lessing in seine Pläne eingeweiht. Niemand wusste, warum und wohin er so plötzlich verschwunden war. Über das »Wohin« sollte es bald Aufklärung geben, über das »Warum« blieb ein Schatten des Geheimnisses. Auch Lessing selber hat darüber später zumeist nur Andeutungen gemacht; es war ihm wohl irgendwie peinlich.

Im Dezember werden die Freunde durch ein Lebenszeichen Lessings aus der Ungewissheit erlöst. In Briefen bittet er um Entschuldigung für seinen einsamen Entschluss – und zugleich um Verständnis dafür, dass er sich über Einzelheiten seiner »jetzigen Umstände« nicht näher auslassen wolle. Nur so viel: Er sei zu der Überzeugung gekommen, »dass man nicht bloß den Kopf, sondern, nach dem dreißigsten Jahre, auch den Beutel zu füllen bedacht sein müsse«. »Geduld!«, ergänzt er, »dieser ist geschwinder gefüllt als jener.« Die Briefe waren in Breslau abgeschickt worden, von wo aus sich der Dichter Lessing als neuer Gouvernementssekretär des preußischen Generals von Tauentzien bei seinen völlig verblüfften Freunden zurückmeldete.

Was war das für eine seltsame Verbindung? Was um alles in der Welt hatte Lessing veranlasst, sich dem Schrecken des Siebenjährigen Krieges (1756–1763) derart unmittelbar auszusetzen. In diesem Krieg, der rund eine halbe Million Preußen das Leben kosten sollte, ging es wieder einmal – wie schon im Dreißigjährigen Krieg – um den rechten Glauben. Jedenfalls behauptete das die preußische Propaganda, die vorgab, die protestantische Geistesfreiheit vor der habsburgisch-päpstlich-katholischen Unterdrückung retten zu wollen. Nicht nur nebenbei ging es dem preußischen König Friedrich II. aber sicher auch um Macht – er stritt sich mit Österreich um Schlesien –, und es ging ihm nicht zuletzt um reiche Beute.

Reiche Beute hatte in gewisser Weise auch Lessing im Sinn. Und dabei dachte er gewiss nicht an sein Sekretärsgehalt. Nein, wie sich aus Lessings Briefen und den folgenden Ereignissen rekonstruieren lässt, war der Dichter in eine von höchster Stelle verordnete Betrügerei verwickelt. Friedrich II., durch die immensen Kriegskosten in arger Finanznot, hatte sich auf den Kunstgriff der Münzverschlechterung besonnen. Dafür werden die im Um-

Preußen

Die Geschichte der Preußen ist wechselhaft und von unterschiedlichen Herrschern geprägt. Erst Friedrich Wilhelm, dem Großen Kurfürsten, war es Mitte des 17. Jahrhunderts gelungen, verschiedene preußische Gebiete zu einem einheitlichen Gesamtstaat zusammenzufassen. 1701 wurde sein Sohn dann in Königsberg als Friedrich I. zum »König in Preußen« gekrönt. Sein Nachfolger, Friedrich Wilhelm I. (seit 1713), errichtete dann den berühmten preußischen Verwaltungs- und Militärstaat, den Friedrich II., der Große, durch Gebietsgewinne – unter anderem im Siebenjährigen Krieg – erheblich erweiterte. Aus diesem Staatsgebilde ging dann später Deutschland hervor.

lauf befindlichen Münzen eingezogen, eingeschmolzen und bei gleichem Nennwert mit weniger Silberanteil neu geprägt. sodass nun aus derselben Menge Silber deutlich mehr Münzen gewonnen werden können als zuvor. Diese minderwertigen Münzen, so Friedrich, sollten dann auch »außer Landes« gehandelt werden, wodurch er seine Kriegskasse wieder zu füllen hoffte.

Diese Ummünzung hatte natürlich heimlich zu erfolgen. Nur wenige Personen waren in die auch für die Beteiligten einträgliche Aktion eingeweiht, und Lessing gehörte offenbar dazu. Da das Münzwesen – von der Gewinnung der Edelmetalle bis hin zur Ausmünzung des Geldes – ganz maßgeblich in der Hand jüdischer Münzmeister war, erhofften sich der König und sein General von Lessing hilfreiche Vermittlungsdienste. Denn der für die Durchführung der Planung entscheidende Mann war dem Dichter aus dem Berliner Gesellschaftsleben persönlich gut bekannt. Und unter guten Bekannten war es leichter, Diskretion zu wahren. Veitel-Heine Ephraim, der für Königsberg, Berlin und Breslau zuständige Münzagent, begann daraufhin mit der vom König gewünschten Ummünzung. Und sowohl er wie auch General von Tauentzien und vor allem Friedrich II. werden gut daran verdient haben. Auch Lessing hat profitiert, wenngleich er durch seine Mitwisserschaft gewiss nicht reich geworden ist. Immerhin war es ihm jedoch während seiner Breslauer Zeit möglich, alte Schulden zurückzuzahlen, seine Eltern in Kamenz zu unterstützen und sich eine umfangreiche Bibliothek zuzulegen – kurz, seine finanziellen Angelegenheiten, wie erhofft, in Ordnung zu bringen.

Geheimhalten ließ sich die Aktion trotz aller Verschwiegenheit dennoch nicht. Geld war viel zu wichtig, als dass solche Manipulationen auf Dauer verborgen bleiben konnten. Die Menschen empörten sich, nahmen den Betrug aber nicht dem König, sondern seinem »Hofjuden« übel: »Außen schön und innen schlimm, außen Friedrich, innen Ephraim« dichtete der Volksmund und belebte damit antijüdische Vorurteile neu.

Hofagenten, Münzmeister und Finanzien Räte

Tatsächlich war Veitel-Heine Ephraim als Münzagent des Königs – und als sein Hofjuwelier – zu großem Ansehen und beträchtlichem Reichtum gekommen, sodass er sich im Zentrum Berlins das berühmte, nach seiner Familie benannte Palais leisten konnte. Denn das Münzwesen war auch ganz ohne Betrügereien ein einträgliches Geschäft, da der Münzunternehmer an jeder Münze mitverdiente: Er erhielt einen Anteil am »Schlagschatz«, so nannte man die Differenz zwischen den Kosten für die Erz- oder Silberbeschaffung und die Prägung einerseits und dem Nennwert der Münze andererseits, als Vergütung. Da kam schnell einiges zusammen.

Mit zunehmenden Vermögen nahm aber auch die Zahl der Neider zu. »Die Juden haben sich mit Hilfe der Münze der Reichtümer des Landes bemächtigt«, klagten viele, denen der wachsende Einfluss einer jüdischen Oberschicht ein Dorn im Auge war. Dabei waren ihre Fertigkeiten und ihre Tätigkeiten, wie das Beispiel Ephraims zeigt, bei Hofe ausdrücklich erwünscht.

Die deutschen Landesfürsten im 17. und 18. Jahrhundert blickten mit Neid und Bewunderung auf den französischen Hof, auf all die Schlösserpracht und Militärherrlichkeit, mit der man dort die eigene Größe zur Schau stellte. Frankreich wurde zum Vorbild, doch zum Nachbilden waren erhebliche Finanzmittel nötig, die auf traditionelle Weise, über Steuern, nicht zu beschaffen waren. Die einzige Möglichkeit, dem französischen Vorbild nachzueifern, war die Beschaffung von Krediten. Und hierfür machten sich die Landesfürsten nun in vielen Fällen das Know how von Juden zunutze, die sich wegen vielfältiger Berufsbeschränkungen auf die Geld- und Kreditwirtschaft spezialisiert hatten und über entsprechende Kontakte zu den europäischen Finanzzentren – insbesondere Amsterdam und Wien, London und Paris – verfügten. Schon bald gab es kaum mehr einen deutschen Fürsten, der noch ohne die Dienste eines angestellten Hofjuden auszukommen glaubte. Der Hofjude seinerseits bekam im Gegenzug Rang und Titel, durfte sich fortan Hoffaktor, Hofagent oder Finanzien Rat nennen, wurde von entwürdigenden Sonderabgaben befreit und genoss zahlreiche Privilegien eines Angehörigen des Hofes.

Diese Hofjuden, obwohl sie ein zunehmendes Elitebewusstsein ausbildeten und sich bald der europäischen Führungsklasse zugehörig fühlten, blieben dennoch fest im Judentum verwurzelt. Die meisten engagierten sich in einer jüdischen Gemeinde, und nicht wenige von ihnen, darunter etwa Samuel Oppenheimer (1630–1703), nutzten ihre starke Stellung bei

Samuel Oppenheimer

Nachdem er schon seit 1660 für den Kurfürsten Karl Ludwig von der Pfalz als Armeelieferant tätig gewesen war, wurde Samuel Oppenheimer 1673 nach Wien berufen, ins Zentrum des habsburgischen Kaiserreichs. Dort erhielt er 1674 den Titel eines kaiserlichen Kriegsfaktors. Als Armeelieferant und Hofbankier war er einer der wichtigsten Personen am Hofe. Und er nutzte seine Stellung, um eine jüdische Gemeindebildung in Wien zu unterstützen – auch wenn sie rechtlich nicht als Gemeinde anerkannt wurde. Nachdem Oppenheimer 1703 gestorben war, stand auf seinem Grabstein unter anderem: »Den Nahen und Fernen verschaffte er Nahrung und Ruhe, ihm selbst genügte Gemüse als Mahlzeit. (...) er gründete viele Synagogen und Lehrhäuser.«

Hofe, um die rechtliche, soziale und ökonomische Situation der jüdischen Minderheit zu verbessern. Dabei bewegten sie sich stets auf einem äußerst schmalen Grat. Wurden jüdische Händler und Handwerker schon in vorangegangenen Epochen als verhasste Konkurrenz angesehen, so machten sich die Hofjuden nun sehr mächtige Adlige, Beamte und Geschäftsleute zu erbitterten Feinden.

Jeder Fehler konnte ihren Untergang bedeuten. Umso mehr waren sie auf das Wohlwollen und die Rückendeckung ihrer Fürsten angewiesen, gleichzeitig aber auch den fürstlichen Launen ausgeliefert: Wenn es dem Herrn einfiel, tilgte er erhaltene Kredite in Millionenhöhe mit einem Federstrich und ließ seinen Hofjuden gegenüber den Gläubigern im Regen stehen. Da half auch das »fußfälligste Bitten« nichts. Und für unpopuläre Maßnahmen oder aufgedeckte Betrügereien mussten oftmals die Hofjuden ihren Kopf hinhalten – so wie Ephraim für Friedrich II.

»Jud Süß«

Auf welch dünnem Eis und vor welch tiefem Abgrund die Hofjuden agierten, belegt exemplarisch der Fall des Joseph Süß Oppenheimer, dessen Geschichte die Menschen schon zu seinen Lebzeiten ungeheuer erregt hat. Während des Nationalsozialismus wurde Oppenheimer im Auftrag des Propagandaministers Goebbels gar zum dämonischen Juden schlechthin stilisiert und erlangte in dem antisemitischen Agitationsfilm »Jud Süß« des Regisseurs Veit Harlan eine neue, traurige Berühmtheit.

Oppenheimer, erst mit dem Tag seiner Verhaftung im Jahr 1737 in her-

absetzender Absicht zum »Jud Süß« gemacht, zählt wohl zu den bekanntesten Gestalten in der Geschichte der deutschen Juden. 1698 geboren, kann sein Aufstieg zum Bankier, zum württembergischen Geheimen Finanzrat und zum engen Vertrauten des Herzogs Carl Alexander von Württemberg das gefährliche Spannungsverhältnis gut veranschaulichen, in das die Hofjuden zur Zeit des kleinstaatlichen Absolutismus notwendig geraten mussten. An jedem Erfolg hafteten zugleich die Spuren des Unheils, und Oppenheimer war sehr erfolgreich: Er modernisierte das württembergische Finanzwesen, schaffte die alten Privilegien der Ständevertreter ab und sanierte den Staatshaushalt; doch mit jedem Anwachsen der Staatskasse nahm auch die Zahl der Neider und Gegner zu. Als der Herzog 1737 überraschend stirbt, ist Oppenheimer der Rache seiner Feinde schutzlos ausgeliefert. Er wird festgenommen und nach einem äußerst fragwürdigen Prozess zum Tode verurteilt.

Dieser Prozess, schnell angezettelt, schlecht vorbereitet und immer am Rande des offenen Justizskandals, offenbart die Mentalitäten und Mächte, denen Joseph Süß zum Opfer fiel. Da ihm keinerlei finanzielles oder politisches Vergehen nachgewiesen werden konnte, war es am Ende die pure Feindseligkeit, die ihn an den Galgen brachte: In den Augen seiner Ankläger gebührte dem »lüsternen Verführer«, dem »kaltblütigen Geschäftsmann«, dem »Freidenker« und nicht zuletzt dem »Juden« der Strick. Am Morgen des 4. Februars 1738 starb Joseph Oppenheimer am höchsten Galgen des Deutschen Reiches. Über 12 000 Schaulustige, mehr als die Hälfte der Stuttgarter Bevölkerung, machten seine Hinrichtung zu einem grausigen Fest. Sein Leichnam wurde in einen Käfig gehängt und für lange Zeit weit sichtbar vor den Toren der Stadt zur Schau gestellt.

Trotz solcher herben Rückschläge hatte das jüdische Leben in Deutschland, nicht zuletzt dank dem Wirken von Oppenheimer und anderen, dennoch an Stabilität gewonnen. Obwohl die Juden auch im 18. Jahrhundert weiterhin mit Leibzöllen und anderen Sonderabgaben belegt blieben, schlugen Versuche, sie abermals systematisch zu vertreiben, fehl. Größe und

Anzahl der jüdischen Gemeinden nahmen Jahr für Jahr zu.

Wegen anhaltender Restriktionen und einer Krise der Landwirtschaft wurde aber diese Zunahme in der ersten Hälfte des 19. Jahrhunderts zum Problem. Der demographische Druck vor allem auf die süddeutschen Landjuden wurde immer stärker, ihre Situation verschlechterte sich zusehends. Hunderttausende lockte es daraufhin, wie auch viele christliche Landbewohner, in die Neue Welt – so wie jenen jungen Mann aus Bayrisch Franken, der 1847 als Löb Strauss ein Dampfschiff bestieg und als Levi Strauss in New York Karriere machen sollte, von wo aus seine »Waist Overalls«, die Jeans, die Welt eroberten.

JOSEPH SÜSS OPPENHEIMER

Der Traum der Vernunft

Moses Mendelssohn und die Aufklärung

1789 herrschte Revolution in Frankreich. »Freiheit, Gleichheit, Brüderlichkeit« forderten Bürger und Bauern und stürmten die Adelspaläste. Schluss sollte sein mit der Willkürherrschaft der Obrigkeiten, gleich ob König, Kaiser oder Fürst. Die Vernunft sollte regieren. Die Menschen wollten sich nicht mehr bevormunden und ihren Platz im Leben von einer angeblich gottgewollten Ordnung vorschreiben lassen.

In Europa war die Aufklärung auf dem Vormarsch. Auch die jüdischen Gemeinden wurden davon erfasst. Die Bewegung ging von Berlin aus, das zum preußischen Königreich gehörte und damals schon eine vergleichsweise große Stadt war. In der jüdischen Gemeinschaft hießen die Anhänger der Aufklärung »Maskilim«.

Ihr geistiger Vater war Moses Mendelssohn. Er versuchte, seine Glaubensbrüder aus dem Ghetto ihrer von der übrigen Gesellschaft abgeschotteten Welt herauszuführen. Er wollte, dass sie an ihrer Religion festhielten, aber doch Gleichberechtigte unter den Deutschen wurden; er forderte, dass sie die jiddische Sprache aufgeben und stattdessen Deutsch lernen und nicht nur eine religiöse, sondern auch eine weltliche Bildung und Erziehung erhalten sollten. Heute würde man sagen: Moses Mendelssohn setzte sich für die Integration seiner Glaubensbrüder ein.

Eines Tages würden Juden und Christen einander als Gleichberechtigte anerkennen – das war sein großer Lebenstraum. Erst einmal aber entfachte er damit eine heftige Auseinandersetzung mit den strengen Rabbinern, die an den alten Gesetzen festhalten wollten.

Ein König der Hoffnung

Berlin, Herbst 1743: Ein müder vierzehnjähriger Junge steht vor einem Tor der Berliner Stadtmauer. Er ist zu Fuß aus Dessau gekommen, und das sind immerhin etwa 120 Kilometer, für die er vermutlich fünf Tage lang marschiert ist. Aber so genau wissen wir das nicht. Der Junge heißt Moses Mendelssohn – damals vielleicht noch Moses Mendel oder Moses Dessau. Er ist klein, verwachsen, mit einem Buckel, und er stottert. Seine Augen allerdings blitzen vor wacher Neugier. Jahre später sollte aus diesem Jungen ein Mann werden, der als einer der berühmtesten und weisesten Männer Europas gilt. Der »Sokrates von Berlin« wird er da genannt werden, ein Mann, der seine Zeitgenossen durch seine Freundlichkeit, Offenheit und Bildung tief beeindrucken wird. Aber bis er es so weit bringen würde, liegt noch ein langer entbehrungsreicher Weg vor ihm.

Der Chedar

Jüdische Jungen kamen früh zur Schule, in den Chedar, den sie bis zu ihrem 13. Lebensjahr besuchten. Aber sie erhielten dort eine ausschließlich religiöse Bildung und wurden mit den Texten des Judentums vertraut gemacht, mit der Thora, dem Talmud und seinen Kommentaren. Auf die weltliche Bildung, auf Rechnen und Sprachkenntnisse, verwandte man kaum mehr als fünf bis sechs Wochenstunden. Die Lehrer wurden in der Regel nur zeitlich befristet eingestellt und schlecht bezahlt. Anerkennung genossen sie kaum. Mädchen durften erst etwa 150 Jahre später eine Schule besuchen. Die meisten Kinder aus christlichen Familien konnten zu dieser Zeit noch gar nicht lesen und schreiben.

Friedrich und Katte

Friedrich II. hatte am eigenen Leibe erfahren, was ein hartes, autoritäres Regiment bedeutete. Sein Vater, der »Soldatenkönig«, erzog den Prinzen mit rigoroser Strenge und Disziplin. Unterwerfung sollte der lernen, reiten, schießen und herrschen. Der Prinz aber liebte die Musik und die Literatur, er trug lange Haare, und sein Vater hielt ihn für »effaminirt« – verweichlicht, weibisch. 1728 bat der Sohn den Vater, er möge den »grausamen Haß, den ich aus allem Seinem Tun genug habe wahrnehmen können, fahren lassen«. Vergeblich.
Im August 1730 wollte der Achtzehnjährige fliehen. Doch der Plan flog auf, der Prinz und seine Mitwisser wurden verhaftet, des Prinzen engster Freund Hans Hermann von Katt, genannt Katte, zum Tode verurteilt und vor Friedrichs Augen enthauptet. Der Soldatenkönig wollte ein Exempel statuieren. Und das scheint Wirkung gezeigt zu haben. Unter Friedrich II. wurde Preußen zu einer gefürchteten europäischen Großmacht.

Moses' Vater, der als Synagogendiener in Dessau morgens die Gläubigen zum Gebet herausklopfte, gehörte zu den Ärmsten der jüdischen Gemeinde. Er hatte seinen Sohn traditionell erzogen, mit ihm die Bibel gelesen, ihm Grundkenntnisse in der hebräischen Sprache beigebracht und den Sechsjährigen dann zu dem Rabbiner Fränkel in die Talmudschule geschickt.

Moses' Lehrer, Rabbi David Fränkel, war dann jedoch als Oberrabbi an die Spree berufen worden, und Moses folgte ihm nach Berlin. Für den Jungen muss dieser Ortswechsel wie eine Zeitreise gewesen sein – in Dessau hatte er mit ein paar Dutzend jüdischer Familien in der geschlossenen Welt des mittelalterlichen Ghettos gelebt, jetzt kam er in die Großstadt Berlin, die damals etwa 100 000 Einwohner zählte.

Dort hatte 1740 der »Philosophenkönig« Friedrich II. den Thron bestiegen. Von ihm erhoffte man sich neue Zeiten, denn Friedrich war aufgeschlossen für die neuen Ideen. Dem französischen Schriftsteller Voltaire, der in Frankreich wegen seiner kritischen Schriften und Verse in dem berüchtigten Gefängnis Bastille gesessen hatte, bot er Zuflucht in seinem Schloss. Und Friedrich holte auch andere damals berühmte Geistesgrößen an seinen Hof, sie sollten ihn zu einem Ort der geistigen Aufklärung machen. Für die deutschen Juden war das ein Versprechen, denn sie waren nahezu rechtlos und hofften auf Reformen. Aber sie täuschten sich in dem neuen König: Zwar betonte der immer wieder, in seinem Staat solle jeder »nach seiner Façon selig« werden, gegenüber den Juden in seinem Herrschaftsreich aber verfolgte er eine misstrauische Politik der Bevormundung – ganz wie sein Vater.

Den Juden in seinem Staat verweigerte Friedrich II. alle Rechte. Sechzigtausend Juden dürften damals in den deutschen Staaten gelebt haben – sie stellten etwa ein Prozent der deutschen Bevölkerung. Ein vereinigtes Deutschland gab es noch nicht, das entstand erst 1871 unter dem Reichskanzler Otto von Bismarck. Die Juden waren auch dann noch eine kleine Minderheit, brachten aber im Laufe der Jahrzehnte eine große Zahl von Unternehmern, Künstlern, Publizisten, Wissenschaftlern und demokratischen Politikern hervor, die wirtschaftlich, wissenschaftlich und kulturell zu Deutschlands Aufstieg im 19. Jahrhundert beitrugen.

Zur Zeit von Moses Mendelssohn lebten in Berlin etwa 2000 Juden, eine ganze Reihe von ihnen waren eher wohlhabend, denn die, die nichts hatten, wurden in der Regel gar nicht erst in die Stadt hineingelassen. Wer vermögend war, wurde den christlichen Kaufleuten gleichgestellt und durfte »Handel, Commerce, Manufakturen, Fabriquen« betreiben. Für den wirtschaftlichen Aufbau seines Landes und für seine Eroberungskriege brauchte der König die ökonomisch erfolgreichen Juden. Die Reichsten unter ihnen erhielten von ihm das so genannte Generalprivilegium. Diese »Generalprivilegierten« konnten Häuser und Grundstücke kaufen, ihre Kinder durften das elterliche Vermögen erben, und einige wenige erhielten sogar das Bürgerrecht.

Allen anderen wurde das Leben durch strenge Reglementierungen schwer gemacht. Das Aufenthaltsrecht für Juden war beschränkt, sie wurden mit Sonderabgaben belastet und durften nur solche Tätigkeiten ausüben, die dem preußischen Staat von Nutzen waren. Betteln und Hausieren war ihnen streng verboten. Handel durften sie treiben, aber nur mit bestimmten Waren, mit alten Kleidern beispielsweise oder mit Geld, das sie gegen Zinsen verliehen. Wer bankrott machte oder Steuerschulden hatte, für den musste die Jüdische Gemeinde haften.

Und nun stand Moses am Rosenthaler Tor, wo sich alle fremden Juden registrieren lassen und, als wären sie eine Handelsware, Leibzoll entrichten mussten, etwa in der Höhe, die auch für polnische Ochsen gezahlt wurde. Ein Vierzehnjähriger ohne Beruf, ohne Vermögen, ohne Waren, die er verkaufen konnte, wurde in Berlin eigentlich gar nicht geduldet. Der Torsteher fragte Moses vorschriftsmäßig nach dem Zweck seiner Einreise. Er wolle lernen, soll dieser angeblich geantwortet haben. Das war eigentlich kein hinreichender Grund, um eingelassen zu werden. Aber Moses hatte Glück. Er kam durch. Sein Lehrer Fränkel war ein berühmter und bewunderter Mann und der Torsteher ein Mitglied der jüdischen Gemeinde. Sie selbst, so verlangte es der König, musste darüber wachen, wer von den fremden Juden einreisen durfte oder nicht. Moses bekam seinen Passierschein.

Moses und die Bücher

Fränkel brachte seinen Schützling im Haus des Gemeindeältesten Hermann Bamberger unter, denn Moses hatte weder Freunde noch Bekannte oder Verwandte in der Stadt. Er bekam eine Dachkammer zugewiesen und erhielt nur an zwei Wochentagen ein Mittagessen. Leicht war sein Leben nicht, er war bitterarm und oft hungrig. Später erzählte Moses, er habe einen Laib Brot immer in sechs Schnitten eingeteilt, um für jeden Tag der Woche ein Stück Brot zu haben. Fränkel verschaffte ihm weitere »Freitische«, unentgeltliche Beköstigungen bei anderen Familien. Und da Moses eine schöne Handschrift hatte, durfte er seinem Lehrer bei der Abschrift von Texten helfen. Dafür erhielt er wöchentlich einige Groschen.

Und die trug der Junge aus Dessau oft in ein Antiquariat, wo es alte Bücher für wenig Geld zu kaufen gab. Moses las jedes Buch, das ihm in die Hände fiel, oft bis spät in die Nacht. Er war lernhungrig, er wollte so viel

wie möglich wissen. Das Studium religiöser Werke allein befriedigte ihn nicht. Er war an einer weltzugewandten Bildung interessiert. Französisch wollte er lernen. Denn wer Zugang zur Kultur haben wollte, musste diese Sprache beherrschen, um die Dramen und Romane berühmter Franzosen und die Werke ihrer Aufklärer lesen zu können. Aber auch Griechisch und Latein waren damals für einen »gebildeten« Menschen unerlässlich, damit konnte mandie klassischen Texte der antiken Philosophen lesen. Also lernte Moses Griechisch und Latein, und schließlich eignete er sich auch noch die englische Sprache an. Wie mühsam muss das alles gewesen sein – jedes einzelne Wort im Lexikon nachzuschlagen!

Erschwert wurde dieses Selbststudium noch dadurch, dass Moses heimlich lernen musste, denn »weltliche« Studien waren den Juden verboten. Dazu wurde selbst die deutsche Sprache gezählt. Sie zu erlernen, wie Moses es tat, war nicht ungefährlich, es galt als Ketzerei. Wäre er dabei erwischt worden, so wie einige Jahre später einer seiner Schüler, hätten die Rabbiner ihn aus der Stadt gejagt. Als Jude sprach man jiddisch, ein Gemisch aus Hebräisch und Deutsch – man sprach anders, kleidete sich anders, aß anders, las andere Bücher. Aber Moses war diese abgeschottete Welt des strengen religiösen Judentums zu eng. Er wollte nicht ein geduldeter Fremder unter den Deutschen sein, er wollte anerkannt werden. Und nur mit Hilfe von Bildung konnte man das Dasein als Außenseiter überwinden.

1750 endete seine Studienzeit bei Fränkel. Da war Moses 21 Jahre alt. Ohne Arbeit, ohne Wohnung drohte ihm die Ausweisung aus Berlin. Er zählte zur Gruppe der ungeschützten Juden, die nur geduldet wurden, solange die Jüdische Gemeinde ihnen Unterkunft und Verpflegung gewährte. Erst Jahre später, als er schon längst über die Grenzen Preußens hinaus ein bekannter Mann geworden war, gewährte der König ihm das Wohnrecht.

Schutzjuden

Die »ordentlichen Schutzjuden« durften an einem festgelegten Ort wohnen und sich beruflich betätigen. Zwei Kinder dieser Familien waren ebenfalls geschützt, allerdings nur, wenn für sie bezahlt wurde – 1000 Taler für das erste, 10 000 Taler für das zweite Kind. Die dritte Gruppe waren die »außerordentlichen Schutzjuden«, der ihnen gewährte »Schutz« beschränkte sich nur auf eine einzelne Person. Starb diese, konnten Frau und Kinder unverzüglich aus Preußen ausgewiesen werden. Als Moses vom König endlich das Wohnrecht erhielt, war er ein solcher »außerordentlicher Schutzjude«. Die Aufenthaltsbewilligung erstreckte sich nur auf ihn, nicht auf seine Angehörigen.

Aber auch diesmal hatte Moses wieder Glück. Ein reicher Berliner Seidenhändler, Isaak Bernhard, ein »ordentlicher Schutzjude« mit verbrieftem Wohnrecht in Berlin, stellte ihn als Hauslehrer seines Sohnes ein. Bernhard gehörte zu den wenigen Berliner Juden, die eine Fabrik gründen durften. Nun war Moses wirtschaftlich abgesichert. Sechs Stunden musste er unterrichten, »alle übrigen Stunden sind für mich«, freute er sich. Zum ersten Mal in seinem Leben konnte er sich jetzt richtige Bücher kaufen. Vorher war er auf die Hilfe von Freunden angewiesen, Söhne aus wohlhabenden jüdischen Familien, denn die durften sich weltlichen Studien widmen. Sie wurden seine Lehrer, wie zum Beispiel Aron Salomon Gumpertz, später ein bekannter Mathematiker und Philosoph, der rege Kontakte zu Künstlern und Wissenschaftlern pflegte. »Ihm allein«, so Mendelssohn, »habe ich alles zu danken, was ich in Wissenschaften profitirt habe.« Oder Israel Samocz, ein polnischer Gelehrter, der Moses in Logik und Mathematik unterrichtete und später im Garten des Hauses von Daniel Itzig, wo er Unterschlupf gefunden hatte, eine Sonnenuhr baute.

Diese aufgeklärten Juden waren überzeugt, dass sich die religiöse Bildung dem Studium nichtjüdischer Werke öffnen müsse, sie sahen auch keinen Gegensatz zwischen den Erkenntnissen der Wissenschaften und ihrem Glauben. Damit aber widersprachen sie den Traditionalisten der jüdischen Gemeinde, den orthodoxen Rabbinern, die fürchteten, ihre bisherige Autorität, ihre Privilegien und ihre Stellung zu verlieren, und deshalb gegen solche »Neuerer« predigten.

Moses ließ sich von solchen Gegnerschaften nicht schrecken, bei nichtjüdischen Denkern »mit dankbarem Herzen anzunehmen, was ich bei ihnen Brauchbares und Nützliches finde«. Er nutzte seine vier Jahre als Hauslehrer, um sich philosophisch zu schulen, er verfasste kleine Beiträge für Zeitschriften und übersetzte jüdische Autoren ins Deutsche. Alles, was er lernte, musste er sich selbst beibringen. Mithilfe eines Wörterbuchs las er John Locke, einen englischen Aufklärer. Locke war einer der Ersten, der Freiheit für jeden forderte, der sich seines Verstandes zu bedienen weiß – ungeachtet seiner Religionszugehörigkeit. Das war für einen gebildeten, aber rechtlosen deutschen Juden wie Moses Mendelssohn eine aufregende Entdeckung.

Im Haus des Seidenfabrikanten begegnete Mendelssohn auch nichtjüdischen Intellektuellen. Mit einem von ihnen sollte ihn eine lange Freundschaft verbinden: mit dem bedeutendsten literarischen Kopf der deutschen Aufklärung, Gotthold Ephraim Lessing, der in seinen Texten und The-

Die Republik der Gelehrten

Die reichen Berliner Juden waren ein wichtiger Rückhalt für die jüdischen Aufklärer. Sie neigten, da sie häufig mit preußischen Staatsbeamten in Verhandlungen über ihre Geschäfte standen, ohnehin zu einer stärkeren Öffnung nach außen. Sie machten sich nach und nach andere Sitten und Gebräuche zu eigen, kleideten sich anders als die traditionellen Juden, besuchten Theater und Caféhäuser und nahmen am Gesellschaftsleben teil. Für ihre Kinder waren sie an einer weltlichen Bildung interessiert, auch weil sie hofften, ihnen dadurch bessere Aufstiegschancen in der deutschen Gesellschaft zu ermöglichen. Sie förderten deshalb die so genannte »Republik der Gelehrten« – Zusammenkünfte zwischen Juden und Nichtjuden, die sich als Ebenbürtige begegneten. Mendelssohn und seine Freunde, die sich durch die staatliche Politik bevormundet und benachteiligt sahen, fühlten sich im Kreise der Gelehrten aufgehoben und anerkannt.

aterstücken für Toleranz und Vernunft stritt. Lessing war der erste populäre Autor in Deutschland, der Juden für ebenso tugendhaft hielt wie andere Menschen auch. Das war für damalige Zeiten, da man in Juden Wucherer und Schacherer sah, eine ungewöhnliche, geradezu skandalöse Ansicht. Als Lessing Mendelssohn kennen lernte, sah er in ihm sein Idealbild eines aufgeklärten, toleranten und gebildeten Juden, dem er mit seinem berühmten Stück »Nathan der Weise« ein Denkmal setzte. Für Mendelssohn war Lessing der Mann, der »meine Seele gebildet hat« und ihm Zutritt zur »Republik der Gelehrten« verschaffte, in der er Gleicher unter Gleichen war.

Die »lästigen Geschäfte«

Als Moses' Schüler, der Sohn des Seidenfabrikanten, erwachsen geworden war, wurde Mendelssohn Buchhalter in Isaak Bernhards Seidenfabrik. Aber diesen Beruf liebte er überhaupt nicht. »Ich verwünsche meinen Stand«, schrieb er an Lessing. »Ein guter Buchhalter ist gewiss ein seltnes Geschöpf. Er verdient die größte Belohnung, denn er muss Verstand, Witz und Empfindung ablegen und ein Klotz werden, um ein richtiges Buch zu führen.«

Aber trotz seines Widerwillens gegen diese Tätigkeit muss Moses sehr tüchtig gewesen sein. Im Laufe der Jahre stieg er erst zum kaufmännischen Direktor, dann zum Teilhaber von Bernhard auf, und als dieser starb, übernahm Moses Mendelssohn die Leitung der Firma und baute sie erfolgreich aus. Bis in die frühen Nachmittagsstunden saß er an seinem Schreibtisch im Kontor, bei den »lästigen Geschäften«, die – so klagte er – »die Kräfte« seiner »besten Jahre verzehrten«, und schlug sich mit Händlern, Lieferanten, Frachtbriefen und Rechnungen herum. Anschließend widmete er sich dem Schreiben, dem Übersetzen und dem Studium der Philosophie, vor allem der Metaphysik, für ihn die Königin der Wissenschaften. Die Metaphysik fragt nicht wie die Physik nach den Gesetzen der Erscheinungen der natürlichen Welt, sondern danach, was sozusagen hinter ihnen steht. Sie interessiert sich für die Ideen wie zum Beispiel Gott, Freiheit, Unsterblichkeit.

Begeisterung für die Metaphysik hatte Moses schon als Zwölfjähriger empfunden. Damals hatte er den Text »Führer der Verwirrten« (»More Newuchim«) des jüdischen Gelehrten Moses Maimonides gelesen, der im 12. Jahrhundert gelebt hatte. Maimonides' Schriften waren mehr als fünfhundert Jahre lang nicht zugänglich gewesen. Sie waren verboten oder verbrannt.

Der spanische Arzt und Philosoph hatte das Judentum für die Naturwissenschaften und die Philosophie öffnen wollen. Erst 1742, mehr als 500 Jahre nach seinem ersten Erscheinen 1190, war der »Führer der Verwirrten« in hebräischer Sprache wieder erschienen. »Wisse nun mein Sohn«, stand darin, »dass du, solange du dich mit den mathematischen Wissenschaften und mit der Logik beschäftigst, zu denen gehörst, die rings um das Haus herumgehen, um den Eingang zu suchen. Wenn du aber die Naturwissenschaften verstehst, bist du bereits im Vorhof eingetreten, und wenn du diese vollends abgeschlossen hast und dich mit der Metaphysik beschäftigst, dann bist du in das Haus des Königs eingetreten.«

Diesem Maimonides, so schrieb Moses später, habe er es zu verdanken, dass er einen so verwachsenen Körper bekommen habe; »er allein ist die Ursache davon; aber deswegen liebe ich ihn doch, denn der Mann hat mir manche trübe Stunde meines Lebens versüßt.« Sein Leben lang betrachtete Mendelssohn Maimonides als sein Vorbild, als einen Anwalt der Vernunft

Maimonides

Sein Name hat Klang: RaMBaM gilt als der bedeutendste jüdische Universalgelehrte. Mit vollem Namen hieß er Rabbi, also Gelehrter, Moshe ben Maiman und wurde 1138 im andalusischen Córdoba geboren, wo alle drei Weltreligionen – Islam, Christentum und Judentum – friedlich nebeneinander existierten. Maimonides studierte neben den jüdischen Schriften Astronomie, indische Rechenkunst, Algebra, Philosophie und Medizin und verfasste schon mit sechzehn Jahren eine Einführung in die Logik. 1160 musste er mit seinen Eltern fliehen. Lange Jahre durfte Maimonides sich nicht zu seinem Judentum bekennen, bis er schließlich in Kairo Leibarzt des regierenden Kalifen Salah ed-Din und Oberhaupt der ägyptischen Juden wurde. Maimonides starb 1204 und wurde in Tiberias am See Genezareth beerdigt.

und der Toleranz, der das talmudische mit einem aufgeklärten Judentum zu verbinden suchte.

Aber irgendwann befreite sich Moses Mendelssohn von solchen Vorbildern und wurde selbst ein berühmter Schriftgelehrter. Mit seinen Aufsätzen und Büchern zur Philosophie, Literatur und Ästhetik erwarb er sich zunehmend öffentliche Anerkennung. Durch Lessing hatte Moses den Buchhändlersohn Friedrich Nicolai kennen gelernt, später ein berühmter Berliner Verleger, der viel zur Verbreitung aufklärerischer Schriften beitrug. Nicolai, Herausgeber der »Bibliothek der schönen Wissenschaften und der freien Künste« und der »Literaturbriefe«, machte Mendelssohn zum ständigen Mitarbeiter und verlegte auch Mendelssohns Bücher. Nie sei er von Mendelssohn weggegangen, schrieb Nicolai an Lessing, »ohne entweder besser oder gelehrter zu werden«.

Als er dreißig war, heiratete Moses. Seine Frau Fromet hatte er auf einer Geschäftsreise nach Hamburg kennen gelernt. Lessing war der Erste, der von seiner heimlichen Liebe erfuhr: »ich habe die Thorheit begangen, mich in meinem dreyßigsten Jahre zu verlieben. Sie lachen? Immerhin! (...) Das Frauenzimmer, das ich zu heyraten willens bin, hat kein Vermögen, ist weder schön noch gelehrt, und gleichwohl bin ich verliebter Geck so sehr von ihr eingenommen, dass ich glaube, glücklich mit ihr leben zu können.« Die 24jährige Fromet, Tochter des Augenarztes Abraham Gugenheim, und Moses waren ungewöhnliche Menschen. Sie heirateten, anders als zu der Zeit üblich, ohne Heiratsvermittler, den *schadchan*. Einen Ehevertrag lehnte der Bräutigam ab: »Warum will man die angenehme Pflicht in einen Zwang verwandeln? (...) Soll ich bei jeder Gefälligkeit, die ich meiner Frau erweisen will, immer den Ehevertrag nachsehen?« In zwei Jahrzehnten brachte Fromet zehn Kinder zur Welt, drei Mädchen, Brendel, Recha und Henriette, und drei Jungen, Joseph, Abraham und Nathan, überlebten.

Eine Frage des Staatsinteresses

1763 trugen alle Anstrengungen, die Moses auf das Studium der Bücher verwandt hatte, Früchte: Er gewann mit seiner Abhandlung »Über die Evidenz in metaphysischen Wissenschaften« den ersten Preis der Königlichen Akademie der Wissenschaften, und das war damals ein öffentlich bedeutender Preis. Zweiter wurde ein damals noch unbekannter Privatdozent aus Königsberg: Immanuel Kant, später ein berühmter Aufklärer. »Sapere aude! – Wage zu denken, dich deines Verstandes zu bedienen!« forderte er in seinen Schriften. Der König aber wollte nicht denken, er zog es vor, an seinen Vorurteilen festzuhalten: Als die Königliche Akademie Mendelssohn zum ordentlichen Mitglied wählte, weigerte er sich, diese Wahl zu bestätigen. Man müsse den Staat und seine Einrichtungen vor dem »schädlichen« Einfluss der Juden schützen. Und so konnte der »Jude Moses«, Preisträger der Akademie, dessen Ruf inzwischen auch von seinen christlichen Zeitgenossen anerkannt wurde, nicht Mitglied der berühmten Akademie werden.

Des Königs Beamte dachten anders. Sie erkannten, dass der preußische

Die amerikanische Unabhängigkeitserklärung

»Alle Menschen sind als gleich erschaffen, und allen hat der Schöpfer unveräußerliche Rechte verliehen: das Recht auf Leben, Freiheit und Glück. Die Regierungen sind dazu eingesetzt, den Menschen diese Rechte zu sichern, und sobald sie von einer Regierung verletzt werden, ist das Volk befugt, diese zu stürzen oder abzusetzen.«

Staat immer mehr verkrustete und dringend der Reformen bedurfte. Beeinflusst von den Ideen der Aufklärung und der amerikanischen Unabhängigkeitserklärung, drängten sie zunehmend auf ein Ende der Politik der Unterdrückung der Juden. Der Staat solle durch Erziehung »die sittliche Verderbtheit, in welche diese Nation durch eine fehlerhafte Politik versunken ist« beseitigen helfen, forderte der preußische Kriegsrat Christian Wilhelm Dohm (1751–1820) in seiner bahnbrechenden Schrift »Über die bürgerliche Verbesserung der Juden« 1781. Das hatte vor ihm noch niemand zu schreiben gewagt. Dohm, ein ehemaliger Geschichtslehrer, Professor und höherer Beamter im preußischen Staatsdienst, war mit Lessing und Mendelssohn befreundet und häufig Gast im Hause Mendelssohn. Es sei, so erklärte er in seiner Schrift, eine Forderung der Menschlichkeit und des Staatsinteresses, die den Juden auferlegten Beschränkungen aufzuheben und ihnen Schritt für Schritt Gleichstellung mit den übrigen Untertanen und die Bürgerrechte zu gewähren – nur so könne man sie zu »nützlichen Gliedern« der Gesellschaft und »für unsere Staaten brauchbarer« machen. Friedrich II. ließen solche Bedenken kalt. Er äußerte sich nicht einmal dazu.

Anders der österreichische Kaiser Joseph II. Bald nach dem Erscheinen von Dohms Schrift hatte er das so genannte Toleranzedikt erlassen, das den in seinem Herrschaftsbereich lebenden Juden immerhin uneingeschränkte

Preußens Niederlage

Fünfundzwanzig Jahre nach Dohms Schrift musste Preußen 1806 für seinen Mangel an Reformwilligkeit bezahlen: Das Land, das so lange als militärisch unschlagbar gegolten hatte, erlitt eine vernichtende Niederlage gegen die französische Armee. Preußen musste erhebliche Gebietsverluste hinnehmen und viel Geld an Frankreich zahlen, so genannte Reparationen. Das war die Stunde der Reformer. Freiherr von Stein, Karl August von Hardenberg und Wilhelm von Humboldt setzten sich für Neuerungen ein, die den Staat grundlegend reformieren sollten.

Gewerbefreiheit und das Universitätsstudium erlaubte. Damit waren keineswegs alle Beschränkungen der Vergangenheit beseitigt, aber die in Wien ansässigen Juden erhielten Bildungs- und Gewerbefreiheit. Und das war ein bedeutender Schritt. Wer die vollen Bürgerrechte erhalten wollte, musste sich allerdings taufen lassen und zum Christentum übertreten. Und viele taten das in der Folgezeit. Häufig hatte das ganz praktische Gründe. Man erhoffte sich davon einen Posten im Staatsdienst oder eine akademische Karriere – die Taufe wurde für die deutschen Juden zum »Entrebillett«, so sollte Heinrich Heine später schreiben, zur Eintrittskarte in die deutsche Gesellschaft.

Das Beste aus beiden Welten

Mendelssohns Name war inzwischen in Europa weit bekannt. Sein Buch »Phädon oder über die Unsterblichkeit der Seele«, das 1769 bei Nicolai erschien, wurde ein Bestseller und in viele Sprachen übersetzt. Mendelssohn war eine auch von der christlichen Mehrheit gefeierte Berühmtheit. Aber die Hochachtung galt ihm als Person, nicht seinen Glaubensbrüdern. Preußens Juden waren nicht nur rechtlos, sie hatten auch unter täglichen Benachteiligungen und unter Intoleranz zu leiden. Moses sah das wohl: »Allhier in diesem so genannten duldsamen Lande lebe ich gleichwohl so eingeengt, durch wahre Intoleranz so von allen Seiten beschränkt, dass ich meinen Kindern zuliebe mich den ganzen Tag in einer Seidenfabrik einsperren muss. Ich ergehe mich zuweilen des Abends mit meiner Frau und meinen Kindern. Papa! Fragt die Unschuld, was ruft uns jener Bursche dort nach? Warum werfen sie mit Steinen hinter uns her? Was haben wir ihnen getan? – Ja, lieber Papa! Spricht ein Anderes, sie verfolgen uns immer in den Straßen und schimpfen: Juden! Juden! Ist denn dieses so ein Schimpf bei den Leuten, ein Jude zu sein? Und was hindert dieses andere Leute? Ach! Ich schlage die Augen unter und seufze mit mir selber: Menschen! Menschen! Wohin habt ihr es endlich kommen lassen?«

Im Hause Mendelssohn kamen Juden und Nichtjuden, Schriftsteller und Ärzte, Freigeister, gesellig zusammen, um Fragen der Aufklärung, aber auch um die Neuigkeiten des Tages zu debattieren, über Kunst und Philosophie, über Bücher und Theateraufführungen zu diskutieren. Hier verkehrten alle miteinander so, als seien jegliche Schranken zwischen Christen und Juden längst gefallen – wie unvoreingenommene, einander ebenbürtige Bürger. Nur die Frauen mussten sich im Hintergrund halten, mitreden durften sie nicht. Und doch waren es die Töchter jüdischer Väter und Mütter, die diese Tradition der aufgeklärten Salons fortsetzten – Rahel Varnhagen, Henriette Herz und auch Moses' Tochter Brendel, der Nachwelt besser als Dorothea Schlegel-Mendelssohn bekannt.

Mendelssohn selbst hatte sich durch seinen häufigen Umgang mit Christen keineswegs vom Judentum entfernt. Man könne sowohl praktizierender Jude wie auch aufgeklärter Deutscher sein – an der Vereinbarkeit beider Welten hielt er Zeit seines Lebens fest. Für ihn war das kein Widerspruch. Sie sollten bei der Religion der Väter bleiben, ermahnte er seine Glaubensbrüder, und doch loyale preußische Staatsbürger werden, jüdisch glauben, den Stolz auf ihre alte Kultur bewahren und sich der fremden öffnen. »Schicket Euch in die Sitten und die Verfassung des Landes, in welches Ihr versetzt seid; aber haltet Euch standhaft bei der Religion Eurer Väter. Tragt beide Lasten, so gut Ihr könnet!«

Das Beste aus beiden Welten, der jüdischen und der christlichen, zu einem fruchtbaren Gemeinsamen zu verschmelzen, das war Moses' großer Lebenstraum: »In welcher glückseligen Welt würden wir leben, wenn alle Menschen die Wahrheit annähmen und ausübten, die die besten Christen und die besten Juden gemeinsam haben.« »Keine Religion hat Anspruch auf absolute Wahrheit«, schrieb er in »Jerusalem oder über religiöse Macht und Judenthum« von 1783, vielleicht sein wichtigstes Buch. Toleranz ist die oberste Pflicht aller. Kirche und Staat müssten strikt getrennt sein – so wie es heute bei uns ist, damals aber nicht war. So wie der Staat kein Recht habe, Glaubenszwang auszuüben oder jemanden wegen seiner religiösen Überzeugung von den Bürgerrechten auszuschließen, so dürfe auch die Kirche keine Gewalt und keinen Zwang über Meinungen ausüben. Judentum müsse auf Vernunft gegründet sein – nur so werde es auch den Juden ermöglicht, Bürger des modernen Staates zu werden.

Der Widerstand der Rabbiner

Mit dieser Auffassung setzte Moses Mendelssohn sich zwischen alle Stühle. Die Rabbiner sorgten sich um die Reinheit der Religion, die meisten Christen hielten es für unmöglich, Juden wie Ebenbürtige zu behandeln. Sie waren ihnen fremd, trugen die Haare und den Bart anders, kleideten sich anders, sprachen eine andere Sprache. Speisegesetze, Bestattungsrituale, Feiertage – so vieles unterschied die jüdische von der deutschen Kultur. Mendelssohn forderte seine Glaubensbrüder deshalb auf, ihr Ghetto zu verlassen, die ihnen von außen aufgezwungene, aber auch von ihnen selbst gewählte Isolation zu durchbrechen. Denn durch die Angst vor allem Neuen trügen sie selbst zu ihrer Ausgrenzung bei. Ohne Erneuerung, so warnte er, würde ihre Religion eines Tages höchstens noch für eine winzige Minderheit überzeugend glaubwürdig sein können. Die Feinde jeder Neuerung aber waren vor allem die Rabbiner. Ihre Macht, so Moses, müsse deshalb entschieden eingeschränkt werden. Wahrer Glaube kenne »keine andere Macht als die Macht, durch Gründe zu gewinnen und durch Überzeugungen glückselig zu machen«.

Aus eigener Erfahrung wusste Mendelssohn, wie wichtig Wissen, Bildung und Erziehung waren, sollte für die deutschen Juden eine »bürgerliche Verbesserung«, eine Gleichstellung, erreicht werden. 1780 übersetzte er, zusammen mit Salomon Dubno, Naftali Herz Wessely und Herz Homberg, die Fünf Bücher Mose ins Deutsche und ließ diese dann in hebräischen Lettern setzen, damit sie von Juden gelesen werden konnten. Sein Versuch, über die deutsche Sprache einen Schritt zur Eingliederung, zur Integration der deutschen

Juden zu machen, stieß bei den orthodoxen Rabbinern auf heftige Ablehnung. Sie waren empört. Diesem Mendelssohn fehlte es an Respekt vor der Tradition und der Autorität des Talmud! Sie verdammten diese neue »Berliner Religion«, wie sie es nannten, und überlegten sogar, Mendelssohn zum Ketzer zu erklären. »Unsere Thora«, so reagierte der berühmte Rabbi Jescheskel Landau, »wird dadurch herabgewürdigt zur Rolle einer Dienerin der deutschen Sprache.«

Moses sollte es nicht mehr erleben, dass der Traum der Vernunft wahr zu werden schien. 1791, zwei Jahre nach der Französischen Revolution, wurden in Frankreich »alle auf jüdische Individuen bezogenen Aufschübe, Vorbehalte oder Ausnahmen« abgeschafft. Dass die neue Freiheit nur ein Zwischenspiel in der Geschichte der Verfolgung der europäischen Juden darstellen sollte, ahnte damals kaum jemand. Auch die preußischen Juden schöpften Hoffnung. Die bürgerliche Revolution, die die Zeit des Absolutismus beendete, würde auch ihnen, in den deutschen Staaten, Rechte gewähren.

Am Morgen des 4. Januar 1786 starb der siebenundfünfzigjährige Moses Mendelssohn. Am Tag seiner Beerdigung waren alle jüdischen Geschäfte und Kontore geschlossen. Das jüdische Berlin trauerte um den Menschenfreund, den Diener einer aufgeklärten Vernunft, der für seine Vorstellung von einem toleranten, gleichberechtigten Verhältnis zwischen Juden und Christen gelebt hatte.

Schma Jisrael

Zu den bekanntesten jüdischen Ritualen, das bei vielen Anlässen eine wesentliche Rolle spielt, gehört das Aufsagen von Kapitel 6 aus dem 5. Buch Mose. Es beginnt mit dem Vers: »Schma Jisrael, Adonai Eloheinu, Adonai echad« – »Höre Israel, der Herr, unser Gott, ist Einer«. Mindestens dreimal täglich ist das »Schma« aufzusagen, in dem sich sowohl ein Bekenntnis zum einzigen Gott als auch der Glaube an die einzigartige Verbindung zwischen Gott und dem Volk Israel ausdrückt.

Jude und Deutscher zugleich

Der Kampf um Emanzipation

Nach dem Tod von Moses Mendelssohn gab es wachsenden Streit in den jüdischen Gemeinden, vor allem über Fragen, wie weit die jüdischen Gesetze, die den Gottesdienst, aber auch das Familien- und Alltagsleben regelten, noch beachtet werden mussten und konnten. In vielen deutschen Städten – in Worms beispielsweise – mussten die Juden noch in Ghettos, in eigenen Judenvierteln leben, in die sie nach Sonnenuntergang auch eingeschlossen wurden.

Aber als die Franzosen unter ihrem Kaiser Napoleon gegen die Preußen kämpften und sie besiegten, brachten sie den Juden neue Freiheiten. Auch die Ghettos wurden an vielen Orten aufgelöst. Das brachte Moses Mendelssohns Glaubensbrüder in engeren Kontakt mit ihrer christlichen Umwelt und in zunehmende Konflikte mit ihren von der Religion bestimmten Gesetzen. Konnte ein Jude es sich leisten, seinen Laden an Feiertagen und am Sabbat zu schließen? Wie reagierten seine Geschäftspartner, wenn er gemeinsame Mahlzeiten unter Verweis auf die Speisegesetze verweigerte? Schickte man seine Kinder nicht besser auf eine christliche Schule, um ihnen ein Dasein als Außenseiter zu ersparen? Für eine wachsende Zahl von Juden war die Befolgung der religiösen Gesetze in ihrem täglichen Leben zum Hindernis geworden. Sie wollten nicht mehr in einer »Parallelgesellschaft« leben.

Die Nachfolger von Moses Mendelssohn forderten Reformen – in der Erziehung, in der Synagoge und im Gottesdienst. Dagegen wehrten sich die traditionell orientierten Rabbiner mit aller Macht. Sie sahen darin unerhörte Neuerungen, die auch ihre Vorrangstellung bedrohten. Der Streit zwischen Reformern und Traditionalisten war nicht mehr beizulegen. Am Ende spalteten sich alle größeren jüdischen Gemeinden.

Doppelleben

Noch zu Lebzeiten von Moses Mendelssohn hatte sich um ihn ein Kreis aufgeklärter jüdischer Intellektueller geschart, die das Judentum von innen erneuern wollten. »Haskala« wurde diese innerjüdische Aufklärungsbewegung genannt. Das hebräische Wort »Haskel« bedeutet Klugheit, mit dem Verstande aufklären.

Freiheit für jeden, der sich seines Verstandes zu bedienen weiß – diesen aufregenden Gedanken hatte schon der junge Moses Mendelssohn bei dem englischen Aufklärer John Locke gelesen. Und dazu gehörte Bildung, Wissen und Erziehung – Moses hatte sich das in seinem Leben zu eigen gemacht. Als der erste deutsche Jude, der deutsch sprach und schrieb, war er für die junge Generation aufgeklärter »Maskilim« ihr geistiger »Vater«. Sie sahen – ganz in der Tradition der Aufklärung – den Menschen als lernfähiges und vernunftbegabtes Wesen. Sie hofften, dass eine Reform der Bildung und Erziehung ihre Aussichten auf gesellschaftliche Gleichstellung verbessern würde.

Denn ohne Gleichstellung mit ihren christlichen Mitbürgern, ohne politische Rechte war den deutschen Juden nach wie vor ein Doppelleben, ein Leben in zwei Welten auferlegt, die sich sehr voneinander unterschieden. David Friedländer (1750–1834), ein Freund und Schüler von Mendelssohn, kannte diese Zerreißprobe. Als ihn dereinst ein Freund um Rat bat, schrieb er ihm resigniert: »Sie wollen Ihren Sohn nach Berlin schicken, wo er Vormittag bei Reb Meier ben Simche oder bei irgendeinem andern solchen Lehrer einen schönen halben Tag zubringen soll und Nachmittag soll er in einer christlichen Schule sein? Das geht nicht. In einer jeden dieser Anstalten wird ein ganz anderer, ein ganz verschiedener Mensch erzogen. Vormittag soll er in eine Welt verrückt werden, wo Alles anders aussieht, als in der wirklichen, worin er lebt, wo man anders spricht, anders handelt, anders sich unterhält und mit ganz anderen Dingen sich beschäftigt, als in der Welt von Nachmittag.«

Moses Mendelssohn hatte noch leidenschaftlich dafür gekämpft, beide Kulturen, die deutsche und die jüdische, zusammenzuführen – das »Beste aus beiden Welten« zu verschmelzen. Viele aus der Generation nach ihm, auch seine eigenen Kinder, lösten sich daraufhin immer mehr vom traditionellen Judentum. Sein ältester Sohn gab den Unterricht in Hebräisch auf, seine Tochter Dorothea trat später zum Christentum über. Und sein enger Vertrauter Friedländer wollte nicht mehr, wie sein geistiger Ziehvater Moses Mendelssohn, gesetzestreuer Jude *und* preußischer Staatsbürger zugleich sein, sondern er wollte als »preußischer Bürger jüdischer Abstammung« anerkannt werden. Er war der erste Jude, der in den Berliner Stadtrat einzog. Von dort aus forderte er als Sprecher der preußischen Juden den König auf, den Juden bürgerliche Rechte zu geben – was vom König schroff abgelehnt wurde.

David Friedländer

Aber Friedländer ließ sich von dem Widerstand des Königs nicht entmutigen: Zusammen mit seinem Schwager, dem Hofbaurat Daniel Itzig, gründete er 1781 die erste jüdische »Freyschule«, an der Schüler unterschiedlicher Religionszugehörigkeit – christliche und jüdische – praktisches Wissen erwerben sollten. Die wohlhabenderen Schüler mussten Schulgeld bezahlen, wer aus einem armen Haus kam, erhielt einen so genannten Freiplatz. Die Schüler wurden von jüdischen und zum ersten Mal auch von christlichen Lehrern in Deutsch, Rechnen, Schreiben und Zeichnen, Französisch und Buchhaltung unterrichtet und so mit ganz anderen Inhalten vertraut gemacht als im traditionellen jüdischen Unterricht, der Thora und Talmud in den Mittelpunkt stellte. Sie sollten nach dem Schulbesuch imstande sein, einen Beruf zu ergreifen, Buchhalter beispielsweise oder Rechenmeister. Friedländer entwarf das Programm der Lehranstalt und die Lehrpläne. Zusammen mit Mendelssohn erstellte er eine Lesefibel, das erste deutschsprachige Lesebuch für den Unterricht an einer jüdischen Schule. Ähnliche Schulen wurden in den nächsten Jahren in Dessau, Hamburg, Frankfurt und in anderen Städten gegründet.

Den Talmudunterricht hielt David Friedländer nicht mehr für zeitgemäß.

Die Rabbiner beschuldigte er, sie stünden dem Wandel der Zeiten völlig fremd gegenüber, in ihnen sah er das große Hindernis für eine Erneuerung der jüdischen Gesellschaft. Aber die Rabbiner waren nicht die Einzigen, die sich der Erneuerung entgegenstellten: Auch der preußische König weigerte sich hartnäckig, Reformen einzuführen. Bestenfalls ließ er einzelne Ausnahmeregelungen gelten. Einige wenige prominente Geschäftsleute erhielten die preußische Staatsangehörigkeit; zu ihnen gehörte auch Friedländer selbst, der aus einer bedeutenden Königsberger Kaufmannsfamilie stammte. Für alle anderen galt weiterhin ein Zustand der Rechtlosigkeit. Sie waren in Preußen immer noch Menschen zweiter Klasse, mussten Schutzgeld und Sonderabgaben zahlen, waren vom Staatsdienst und von den Lehrberufen an Universitäten ausgeschlossen und unterlagen zum Teil erheblichen Einschränkungen, wo sie sich niederlassen und wann sie heiraten durften.

Aufs heftigste hat sich Rahel Levin-Varnhagen (1771–1833), Tochter eines jüdischen Bankiers, über die Zerreißprobe des Lebens in zwei Wirklichkeiten, der Welt der Moderne und der Welt der alten Religion, beklagt. Und schmerzhafter als andere hat sie die Nichtzugehörigkeit empfunden, die Verweigerung der Anerkennung durch ihre christlichen Mitbürger. Ein nicht mehr zu verändernder »Geburtsfehler« sei ihre jüdische Herkunft, ein »Fluch«, in den Augen anderer eine »Schande«: »Ich habe solche Phantasie; als wenn ein außerirdisches Wesen, wie ich in diese Welt getrieben wurde, mir beim Eingang diese Worte mit einem Dolch ins Herz gestoßen hätte: ›Ja, ich habe Empfindungen, sieh die Welt wie wenige sie sehen, sei groß und edel. (...) Eins hat man aber vergessen: Sei eine Jüdin!‹ und nun ist mein ganzes Leben eine Verblutung (...) jede Bewegung, sie zu stillen, neuer Tod.«

Dabei waren alle, die Rahel begegneten, hingerissen von ihrem Charme, ihrem Witz, ihrer intellektuellen Neugier. Sie selbst litt darunter, dass sie »keinen hübschen Zug im Gesichte« trug, wie sie es nannte. Dafür aber bescheinigte ihr Goethe: »Sie ist, was ich eine schöne Seele nennen möchte.« Ein Lob des berühmten Dichters kam einer gesellschaftlichen Adelung gleich.

In Rahels »Salons« – der erste war eigentlich nur eine Dachmansarde – gingen die bekanntesten Persönlichkeiten der damaligen Zeit ein und aus: die Brüder Alexander und Wilhelm von Humboldt, der Gartenbauarchitekt Fürst Hermann von Pückler-Muskau, der Historiker Leopold Ranke, der Schriftsteller und Shakespeare-Übersetzer Friedrich Schlegel, die Dichterin Bettine von Arnim, der Preußenprinz Louis Ferdinand und viele andere. Bei Rahel trafen sich Diplomaten und Wissenschaftler, Künstler und Literaten.

Sie sei die einzige Frau, bei der er »ächten Humor gefunden« habe, meinte der Dichter Jean Paul, und Heinrich Heine nannte sie gar »die geistreichste Frau des Universums«.

Der Dichter Franz Grillparzer, ein nörgelnder, oft übellauniger Mensch, war während eines Besuches in Berlin von Rahels Ehemann, dem Legationsrat Karl August Varnhagen von Ense, eingeladen worden. Grillparzer war müde und hatte keine Lust darauf, Frau Rahel vorgestellt zu werden, aber es ließ sich nicht vermeiden – der Dichter musste Frau Varnhagen begrüßen, wollte er nicht unhöflich sein. »Nun fing aber«, schrieb er später in seiner Autobiographie, »die alternde, vielleicht nie hübsche, von Krankheit zusammengekrümmte, (...) Frau zu sprechen an, und ich war bezaubert. Meine Müdigkeit verflog oder machte vielmehr einer Trunkenheit Platz. Sie sprach bis gegen Mitternacht, und ich weiß nicht mehr, haben sie mich fortgetrieben, oder ging ich von selbst fort. Ich habe nie in meinem Leben interessanter und besser reden gehört.«

Man diskutierte in Rahels Salon über Gott und die Welt, und konnte man nicht beisammen sein, schrieb man sich Briefe – Rahels Briefe allerdings strotzten von Rechtschreibfehlern. Aber sie hatte einen wachen politischen Verstand, der sie schärfer als viele andere die Benachteiligung der Juden erkennen ließ. Und sie ahnte, zu welchem Hass ihre christlichen Mitbürger fähig waren.

Die Reformer

Anders als in Frankreich, das den Juden nach der Revolution als erster europäischer Staat die volle Gleichberechtigung zugesprochen hatte, war die rechtliche Benachteiligung der deutschen Juden nahezu unverändert geblieben. Daran hatten selbst einflussreiche Fürsprecher, wie etwa der hohe preußische Beamte Christian Wilhelm Dohm nichts ändern können, dessen

Forderungen nach Gleichstellung der Juden von vielen unterstützt wurden. Beim preußischen König aber war er damit auf taube Ohren gestoßen.

Erst als Frankreich unter Napoleon gegen die deutschen Staaten zu Felde zog und siegte, fanden die Ideen der französischen Revolution – die Gleichheit aller und die Freiheit der Person – erstmals in der Geschichte auch für die Juden in deutschen Territorien Anwendung. Zu dieser Zeit bestand Deutschland aus sechsunddreißig unabhängigen Staaten und aus einigen freien Städten, und an allen Orten wurden die Rechte der Juden unterschiedlich geregelt. Mit dem Gesetzbuch, dem so genannten Code civil, den Napoleon einführte, wurden zumindest in den französisch besetzten Gebieten Deutschlands den Juden nun mehr Rechte eingeräumt. Einige deutsche Länder erhielten durch den Einfluss der Franzosen fortschrittliche Verfassungen, die auch den Juden vollständige Gleichberechtigung gewährten – so zum Beispiel das Königreich Westfalen, das von Napoleons Bruder Jérome regiert wurde. Als er am 10. Dezember 1807 in Kassel als Sieger einzog, verkündete er, die Juden »sollen meinem Vorsatz gemäß nicht nur Bürger sein, sondern auch öffentliche Ämter bekleiden«. Für die christlichen Deutschen war das eine unerhörte Vorstellung. Christian Wilhelm Dohm trat in Napoleons Dienste – mit Hilfe der Franzosen hoffte er, endlich seine Reformvorstellungen verwirklichen zu können.

Nach der Niederlage gegen Frankreich musste Preußen, das jetzt keine europäische Großmacht mehr war, große Gebiete an Frankreich abtreten. Das stolze Preußen, das sich militärisch für unbesiegbar hielt, hatte eine empfindliche Niederlage erlitten und musste erkennen, dass vieles in seinem Staat reformbedürftig war – das Militär, die Verwaltung, die Bildung. Preußen, das jetzt auch noch Reparatio-nen an Frankreich, also viel Geld, zu zahlen hatte, würde um eine grundlegende Reform nicht herumkommen, wenn es im Wettbewerb der europäischen Mächte noch mithalten wollte. Und in Preußen lebten die meisten deutschen Juden, sodass jetzt immer mehr Reformer – schon aus Staatsräson – dafür eintraten, dass auch den Juden die volle bürgerliche Gleichberechtigung zugesprochen werden sollte. Einer der entschiedensten Verfechter dieser Reform war Wilhelm von Humboldt (1767–1835), der preußische Bildungsminister. Er setzte sich für die Freiheit aller Individuen ein, und das bedeutete auch die vollkommene staatsbürgerliche Gleichstellung der Juden.

Die Öffnung des Ghettos

Der neue französische Bürgermeister von Worms ließ demonstrativ die eisernen Tore zum Judenghetto entfernen. Hier wie in anderen deutschen Städten waren die Juden nach Sonnenuntergang und an Sonn- und Feiertagen im Ghetto eingeschlossen worden. Außerhalb des Ghettos durften sie nicht den Gehsteig benutzen, mussten entgegenkommenden Christen auf Zuruf Platz machen und den Hut vor ihnen ziehen. Aber nicht alle in den jüdischen Gemeinden waren glücklich über die neuen Freiheiten. Denn mit der politischen Gleichstellung endete auch die besondere Vormachtstellung der Rabbiner. Die Eigenständigkeit der Gemeinde, die das Leben der Juden in Europa von der Geburt bis zum Tod bestimmt hatte, wurde aufgehoben.

Aber erst als der aufgeklärt-liberale Freiherr Karl August von Hardenberg (1750–1822) im Sommer 1810 zum Staatskanzler berufen wurde, gewannen die Reformer die Oberhand. Hardenberg legte dem König einen Gesetzesentwurf vor, durch den – mit einigen Vorbehalten, die der König machte – die Juden zu »Einländern und Preußischen Staatsbürgern« erklärt wurden, sofern sie auf alle Besonderheiten in Sprache, Kleidung und Gebräuchen verzichteten. Mit diesem so genannten Emanzipationsedikt vom 11. März 1812 wurden ihnen endlich die Rechte gewährt, auf die sie so lange gehofft hatten. Aber im Unterschied zu Frankreich war es eine von oben verordnete Gleichstellung – sie war nicht von unten erkämpft worden. Reformen von oben haben nicht automatisch Einfluss darauf, wie die Menschen denken. Und der Widerstand gegen die »Verjudung« war weit verbreitet.

»Für König und Vaterland«

Viele Landesteile weigerten sich – mit Rückendeckung des Königs –, die Gültigkeit von Hardenbergs »französisierenden« Rechtsvorstellungen anzuerkennen. Schon drei Jahre später, auf dem Wiener Kongress (1815), auf dem das europäische Staatensystem neu geordnet und der Deutsche Bund ins Leben gerufen wurde, scheiterte Hardenberg, als er das Emanzipationsedikt auf alle Mitgliedstaaten des Deutschen Bundes ausdehnen wollte. Bayern, Sachsen, Württemberg, Hannover, Hamburg, Bremen, Hessen-Kassel und Lübeck sperrten sich; sie hatten die den Juden 1812 zugestandenen Bürgerrechte entweder noch gar nicht angewendet oder widerriefen sie jetzt. Die Stimmung schlug um. Im Rheinland verloren die Juden die Bürgerrechte, die ihnen unter den Franzosen verliehen worden waren. Wer von ihnen in den Staatsdienst übernommen worden war, wurde kurzerhand wieder entlassen. Juden durften zwar weiterhin an preußischen Universitäten studieren, aber der Staatsdienst blieb ihnen verwehrt.

Denn inzwischen hatten die Franzosen ihre Vormachtstellung in Europa und auch in den deutschen Ländern verloren. 1812 hatte Napoleon mit der bis dahin größten Armee der Geschichte seinen Feldzug gegen Russland begonnen – 610 000 Soldaten nahmen daran teil. Nur 5000 kehrten aus dem »Großen Krieg« im Dezember 1812, von den Russen vernichtend geschlagen, zurück. Und der russische Zar verfolgte sie bis nach Ostpreußen. Die preußische Armee, die eigentlich verpflichtet war, den Franzosen beizustehen, erklärte sich für »neutral«. Preußen sah jetzt die Chance gekommen, sich von der Fremdherrschaft der Franzosen wieder zu befreien. König Friedrich Wilhelm III. erklärte Napoleon den Krieg. Viele deutsche Patrioten zogen in den »Befreiungskrieg« gegen die Franzosen.

Auch die deutschen Juden beteiligten sich daran, obwohl die Franzosen ihnen mehr Freiheiten gebracht hatten. Sie gaben Geld für die Truppen oder zogen, gemeinsam mit ihren christlichen Nachbarn, »für König und Vaterland« in den Krieg. Es war die Zeit, als das Zugehörigkeitsgefühl der Juden zu dem Staat, in dem sie lebten, einen Höhepunkt erreichte. Sie wollten ihre Vaterlandsliebe unter Beweis stellen und hofften, so der Oberlandesrabbiner von Breslau, dass Gott »den Dienst für das Vaterland als Gebet annehmen« werde und dass damit auch »jene Halbfesseln« abgestreift werden könnten, »die uns zum Teil noch drücken«.

Doch solche Hoffnungen sollten sich als Illusionen erweisen. Rahel Varnhagen gehörte zu jenen, die ahnten, dass ihr patriotischer Einsatz den deutschen Juden nichts nützen würde, dass in den Juden schon wieder minderwertige Fremde gesehen wurden. Wie viel leichter wäre es doch, so schrieb sie, sein Vaterland zu lieben, wenn es diese Liebe erwidern würde.

Hep! Hep! Jude, verreck!

Und ihr Misstrauen bestand zu Recht: Das deutsche Bildungsbürgertum war inzwischen in weiten Teilen zum entschiedenen Gegner der Aufklärung geworden. Sein wachsender Nationalismus verband sich mit einem Hass auf alles »Fremde«. »Der Jude« wurde zum Symbol für alles, was die »Heilung« des zerrissenen Deutschlands behinderte. Es war ein neuer Judenhass, der sich jetzt zeigte: Bisher waren die Juden den christlichen Deutschen als eine fremde, geheimnisvolle Gemeinschaft erschienen, die in ihrem Ghetto lebte, anderen Sitten und Gebräuchen folgte, aber zumindest waren sie unter sich geblieben, und man brauchte nicht allzu viel mit ihnen zu tun zu haben.

Nun aber lebten diese Juden mitten unter ihren christlichen Mitbürgern, sie sprachen und schrieben Deutsch, oft besser als die Christen selbst.

Schon im Jahre 1812, als das Emanzipationsedikt in Kraft trat, hatten sich bekannte öffentliche Persönlichkeiten gegen die »Franzosenherrschaft« und damit gegen eine Gleichstellung der Juden gewandt. Achim von Arnim gründete die Christlich-deutsche Tischgesellschaft, der hohe Militärs, Mitglieder des Adels, aber auch prominente Berliner wie der Philosoph Johann Gottlieb Fichte, der Dramatiker Heinrich von Kleist, der Baumeister

Karl Friedrich Schinkel und der Rechtsgelehrte Friedrich Carl von Savigny angehörten; Frauen, Philister und Juden – auch wenn sie sich hatten taufen lassen – waren von der Zugehörigkeit ausgeschlossen. Gegen die Juden, so Adam Müller, der Sprecher der Tischgesellschaft, müsse Krieg geführt werden, denn dieses »Gezücht« versuche »mit wunderbarer Frechheit (...) in den Staat, in die Wirtschaft, in die Kunst, in die Gesellschaft« sich »einzuschleichen, einzudrängen und einzuzwängen«.

Ihre antijüdische Hetze zeigte Wirkung. Im Oktober 1817 versammelten sich auf der Wartburg studentische Burschenschaften, Gefolgsleute des Turnvaters Jahn, die sich ganz der Förderung der christlich-deutschen Gesinnung im Dienste des Vaterlandes verschrieben hatten. Sie verbrannten Bücher missliebiger jüdischer Autoren, darunter die Schrift »Germanomanie«. Ihr Autor war Saul Ascher, der hellsichtig davor gewarnt hatte, dass die Juden zum ersten »Bündel Reiser zur Verbreitung der Flamme des Fanatismus« werden könnten. Und Heinrich Heine schrieb wenig später: »dort, wo man Bücher verbrennt, verbrennt man auch am Ende Menschen.«

Kaum zwei Jahre nach dem Wartburg-Fest brachen in ganz Deutschland die ersten Pogrome aus, die an die mittelalterlichen Verfolgungen erinnerten. Unter dem Ruf »Hep! Hep!« und »Jude, verreck!« plünderte der Mob jüdische Häuser und zündete die Synagogen an. Hep ist vermutlich die Abkürzung von *H*ierosolyma *e*st *p*erdita, Jerusalem ist verloren. »Wie kommt das Volk zu dem Wort, dessen Ursprung es nicht wissen konnte?«, wunderte sich Rahels Bruder Ludwig Robert, der geschockt war, wie viele Menschen gleichgültig blieben oder offen mit dem Pöbel sympathisierten. »In Würzburg scheint doch also gelehrter Pöbel die Sache begonnen zu haben.« Kaum einer darunter, der auch nur ein ermahnendes Wort gesprochen hätte, auch nicht die Polizisten, nicht einmal die Geistlichen, »die Lehrer der Religion der Liebe«, seien dem Mob in den Arm gefallen. Roberts Schwester Rahel war weniger überrascht: »Ich kenne mein Land! Leider. Seit drei Jahren sage ich, die Juden werden gestürmt werden.«

In mehreren Städten gehörten tatsächlich »ehrenwerte« Bürger, oft Studenten und Professoren, zu den Initiatoren des Aufstands. Meist kam die

Pogrom

Solche Ausschreitungen gegen religiöse, rassische oder nationale Minderheiten bezeichnet man auch mit dem russischen Wort »Pogrome«. Der Begriff bezog sich ursprünglich auf ein »Unwetter« und meinte die damit einhergehende Verwüstung.

Polizei zu spät an den Ort des Geschehens, oder sie griff nicht ein. Der Koblenzer Polizeichef schrieb gar in seinem Bericht über die Unruhen, die Ressentiments hätten so sehr zugenommen, dass Übergriffe gegen die Juden als verdienstvoll angesehen würden.

Auch der Gesetzgeber machte sich nun den »Willen des Volkes« zu eigen und kassierte wieder etliche im Emanzipationsedikt von 1812 zugestandene Freiheiten: ab 1819 durften christliche Kinder keine jüdischen Schulen mehr besuchen; 1822 wurden Juden von den höheren Rängen der Armee ausgeschlossen; 1823 erklärte die preußische Regierung die jüdische Religion nur für »geduldet«. Weder in der Universität noch in der Verwaltung noch beim Militär durften Juden eingestellt werden. Wieder einmal schien die Emanzipation in weite Ferne gerückt.

Reformer gegen Traditionalisten

Die vielen Rückschläge in ihren Emanzipationsbemühungen blieben nicht ohne Einfluss auf die deutschen Juden. Ihr Wunsch nach Gleichstellung hatte bei ihnen zu einer wachsenden Anpassungsbereitschaft an ihre christliche Umwelt geführt. Aber wie weit durfte die Anpassung gehen? Konnte man denn überhaupt Deutscher werden und Jude bleiben, so wie Moses Mendelssohn es noch gefordert hatte?

Während Mendelssohn selbst dieser Spagat noch gelungen war, hatten viele der religiösen Vorschriften für seine Nachfolger ihren Sinn verloren. Vor allem die aufgeklärten und wirtschaftlich aufgestiegenen Juden in den größeren Städten hatten sich in das modernere Leben ihrer Umwelt eingegliedert. Zumindest außerhalb des familiären, häuslichen Bereichs, in ihrem sozialen Leben und in ihrem wirtschaftlichen Handeln, in ihrem Bildungsdrang und selbst in ihrem Patriotismus waren sie von der christlichen Mehrheit immer weniger zu unterscheiden. Sogar bei den ganz traditionellen, den orthodoxen Juden, die diese Entwicklung mit größtem Argwohn betrachteten, begann unter dem Druck veränderter Verhältnisse so manches Gebot zu wanken. Im Alltag galt es, möglichst alles zu vermeiden, wodurch man im öffentlichen Leben ins Abseits geraten könnte.

Der Riss zwischen Reformern und Traditionalisten zog sich durch viele jüdische Gemeinden, zuweilen selbst durch Familien. Sollte man seine Söhne, wie es die Tradition vorschrieb, beschneiden lassen? Oder taufen? Wo war die Heimat? In Deutschland, dem Land, in dem man geboren war, oder im fernen Palästina, dem Land der Väter? Die deutschen Juden waren im Zwiespalt, eingeklemmt zwischen dem Wunsch nach Aufgehobenheit in der Umwelt und den Verbindlichkeiten ihrer Religion. Nichts schien mehr selbstverständlich und verbürgt.

Bei zahlreichen deutschen Juden war der Wunsch nach Aufnahme in die bürgerliche Gesellschaft ihrer nichtjüdischen Mitbürger so stark, dass sie

Jeschiwa

Der Begriff Jeschiwa (von hebr. Sitzen) bezeichnete ursprünglich die Sitzung beispielsweise an einem Gerichtshof. Später, vermutlich in Babylon, wurden die rabbinischen Akademien so benannt. Solche Akademien wurden zu den wichtigsten jüdischen Bildungseinrichtungen. An ihrer Spitze stand oftmals ein besonders angesehener und weit über die Schule hinaus bekannter Gelehrter, wie zum Beispiel Raschi, der den Ruhm der Jeschiwa begründete.

sich von ihrem Glauben lösten. Ihr Judentum erschien ihnen als Hindernis auf dem Weg zur Anerkennung als loyale Staatsbürger, ihre Religionsgesetze sollten weder den Bürgerpflichten noch beruflichen oder geschäftlichen Erfordernissen im Wege stehen. Sie traten zur christlichen Religion über, ließen sich taufen und schickten ihre Kinder auf christliche Schulen, weil sie keinen Grund mehr sahen, ihre Nachkommen mit dem Talmud ein Gesetzessystem studieren zu lassen, das ihre gesellschaftliche Anerkennung eher behinderte.

David Friedländer machte sich zum entschiedenen Anwalt auch religiöser Reformen. Gebete, die der Rückkehr nach Palästina, ins Land der Väter, galten, hielt er jetzt, da die Juden mit dem Emanzipationsedikt preußische Staatsbürger geworden waren, nicht länger für angebracht. Er forderte eine »vernünftige Gottesverehrung« in einer Sprache – Deutsch –, die jedermann verstand. Friedländers Vorschläge stießen jedoch zunächst nur bei einer Minderheit aufgeklärter Juden in den eher fortschrittlichen städtischen Gemeinden, etwa in Berlin und Königsberg, Braunschweig und Dessau, auf Gegenliebe. In ländlichen Gebieten hingegen, in denen noch die meisten deutschen Juden lebten, konnten sich die Traditionalisten behaupten.

Und deren Beharrungskräfte waren groß. Die meisten deutschen Rabbiner waren noch an einer talmudischen Hochschule, der so genannten Jeschiwa, ausgebildet worden. Das waren Anstalten der alten Gelehrsamkeit, an denen die Studenten eine traditionelle höhere Bildung erhielten. So hatten auch die Rabbiner meist keine weltliche Bildung genossen, bestenfalls waren sie Autodidakten. Sie verstanden sich nicht – wie christliche Geistliche – als Prediger oder Seelenhirten, sondern in erster Linie als Fachleute für die Auslegung des jüdischen Gesetzes. Ihr Platz war das jüdische Gericht, wo sie Recht sprachen über die Mitglieder der jüdischen Gemeinde. Diese

Synagoge

Das griechische Wort »Synagoge« gibt sinngemäß den hebräischen Ausdruck »Beth Haknesset« wieder und bedeutet »Haus der Versammlung«, »der Zusammenkunft«. Die Synagoge ist nicht mit einer christlichen Kirche zu vergleichen; sie ist ein Haus des Gebets und zugleich ein Haus des Lernens und ein Versammlungsort für die Gemeinde. Bestimmte Vorschriften für die Bauart von Synagogen gibt es nicht. Die meisten Synagogen bestehen aus drei Teilen: einem Hauptraum mit Betbänken für die Gemeinde, einem Kanzelraum für die Thoralesungen und einem »heiligen« Raum, wo die Thorarollen und Kultgegenstände verwahrt werden.

Unerhörte Neuerungen

Beim Gottesdienst in den Synagogen herrschte ein ständiges Kommen und Gehen, Neuigkeiten wurden ausgetauscht und Geschäfte gemacht. Aber nun wuchs auch bei den deutschen Juden das Bedürfnis nach Würde und Feierlichkeit, wie man sie in christlichen Gottesdiensten sah. Gebete und Lieder, Orgelspiel und Chorgesang hielten Einzug in den Gottesdienst, ebenso wie die Konfirmation – selbst für Mädchen. Heinrich Heine spottete über diese modische Anpassung des Gottesdienstes, er sah darin nichts als »neue Dekorationen und Kulissen«. Ganz anders die jüdischen Traditionalisten. Für sie waren das alles unerhörte Neuerungen.

Vorrangstellung drohten sie mit der politischen Gleichstellung der Juden zu verlieren.

Leidenschaftlich wehrten sich die Rabbiner deshalb gegen die wachsende Tendenz der Regierungen, sich in die jüdischen Angelegenheiten zu mischen. Zwar begrüßten auch sie die Abschaffung diskriminierender Gesetze und die Ausweitung der Rechte der Juden, aber der vollen politischen Emanzipation standen sie eher skeptisch gegenüber, weil sie mit ihr das Ende des Judentums kommen sahen. Mehr deutsch zu werden, so fürchteten sie, hieße zwangsläufig weniger jüdisch zu sein.

Besonders gefährlich schien ihnen die Einführung der deutschen Sprache in den Gottesdienst, so wie es Israel Jacobson (1769–1828) machte, als er 1810 in Seesen, das seit der napoleonischen Eroberung zum neu gegründeten Königreich Westfalen gehörte, die neuerbaute Synagoge einweihte.

Neben der Synagoge stand eine von Jacobson gegründete Schule, die auch christliche Schüler aufnahm und am Sabbat Unterricht erteilte. Jacobson forderte von seinen jüdischen Glaubensbrüdern, Westfalen als Vaterland anzunehmen, und von den Christen, Juden ohne Vorbehalte als Gleichberechtigte anzuerkennen, und von beiden Religionen, sich endlich zu versöhnen. Doch die Mehrheit der Rabbiner und Gemeinden weigerte sich, solchen Reformvorstellungen zu folgen.

»Nicht mehr die Kraft, aus Hass zu dulden«

1819, wenige Wochen nach den Hep-Unruhen, gründete ein Kreis junger Männer – Eduard Gans, Leopold Zunz, Moses Moser – den »Verein für Cultur und Wissenschaft der Juden«. Sie wollten inmitten einer feindseliger werdenden Umwelt, die bei den deutschen Juden wachsende Zukunftsängste auslöste, das Judentum mit der deutschen Kultur vertraut machen. Der Verein sollte zu einem modernen geistigen Zentrum für die deutschen Juden werden, ihre Identität durch den Anschluss an das geistige Europa gestärkt werden. Die alten religiösen Gesetze konnten in ihren Augen nicht mehr ein jüdisches Selbstverständnis begründen. »Wir sind keine Fremdlinge mehr aus dem Alterthum, die alte Zeit ist erloschen und ihre Zwecke sind gestorben«, predigte Leopold Zunz. Und Heinrich Heine, der mit dem Verein sympathisierte, auch wenn er dessen Ziele für »eine längst verlorene Sache« hielt, wandte sich angriffslustig gegen das überkommene Bild, das vielleicht noch dem Auftreten der Rabbiner, aber in nichts mehr mit dem Teil der assimilierten deutschen Juden zu tun hatte: »Wir haben nicht mehr die Kraft, einen Bart zu tragen, zu fasten, zu hassen und aus Haß zu dulden«, schrieb er.

Heine und Gans hatten sich vermutlich im Salon Rahel Varnhagens kennen gelernt, wo Heine regelmäßig Gast war. In Gans, Zunz und Moser traf Heine auf eine junge Generation akademisch gebildeter Juden, die sich ähnlich wie er selbst der deutschen Kultur verbunden fühlten, aber alle, selbst noch Jahre nach dem Emanzipationsedikt, in einer aussichtslosen Lage waren.

Moser war ein gebildeter Bankier und einer der engsten Freunde von Heinrich Heine. Eduard Gans, der Präsident des Vereins, stammte aus einer wohlhabenden Berliner Familie. Sein Vater hatte die Berliner Börse mitgegründet, und seine Mutter war Brautjungfer bei der Hochzeit des Kronprinzen gewesen, eine ganz ungewöhnliche Ehre für die Tochter eines bekennenden Juden. Gans selbst gehörte zu den ersten deutschen Juden, die an einer deutschen Universität promovierten. Nach Abschluss seines Studiums bewarb er sich – unter Berufung auf das Emanzipationsedikt von 1812 – um eine Professur. Die Entscheidung zog sich über ein Jahr hin und endete mit einer Absage für Gans. Um die Entscheidung zu rechtfertigen, erließ der König ein neues Dekret: Juden wurde der Zugang zu akademischen Lehr- und Schulämtern ausdrücklich untersagt. »Ich gehöre zu der unglücklichen Menschenklasse, die man haßt, weil sie ungebildet ist, und die man verfolgt, weil sie sich bildet«, schrieb Gans verzweifelt an den Kanzler Hardenberg.

Dr. L. Zunz

Leopold Zunz (1794–1886) war in einem jüdischen Waisenhaus in Wolfenbüttel groß geworden, wo er ausschließlich in den Schriften des Talmud unterrichtet worden war, und das in einem grauenhaften Jiddisch, wie Zunz später schrieb. Erst als ein Schüler von Moses Mendelssohn die Leitung des Waisenhauses übernahm, lernte Zunz die Sprache und die Kultur des Landes kennen, in dem er lebte. Später studierte er Geschichte und träumte davon, einen Lehrstuhl für jüdische Theologie an einer deutschen Universität einzurichten. Er war der Herausgeber der vereinseigenen Zeitschrift für die Wissenschaft des Judenthums. Als der erste und einzige Band dieser Zeitschrift im Juni 1823 erschien, war der Verein schon im Zerfall begriffen. Er hatte weder ausreichende Unterstützung bei der Jüdischen Gemeinde finden, noch sich auf Dauer gegen den Druck von außen behaupten können.

Heine und Gans ließen sich 1824 taufen, Zunz hielt das für »erniedrigend« und suchte »Trost und Halt« bei der Wissenschaft: »Dahin bin ich gekommen, an eine Juden-Reformation nimmermehr zu glauben. (...) Die Juden und das Judenthum, das wir rekonstruieren wollten, ist zerrissen und die Beute der Barbaren.«

»Die alte Zeit ist erloschen«

Die Jahre zwischen 1835 und 1845 waren eine Zeit großer Auseinandersetzungen in den jüdischen Gemeinden. Immer wieder drehte sich der Streit um die Frage der Beachtung jüdischer Gesetze, und da gingen die Meinungen weit auseinander. Für eine steigende Zahl von Juden war die Religion in ihrem Alltagsleben fast bis zur Bedeutungslosigkeit geschrumpft.

Darauf reagierte nun eine neue Reformbewegung, zu deren prägenden Vertretern Abraham Geiger, Samson Raphael Hirsch, der radikale Reformer Samuel Holdheim und der gemäßigte Zacharias Frankel gehörten. Ungeachtet der unterschiedlichen Richtungen, die sie vertraten, waren alle vier Rabbiner des neuen Typs: Sie waren akademisch gebildet, sprachen deutsch und hatten erkannt, dass es nun, da die jüdischen Gemeinden nicht mehr von der übrigen Gesellschaft abgeschottet waren, schwerer sein würde, das Judentum zu bewahren. Und doch vertraten sie sehr unterschiedliche Vorstellungen, wie das Judentum aus dieser Krise herausgeführt werden könnte.

Samuel Raphael Hirsch (1808–1880), aufgewachsen in einer traditionsbewussten, aber aufgeklärten Hamburger Familie, sprach sich für eine Rückbesinnung auf Thora und Talmud aus. An dem Gesetz dürfe nicht gerüttelt werden. »Gehorchen, nicht Glauben und Hoffen und Beten macht den Juden zum Juden.« Nur durch Gesetzestreue könne das moralische Gebot Gottes, die »Mission Israels«, erfüllt werden. Und doch lag selbst ihm eine Rückkehr ins geistige Ghetto fern: Das Studium der Gesetze sollte mit weltlicher Bildung gepaart werden, jüdisches Gesetz und staatsbürgerliche Verpflichtung schlossen sich nicht aus.

Ihm widersprach Samuel Holdheim (1806–1860): Der Gehorsam gegenüber dem Gesetz sei angemessen gewesen, solange die Juden im Ghetto gelebt hatten; jetzt aber, in einer ganz anderen, modernen Umwelt, war die selbstbestimmte Gewissensentscheidung des Einzelnen gefordert. Die Einhaltung des Sabbat, die Kopfbedeckung beim Gebet, die Beachtung der Speisegesetze oder die Beschneidung spiegelten nur noch das primitive religiöse Bewusstsein früherer Zeiten wider.

Zacharias Frankel (1801–1875), der Oberrabbiner von Dresden, trat für »Verbesserungen«, nicht für »Neuerungen« ein. Er war ein Vertreter der gemäßigten Reformer, die sich auch auf drei Rabbiner-Versammlungen 1844, 1845 und 1846 durchsetzten. Die Rabbiner taten sich schwer, in dieser Zeit des Umbruchs eindeutig Position zu beziehen. Zwar sprachen sie sich gegen eine völlige Abschaffung der hebräischen Gebete im Gottesdienst und auch gegen gemischte christlich-jüdische Ehen aus, es sei denn, der Staat gestattete eine Erziehung der Kinder im jüdischen Glauben. Aber auch sie wünschten, dass »die Bitte um unsre Zurückführung in das Land unserer Väter und Herstellung eines jüdischen Staates aus unseren Gebeten ausgeschieden« werde. Arbeit am Sabbat sollte weder generell verboten noch generell gestattet werden.

Am weitesten ging Abraham Geiger (1810–1874) in seinen Reformforderungen. Die Beschneidung hielt er für einen »barbarisch blutenden Akt«, die Speisegesetze beachtete er, auch wenn er sie für »etwas durchaus Geistloses« hielt; er war für den Gebrauch der Orgel im Gottesdienst und für die Abschaffung der Gebete um Rückkehr nach Zion. Die heiligen Texte waren für ihn »Urkunden vom Geiste des Judentums«, Zeugnisse, Doku-

Sabbat

In sechs Tagen, so berichtet es das erste Buch Mose (Genesis), hat Gott die Welt erschaffen, mit allem, was dazu gehört. Und nachdem sein Werk vollendet war, hat Gott am siebten Tag geruht. Einen solchen Ruhetag, den Sabbat, schreibt Gott im vierten Gebot nun auch den Menschen vor. Diese Vorschrift war schon so etwas wie eine soziale Revolution, denn am Sabbat sind alle Menschen gleich. An 52 Tagen im Jahr sind damit die Machtverhältnisse aufgehoben und der Willkür der Mächtigen Schranken gesetzt. Sklaven und Herren, Frauen und Männer, Fremde und Israeliten sind an diesen Feiertagen gleich.

Koschere Speisen

Alles, was mit der persönlichen Reinheit zu tun hat, bezeichnet man als *Kaschrut*. Der Begriff stammt vom hebräischen Wort kascher, »geeignet«, das auf Jiddisch koscher heißt. Kaschrut beinhaltet Regeln, die zu beachten sind, um »sauber« zu bleiben. Am bekanntesten sind die Regeln für koscheres Essen. So dürfen Speisen kein Blut enthalten; Milch- und Fleischprodukte dürfen weder gleichzeitig verzehrt noch mit denselben Geräten zubereitet oder gemeinsam aufbewahrt werden; und es dürfen auch nur bestimmte Fleischsorten gegessen werden: Nicht koscher sind alle Kriechtiere, alle Fleisch- und Aasfresser sowie alle Tiere, die keine gespaltenen Hufe haben und nicht wiederkäuen (z. B. Schweine). Das klingt sehr kompliziert, und wird vielleicht auch deshalb unterschiedlich streng ausgelegt.

mente, aber nicht mehr Gesetz. Er sah sich als Diener der Wissenschaft und als Patriot, auch wenn sein Lebensziel, die Errichtung einer jüdischen Fakultät an einer deutschen Universität, am Widerstand der etablierten Professoren scheiterte: »Ich liebe Deutschland, trotzdem dass mich, den Juden, dessen Staatseinrichtungen verstoßen. Fragt die Liebe nach einem Grund? Ich fühle mich mit seiner Wissenschaft, seinem ganzen Ernste verwebt, und wer wird den Nerv seines Lebens ungestraft durchschneiden?«

Als Abraham Geiger in die große und angesehene Gemeinde nach Breslau als Assistent des dortigen Rabbi Salomon Titkin berufen wurde, weigerte sich Titkin, ein typischer Rabbiner alten Stils und entschiedener Gegner aller Reformen, mit einem Mann zusammen zu arbeiten, der solche Positionen vertrat. Vier Jahre währte die so genannte Breslauer Kontroverse, in deren Verlauf Titkin zur Symbolfigur der alten, Geiger der neuen Ordnung wurde. Aber Geiger wurde gewählt, und die Gemeinde spaltete sich. Beide Parteien, die Orthodoxen wie die Reformer, hatten nun ihren eigenen Rabbi. Das Modell machte Schule und wurde von anderen Gemeinden übernommen. Fortan konnte keine der beiden Richtungen mehr eine der größeren Gemeinden für sich gewinnen.

Es gab jetzt nicht mehr die eine jüdische Gemeinde, der jeder von Geburt und Beschneidung an zugehörte und aus der er auch ausgeschlossen werden konnte. Die Gemeinde hatte damit einen Teil ihrer Autorität über das Leben des Einzelnen verloren, zudem waren ihre juristischen Funktionen an den Staat übergegangen, Bildung und Erziehung verweltlicht. Sie vermittelte nicht mehr die alte Geborgenheit, in die man allerdings zwangsweise hineingestellt war, sondern wurde zu einem freiwilligen konfessionellen Zusammenschluss, dem man beitreten oder auch fernbleiben konnte.

Joh. Jacoby
3. Nov.
1848

»Wir sind und wollen nur Deutsche sein«

Der gesellschaftliche Aufstieg der deutschen Juden

1765 wurde die Dampfmaschine erfunden, 1784 der Maschinenwebstuhl in Betrieb genommen, und 1803/04 fuhr die erste Eisenbahn. Der industrielle Aufschwung machte große Fortschritte und sollte die Welt in den nächsten Jahrzehnten völlig verändern.

Das französische und das englische Bürgertum hatten sich Rechte erkämpft, die Bürger waren zur treibenden Kraft von wirtschaftlichen und politischen Veränderungen geworden. Die Franzosen hatten zwar einen König, waren aber bereits eine Republik, und sie hatten ein Parlament: die Nationalversammlung. Den französischen Königen schmeckte es natürlich nicht, sich in vielen Fragen mit dem Parlament abstimmen zu müssen, und immer wieder versuchten sie, das Rad der Geschichte zurückzudrehen. Als König Karl X. das Wahlrecht wieder einschränken und die Zensurbestimmungen für die Presse verschärfen wollte, jagten die Franzosen ihn 1830 davon.

Deutschland hingegen zerfiel immer noch in viele einzelne Fürstentümer. Jedes Fürstentum hatte Zollschranken und unterschiedliche Vorschriften und Gesetze, was erlaubt und was nicht erlaubt war. Das behinderte den wirtschaftlichen Aufschwung. Und die Fürsten konnten sich immer noch als von Gott eingesetzte Herrscher verstehen, die Menschen in ihren Landen betrachteten sie als Untertanen, nicht als Bürger.

Aber auch in Deutschland gärte es. Im Mai 1832 versammelten sich 30 000 Menschen unter einer schwarz-rot-goldenen Fahne zum so genannten Hambacher Fest. Die Aufständischen wollten der Willkürherrschaft der Fürsten ein Ende bereiten und sich nicht länger bevormunden lassen. Sie forderten das allgemeine Stimmrecht, Pressefreiheit und ein gesamtdeutsches Parlament. Ein neues Zeitalter schien anzubrechen. Auch für die deutschen Juden.

Eine neue Zeit

Einer der mutigsten Streiter gegen die Bevormundung des Bürgers war der Königsberger Arzt Johann Jacoby (1805–1877). Er kam aus einer jüdischen Kaufmannsfamilie, Johann war der Jüngste von fünf Geschwistern. Er hatte schon vom Emanzipationsedikt von 1812 profitiert, das ihm ermöglichte, Medizin in seiner Heimatstadt zu studieren. Als er 1877 starb, gaben ihm viele Bürger der Stadt das letzte Geleit. Sie wussten, was später in Vergessenheit geriet: Jacoby war einer der größten deutschen Demokraten des 19. Jahrhunderts. So mutig und unbeugsam, so klar denkend und weitsichtig wie er waren nur wenige. Nach ihm müssten eigentlich viele Straßen und Plätze in Deutschland benannt werden, denn sein unerschrockener Kampf für die Demokratie und für die Freiheitsrechte des Einzelnen ist ziemlich beispiellos. Aber Freiheit, davon war er überzeugt, werde es in Deutschland nicht ohne Freiheit auch für die Juden geben. »Wie ich selbst Jude und Deutscher zugleich bin«, schrieb Jacoby, »so kann in mir der Jude nicht frei werden ohne den Deutschen und der Deutsche nicht ohne den Juden; wie ich mich

selbst nicht trennen kann, ebenso wenig vermag ich die Freiheit des einen von dem anderen zu trennen.«

Im Februar 1841 verfasste er eine Flugschrift »Vier Fragen beantwortet von einem Ostpreußen«, die ihn schlagartig in Deutschland bekannt und zum Helden der demokratischen Opposition machte. In ihr forderte er eine »echte Teilnahme des Volkes an der Politik, geregelt in einer Verfassung«. Die Flugschrift erschien anonym, denn ungefährlich war es nicht, was Jacoby darin formulierte. Polizeispitzel machten sich denn auch gleich auf die Suche nach dem Autor. Da meldete sich Jacoby freiwillig und schickte ein Exemplar mit einer Widmung an den preußischen König Friedrich Wilhelm IV., dessen Untertan er war. Denn Königsberg, das heute Kaliningrad heißt und zu Russland gehört, war damals Teil des preußischen Königreichs. Mit der Flugschrift wollte Jacoby den König daran erinnern, dass sein Vater dem Volk bereits eine Verfassung versprochen hatte und dieses Versprechen immer noch nicht eingelöst war.

Der König wollte davon nichts mehr wissen. Für ihn war dieser Königsberger Arzt ein »frecher Empörer«, der Anführer einer »Clique, die mit Franzosensinn und Franzosenmitteln wirkt«. Französisch und jüdisch waren für den König zwei Worte, die nichts Gutes verhießen: Sie bedeuteten Rebellion und Gegnerschaft zum Königtum. Und wer waren die treibenden Kräfte dahinter? Die Juden. »Alles Gott Missgefällige«, so beschwerte er sich in einem Brief an den Königsberger Oberpräsidenten Schön über Jacoby, sei »seit 12 Jahren durch Heine, Börne und wie das endlose Judengelichter heißt, versucht worden.« An Jacoby sollte nun ein Exempel statuiert werden: Friedrich Wilhelm IV. war fest entschlossen, den Königsberger Arzt für seine unverschämte Flugschrift vor Gericht zu stellen.

Am 15. März 1841 wurde Jacoby wegen Hochverrats angeklagt. Darauf stand die Todesstrafe. Aber auch die Gerichte machten nicht einfach mehr, was der König wollte. Die Franzosen hatten in der Zeit ihrer Besetzung vielerorts in Deutschland das Rechtswesen verändert und Gesetze hinterlassen, auf die man sich berufen konnte. Das Oberlandesgericht in Königsberg erklärte sich für nicht zuständig, da Jacoby des Hochverrats angeklagt sei, ein solcher Fall müsse vor dem Kammergericht in Berlin verhandelt werden. Die Berliner Richter wiederum mochten in Jacobys Flugschrift keinen Hochverrat erkennen und schickten die Akten zurück nach Königsberg. Nun aber griff der verärgerte König ein – der Prozess müsse weitergeführt werden, ordnete er an. Ein Jahr später wurde der Königsberger Arzt zu mehr als zwei Jahren Festungshaft verurteilt wegen Majestätsbeleidigung und Verspottung der Landesgesetze. Aber Jacoby wehrte sich, legte Berufung ein und wurde schließlich freigesprochen.

Das war etwas Neues: Sich gegen die Obrigkeit mit juristischen Mitteln zu wehren – und dann auch noch Recht zu bekommen! Den Freispruch hatte der Kammergerichtspräsident Wilhelm Heinrich von Grolman gefällt, und er begründete sein Urteil damit, dass Aufrichtigkeit der Gesinnung »sehr wohl vereinbar ist mit einem freimütigen, die Grenzen des Anstandes und der dem Landesherrn schuldigen Ehrfurcht beachtenden Tadel bestehender Einrichtungen«. In anderen Worten: dieser Grolman billigte einem Bürger durchaus das Recht auf Kritik an der Obrigkeit zu.

Aber es sollte nicht der letzte Prozess gegen Jacoby bleiben. Wenige Jahre später, als der Königsberger die Einberufung einer Gesamtvertretung des deutschen Volkes forderte, wurde er erneut verhaftet. Inzwischen aber war Jacoby ein bekannter Mann, viele sympathisierten mit dem Angeklagten und sammelten Geld für ihn.

Heinrich von Grolman

Einige Zeit später trafen sich der König und der Kammergerichtspräsident auf einem Hofball. Friedrich Wilhelm IV., der immer noch stocksauer über Grolmans Urteilsspruch war, fragte den Kammergerichtspräsidenten, warum er Jacoby freigesprochen habe. Grolman antwortete: »Majestät, das sind Amtssachen.« In anderen Worten: Da haben Sie sich nicht einzumischen. Die Antwort gefiel dem König nicht, von unabhängigen Gerichten wollte er nichts wissen, und er erwiderte: »In solchen Dingen kann ich das Amt nicht von der Person trennen.« – »Ich aber kann es«, soll der alte Grolman gesagt haben, reichte am nächsten Tag seinen Abschied ein und trennte auf seine Weise die Person vom Amt.

»Französische Zustände«

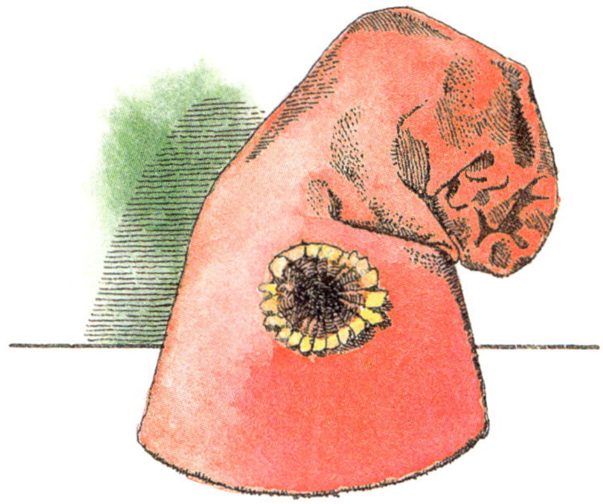

Denjenigen, die eine Republik in Deutschland und eine Verfassung anstrebten, kamen wiederum die Entwicklungen in Frankreich zu Hilfe. Dort war dem davongejagten König Karl X. der so genannte »Bürgerkönig«, Louis Philippe, gefolgt. Er hatte den Thron nicht als »König von Frankreich«, wie dies bisher üblich gewesen war, sondern als »König der Franzosen« bestiegen. Das war schon ein Zugeständnis an das Volk, denn mit dieser Bezeichnung wollte der König seine stärkere Verbundenheit mit dem Volk unter Beweis stellen. Aber von seiner Herrschaft hatte nur das reiche Finanzbürgertum profitiert, und das nahm »das Volk« nicht mehr einfach hin. So musste auch Louis Philippe nach drei Tagen heftiger Straßenkämpfe 1848 abdanken. Die französischen Rebellen waren bei ihren Aufständen nicht gerade zimperlich: Wer ihnen von den verhassten Vertretern des alten Systems in die Hände fiel, musste damit rechnen, an der nächsten Straßenlaterne aufgehängt zu werden.

Einen Monat nach den französischen Aufständen brach auch in Deutschland die Revolution aus. Die deutschen Fürsten waren von der Masse der Demonstranten völlig überrascht und aus lauter Angst vor »französischen Zuständen« auch in Deutschland zu großen Zugeständnissen bereit. Sie erließen Verfassungen und versprachen umfassende Reformen. Diese plötzliche Bereitschaft der Herrscher zu Zugeständnissen war allerdings, wie ein Aufständischer meinte, vermutlich eher den »französischen Leichen« an den Laternenpfählen zu verdanken. In Berlin rissen sich die Leute immer noch

Die Revolution marschiert

Die Revolution in Frankreich hatte Auswirkungen auch auf andere Länder. In München trat König Ludwig I. von Bayern zurück, auch er eine Symbolfigur des alten Systems. In Wien verlor der Staatskanzler Metternich sein Amt; 1815 hatte er noch auf dem Wiener Kongress dafür gesorgt, dass alle Reformen und Freiheitsrechte, die Napoleon zu Beginn des 19. Jahrhunderts in den von den Franzosen eroberten Fürstentümern eingeführt hatte, wieder rückgängig gemacht wurden. Man nannte das damals die Zeit der Restauration. Jetzt aber war die Revolution auf dem Vormarsch.

Opium fürs Volk

Die Revolution von 1848 profitierte davon, dass es inzwischen Eisenbahn und Telegraphen gab. Die Aufständischen konnten sich so erheblich schneller untereinander verständigen und von Kundgebung zu Kundgebung eilen, selbst in entferntere Städte. Karl Marx zum Beispiel, auch er ein deutscher Jude und Verfasser des »Kommunistischen Manifestes«, reiste nach Brüssel, um die Revolutionäre mit 6000 Goldmark aus seinem väterlichen Erbe zu unterstützen. Von dort fuhr er weiter nach Paris, Düsseldorf und Köln, wo er seinen Freunden die ersten druckfrischen Exemplare des Kommunistischen Manifestes übergab. Der von ihm erhoffte Klassenkampf war es nicht, den er sah. Für die Freiheit des religiösen Bekenntnisses zu kämpfen, wäre ihm auch nicht in den Sinn gekommen. Von seinem Judentum wollte er nichts wissen, Religion war in seinen Augen nichts als »Opium fürs Volk«.

die Mützen vom Kopf, wenn der König vorbeiritt. Später hat Lenin, der Anführer der Russischen Revolution von 1917, einmal gesagt, die Deutschen würden für eine revolutionäre Kundgebung auf dem Bahnhof auch noch eine Bahnsteigkarte lösen. Das war ziemlich übertrieben, aber die meisten Anführer der Aufständischen schreckten – anders als ihre französischen Kollegen – vor der Anwendung von Gewalt zurück.

König und Parlament

In Frankfurt bildete sich ein so genanntes Vorparlament, das Wahlen vorbereiten sollte. Am 18. Mai 1848 zogen 586 Abgeordnete aus den deutschen Staaten in die Frankfurter Paulskirche ein, in der die deutsche Nationalversammlung tagte, unter ihnen auch – als gewählter Nachzügler – Johann Jacoby. Das Parlament bestand überwiegend aus Akademikern. Arbeiter, Bauern und Frauen fehlten; Letztere hatten noch kein Wahlrecht, weder durften sie wählen noch gewählt werden. Den Sommer über wurde beraten.

Es gab viele strittige Fragen, über die man erst Einigkeit erzielen musste. Welche Staatsform sollte Deutschland künftig haben? Sollte es eine Monarchie oder eine Republik sein? Wer sollte dazugehören? Wollte man eine so genannte »kleindeutsche« Lösung (das heißt ohne Österreich) oder eine großdeutsche (mit Österreich)? Aber am Ende wurde ein Katalog von Rechten verabschiedet. Dazu gehörte die Gleichheit vor dem Gesetz, die Freiheit der Person, die Meinungs-, Glaubens- und Gewissensfreiheit, das Recht auf Bildung. Heute sind uns solche Rechte selbstverständlich, aber damals waren sie revolutionär. Viele dieser Rechte sollten erst hundert Jahre später in Deutschland verwirklicht werden, als sie 1949 in dem Grundgesetz der neu gegründeten Bundesrepublik festgeschrieben wurden.

Dem ersten frei gewählten Parlament gehörten neun jüdische Abgeordnete an. Der Vizepräsident war zeitweilig Gabriel Riesser (1806–1863), ein studierter Jurist, der alle Hoffnungen auf einen deutschen Nationalstaat richtete: »Bietet mir mit der einen Hand die Emancipation, auf die alle meine innigen Wünsche gerichtet sind, mit der anderen die Verwirklichung des schönen Traums von der politischen Einheit. Ich würde ohne Bedenken die Letztere wählen; denn ich habe die feste, tiefste Überzeugung, dass in ihr auch jene enthalten ist.«

Riesser war ein unermüdlicher Streiter für die uneingeschränkte Gleichstellung der deutschen Juden. Ihre Emanzipation, so argumentierte er, sei eine entscheidende Frage für Deutschlands Zukunft. Er war fest davon überzeugt, dass es möglich sein müsse, zugleich Jude und Deutscher zu sein. Dabei war ihm selbst als deutscher Jude ein beruflicher Aufstieg lange versperrt geblieben. Weder durfte er Privatdozent an der Universität Heidelberg werden, noch erhielt er die angestrebte Zulassung als Anwalt in Hamburg. Erst wenige Jahre vor seinem Tod wurde er zum Obergerichtsrat ernannt und war damit der erste Jude in Deutschland, der ein Richteramt bekleidete.

Seiner Überzeugungskraft und seinem Engagement war es zu verdanken, dass die 1849 verabschiedete demokratische Verfassung über die »Grundrechte des deutschen Volkes« den für die deutschen Juden entscheidenden Paragraphen 16 enthielt: »Durch das religiöse Bekenntnis wird der Genuss der bürgerlichen und staatsbürgerlichen Rechte weder bedingt noch beschränkt.« Bisher hatten Juden sich taufen lassen müssen, wenn sie überhaupt irgendwelche Rechte haben wollten. Jetzt wurde ihnen versprochen, dass die Religionszugehörigkeit darauf keinen Einfluss mehr haben sollte. Die deutschen Juden schöpften Hoffnung. In den folgenden Wochen wurden in zwanzig deutschen Staaten Gleichstellungsgesetze verkündet – und doch wurden wenige Jahre später bereits viele der staatsbürgerlichen Rechte für Juden wieder aufgehoben, eingeschränkt oder vom Übertritt zum christlichen Glaubensbekenntnis abhängig gemacht.

Einige Monate zuvor hatten Jacoby und andere Abgeordnete noch einen Versuch gemacht, bei dem preußischen König Friedrich Wilhelm IV. in Potsdam Gehör für die republikanischen Anliegen zu finden. Friedrich Wilhelm IV. hörte sich widerwillig die respektvoll vorgetragene Bitte an, nahm ein Dokument von den Abgeordneten entgegen und wollte, ohne ein einziges Mal zu ihnen gesprochen zu haben, wieder gehen. Da pfiff Jacoby auf das höfische Zeremoniell, das Untertanen nicht gestattete, den König von sich aus anzusprechen. »Majestät«, so wandte er sich an den König, »wir sind nicht bloß hierher gesandt, um Eurer Majestät eine Adresse zu überreichen, sondern auch, um Eurer Majestät über die wahre Lage des Landes mündlich Auskunft zu geben.« Der König reagierte nicht. Jacoby: »Gestatten Eure Majestät uns Gehör?« Der König bürstete ihn mit einem »Nein« ab und wandte sich zum Gehen. Da rief Jacoby ihm nach: »Das ist das Unglück der Könige, dass sie die Wahrheit nicht hören wollen!«

Kaum war die Delegation aus dem Saal entlassen worden, fielen Jacobys Kollegen schon mit Vorwürfen über ihn her. Respektlos habe er gehandelt. Sie entschuldigten sich beim königlichen Kammerherrn für diese »unverzeihliche« Dreistigkeit und versicherten, Jacoby habe nur für sich gesprochen. In Berlin aber waren viele anderer Meinung. Drei Tage später versammelten sich Tausende am Alexanderplatz, zogen mit Fackeln zum Hotel Mylius in der Taubenstraße, wo die preußische Nationalversammlung tagte, und jubelten Jacoby zu.

Im April zog Gabriel Riesser, zusammen mit einer Delegation der Frankfurter Paulskirche, wiederum zu Friedrich Wilhelm IV., um ihm auf der Basis der erarbeiteten Verfassung die Kaiserkrone anzubieten. Der König lehnte ab, eine »Schweinekrone«, so soll er später geäußert haben, aus den Händen »von Bäcker- und Fleischermeistern« entgegenzunehmen, das sei für ihn völlig undenkbar. Sich künftig in seinen Entscheidungen mit einem Parlament abstimmen? Das kam überhaupt nicht in Frage. Längst war er – trotz aller Zugeständnisse, die er den Aufständischen in den Tagen des Straßenkampfes gemacht hatte – davon überzeugt: Gegen Demokraten helfen nur Soldaten. Jacoby hatte das vorausgesehen. Hellsichtig hatte er früh gewarnt, dass »jede Revolution verloren ist, welche die alten wohlorganisierten Gewalten neben sich fortbestehen lässt«.

Er sollte Recht behalten. Während die Parlamentarier noch berieten, rüsteten die alten Mächte zum Gegenschlag. Österreichische Truppen kämpften in Wien gegen die Revolutionäre. Der preußische König verabschiedete eine Verfassung, die keinerlei Ähnlichkeiten mit den von den Parlamentariern in der Paulskirche verabschiedeten Grundrechten hatte. Die preußischen Abgeordneten wurden von der Berliner Regierung zurückgerufen. Jacoby und andere ignorierten den Beschluss. Sie zogen nach Stuttgart um, wo sie ein Rumpfparlament aufrechterhielten, bis sie auch dort von den Soldaten des württembergischen Königs überfallen und ausgewiesen wurden.

Die Revolution war gescheitert. Jacoby floh in die Schweiz. Dort hörte er, dass er inzwischen erneut des Hochverrats angeklagt war. Trotz der Warnungen seiner beiden Schwestern kehrte er nach Hause zurück, wurde verhaftet und vor Gericht gestellt. Wie schon bei seinem früheren Prozess verteidigte er sich wiederum selbst, und auch diesmal war das Ergebnis ein Freispruch, womit keiner gerechnet hatte. Eine Sensation. Jacoby praktizierte wieder als Arzt.

1861 gründete er mit anderen zusammen die Fortschrittspartei. Und als der König 1862 Otto von Bismarck zum preußischen Ministerpräsidenten

Die Vereinigten Staaten von Europa

Die Vorstellung der Vereinigten Staaten von Europa ist nicht erst im 20. Jahrhundert entstanden. Der französische Schriftsteller Victor Hugo sprach 1850 als Erster auf einem Friedenskongress in Paris davon und wurde für diese Vision ausgelacht. Der Tag werde kommen, so prophezeite Hugo, »wo Ihr Frankreich, Ihr Russland, Ihr Italien, Ihr England, Ihr Deutschland, all Ihr Nationen des Kontinents, ohne Eure jeweiligen Unterschiede (...) zu verlieren, Euch einer höheren Einheit einordnen und die europäische Brüderschaft begründen werdet«. Der französische Sozialist Charles Lemonnier gründete 1872 eine Zeitschrift mit dem Titel »Les États-Unis d'Europe« (»Die Vereinigten Staaten von Europa«). Doch in diesen Jahren waren die europäischen Großmächte England, Frankreich und Deutschland gerade dabei, sich ihren »Platz an der Sonne« zu sichern, wie es der deutsche Kaiser Wilhelm II. später nannte. Jeder wollte Europas führende Macht werden. Wenige Jahrzehnte später brach der Erste Weltkrieg aus.

berief und dieser faktisch ohne Parlament regierte, da nahm Johann Jacoby aus Königsberg den Kampf wieder auf: Preußen breite seinen »Militärstaat über ganz Norddeutschland aus«, warnte er. Diesmal musste er für ein halbes Jahr ins Gefängnis. 1867 trat er der Internationalen Friedens- und Freiheitsliga bei, der italienische Freiheitskämpfer Giuseppe Garibaldi, der Engländer John Stuart Mill, der französische Schriftsteller Victor Hugo und Alexander Herzen gehörten dazu. Die Vereinigten Staaten von Europa waren ihr Ziel, aber Jacoby machte sich keine Illusionen: »Nach wie vor lassen die geknechteten Völker sich aufeinander hetzen.«

Unmittelbar vor dem Krieg gegen Frankreich löste Jacoby sich von seiner Partei, die ihm zu national, zu patriotisch wurde und damit der »urgermanischen Tollheit« verfiel, wie er meinte. Noch im Herbst 1870 war er in Königsberg wieder verhaftet worden, aber drei Wochen später musste Bismarck diesen »alten dürren Juden«, wie er Jacoby nannte, wieder freilassen.

In den letzten Jahren seines Lebens schloss der Königsberger Arzt sich der Sozialdemokratie an – er war kein Marxist, aber für soziale Anliegen hatte er sich immer schon engagiert. Bis an sein Lebensende blieb er bei der sozialdemokratischen Partei, die wenige Jahre später von Bismarck verfolgt werden sollte. Ein solcher politischer Schritt war für die Mehrheit der deutschen Juden völlig undenkbar. Die meisten waren konservativ. Jacoby hingegen wurde immer radikaler. 1863 sagte er in einer Rede: »Nicht Revolution, nicht der redlichste Wille freigesinnter Fürsten kann einem Volk die Freiheit geben; ebenso wenig vermag dies die Weisheit von Staatsmännern und Parlamentsrednern. Selbst denken, selbst handeln, selbst arbeiten muss das Volk, um die papierne Verfassungsurkunde zu einer lebendigen Verfassungswirklichkeit zu machen. (…) Wie auf dem wirtschaftlichen Gebiete, ganz ebenso auf dem politischen – ›Selbsthilfe‹ ist die Lösung.« Er hatte ziemlich moderne Ansichten, dieser Johann Jacoby aus Königsberg.

»Seinem Staat zu dienen muss als heilig gelten«

Und trotzdem: Auf Dauer ließ sich die Ausgrenzung der Juden nicht aufrechterhalten. Der wirtschaftliche Erfolg und ihr sozialer Aufstieg wurden durch die liberale Wirtschaftspolitik in diesen Jahren gefördert. Im achtzehnten Jahrhundert war die Mehrheit der deutschen Juden noch arm gewesen und hatte im Ghetto gelebt, inzwischen war eine wachsende bürgerliche Mittelschicht entstanden. Der Geld- und Warenhandel gewann durch die zunehmende Industrialisierung eine immer größere Bedeutung, und in diesem Wirtschaftszweig waren die Juden sehr erfolgreich. Das lag auch daran, dass sie von vielen anderen Tätigkeiten, wie beispielsweise der Landwirtschaft und dem Handwerk, immer noch ausgeschlossen waren. Jüdische Warenhäuser sollten in den nächsten Jahrzehnten wachsenden Wohlstands entstehen. Und jüdische Bankiers sollten es sein, die die liberale Wirtschaftspolitik hauptsächlich finanzierten.

Aber ihr gesellschaftlicher Aufstieg rief auch antijüdische Ausschreitungen hervor. In ländlichen Gebieten mit einem hohen jüdischen Bevölkerungsanteil machte sich die Wut über den sozialen und politischen Aufstieg der jüdischen Nachbarn Luft. Im Elsass brachen die Unruhen los, weiteten sich schnell auf die süddeutschen Länder aus. Mit Äxten und Beilen und dem Ruf »Geld oder Tod!« ging der Pöbel gegen seine jüdischen Mitbürger vor, demolierte, brandschatzte und plünderte jüdische Häuser.

Dennoch schien die politische Entwicklung seit 1848 für die deutschen

Juden verheißungsvoller als je zuvor: Sie waren zahlreicher und prominenter in der Politik vertreten, sie wurden von überwiegend nichtjüdischen Wählern als Abgeordnete in die Parlamente gewählt, auch wenn nur ein einziger bekennender Jude Regierungsmitglied wurde – Moritz Elstätter, der lange Jahre der Finanzminister von Baden war. Leopold Zunz, der Gründer des »Vereins für Cultur und Wissenschaft der Juden«, tat die »Pöbelstürme gegen Juden in einzelnen Gegenden« denn auch, wie viele seiner Glaubensgenossen, als »vorübergehenden Unfug« ab – »die Freiheit wird bleiben.« Und der Magdeburger Rabbiner Ludwig Philippson, der die »Allgemeine Zeitung des Judentums« herausgab, versicherte: »Wir erkennen unsere Sache fortan als keine besondere mehr, sie ist eins mit der Sache des Vaterlands, sie wird mit dieser siegen oder fallen. Wir sind und wollen nur Deutsche sein!«

»Seinem Staate dienen zu können«, schrieb damals der prominente jüdische Theologe Hermann Cohen, »muss als heilig gelten, wie Gottesdienst.« Er glaubte, dass Judentum und Christentum irgendwann zu einer Religion verschmelzen würden, und zwar in Deutschland, der »Nation Kants«. Die Mehrheit der deutschen Juden wollte nicht mehr heimgeführt werden ins gelobte Land, sondern ihre heißgeliebte Heimat war Deutschland. Sie fühlten sich im Großen und Ganzen akzeptiert und integriert. Mit den Vorurteilen, die viele von ihnen alltäglich erfuhren, hatten sie zu leben gelernt. Sie maßen dem keine große Bedeutung bei.

Sie waren Patrioten geworden, die deutschen Juden, und unterstützten in den nächsten Jahrzehnten den Mann, der die Einheit Deutschlands herbeiführte: Otto von Bismarck.

Der »Eiserne Kanzler«

Bismarck war 47 Jahre alt, als er preußischer Ministerpräsident wurde. Schon in seiner Antrittsrede verkündete er, dass die großen Fragen dieser Zeit nicht durch Mehrheitsbeschlüsse eines Parlaments entschieden würden, sondern durch »Blut und Eisen«, was nur heißen konnte: durch Kriege.

Otto von Bismarck regierte das Land mit harter Hand. Als Erstes vertagte er das Parlament – und die Abgeordneten ließen sich das gefallen. Drei Jahre lang regierte Bismarck ohne jede gesetzliche Grundlage. In dieser Zeit baute er das preußische Heer zu einer modernen Armee um. Und dann machte er Ernst mit seiner Ankündigung: Er führte Kriege – gegen Dänemark, gegen Österreich und schließlich gegen Frankreich. Das französische Heer musste kapitulieren. Am 1. September 1870 war der Krieg entschieden. Die Deutschen jubelten. Endlich war Deutschland eine europäische Großmacht geworden. »Wir Deutschen fürchten Gott und sonst nichts auf der Welt«, verkündete Bismarck und sorgte dafür, dass den besiegten Franzosen harte Friedensbedingungen diktiert wurden – sie mussten kräftig zahlen und Elsass-Lothringen, ein wichtiges Industriegebiet, abtreten. Knapp fünfzig Jahre später sollten die Rollen von Sieger und Besiegtem vertauscht sein, und Frankreich nahm Rache.

1871 wurde das »Deutsche Reich« im Spiegelsaal von Versailles aus der Taufe gehoben und der preußische König Wilhelm I. zum deutschen Kaiser gekrönt. Bismarck hatte selbst noch mitten im Krieg seine Pläne einer Einigung des »Reichs« vorangetrieben. Das Deutsche Reich war fortan ein Bundesstaat, dem drei Freie Städte und 22 Monarchien angehörten. Nicht alle Landesfürsten waren glücklich über diese Entwicklung. »Ach Ludwig«, schrieb Prinz Otto von Bayern an seinen königlichen Bruder Ludwig II. von Bayern, »ich kann dir gar nicht beschreiben, wie sich jede Faser in meinem Innern empörte gegen all das, was ich mit ansah. Alles so kalt, so stolz, so glänzend, so prunkend und großtuerisch und herzlos und leer.«

OTTO v. BISMARCK

Bismarck hatte Deutschland zusammengeschmiedet, aber ein freiheitliches Land entstand dabei nicht. Es war ein autoritäres Kaiserreich, in dem er in den nächsten Jahren die »Reichsfeinde« – vor allem die Sozialdemokraten – verfolgte. Der Kanzler, der die eigentlichen Regierungsgeschäfte leitete, wurde vom Kaiser ernannt und war nur ihm verantwortlich. Der Reichstag, das Parlament, der Kern einer Demokratie, hatte kaum Macht – ihm standen nur Mitwirkungsrechte zu. Zum Glück ist das heute bei uns ganz anders – der Kanzler ist den gewählten Abgeordneten des deutschen Volkes verpflichtet, und die sitzen im Parlament.

Die Mehrheit der deutschen Juden unterstützte die Politik Bismarcks. Denn unter Bismarck galt fortan in allen deutschen Bundesländern folgendes Gesetz: »Alle noch bestehenden, aus der Verschiedenheit des religiösen Bekenntnisses hergeleiteten Beschränkungen der bürgerlichen und staatsbürgerlichen Rechte werden hierdurch aufgehoben«. »Endlich«, jubelte der jüdische Politiker Raphael Kosch, der für die Fortschrittspartei im Preußischen Landtag saß, »sind die Juden in den sicheren Hafen eingelaufen.«

Das »Wirtschaftswunder« der deutschen Juden

In der ersten Periode seiner Amtszeit war Otto von Bismarck für die deutschen Juden ein Hoffnungsträger. Die beiden bedeutendsten jüdischen Politiker an seiner Seite waren Eduard Lasker (1829–1884), ein überzeugter Preuße, und der aus Mainz stammende Ludwig Bamberger (1823–1899). Beide hatten sich an dem republikanischen Aufstand von 1848 beteiligt und waren damals auf dem radikalen Flügel der demokratischen Bewegung zu finden gewesen. Bamberger war deswegen sogar in Abwesenheit zum Tode verurteilt worden und hatte fliehen müssen; nach fast zwanzigjährigem Exil in England kehrte er 1868 als erfolgreicher Bankier zurück. Seit den 60er Jahren unterstützten beide mit der Nationalliberalen Partei Bismarcks Ziel der Reichseinheit. Lasker entwarf 1866 ihr Programm und wirkte maßgeblich an der Ausarbeitung eines neuen Bürgerlichen Gesetzbuches mit. Bamberger erwarb sich Verdienste bei der Schaffung eines einheitlichen Finanzsystems.

Die so genannte »Gründerzeit« war Deutschlands erstes Wirtschaftswunder, und die deutschen Juden hatten maßgeblichen Anteil daran. Sie waren risikofreudig und immer offen für Neuerungen. Jüdische Kaufleute, die vorher meist kleine, familiär geführte Einzelhandelsgeschäfte betrieben und sich vor allem auf den Verkauf von Textilien, Schuhen, Nahrungs- und Genussmitteln spezialisiert hatten, passten ihre Betriebe in diesen Jahren den neuen Bedingungen an, die mit der Konsumgesellschaft entstanden waren. Sie verbreiterten ihr Angebot, führten Festpreise ein, eröffneten Filialen oder einen Versandhandel, um sich neue Kundenkreise zu erschließen.

Die schlesische Textilfirma Grünfeld beispielsweise baute in Berlin einen regen Versandhandel auf, und ließ für ihre Waren zahlreiche Anzeigen in Zeitungen schalten. 1912 beschäftigte sie bereits 2000 Angestellte. Noch größer war das Modehaus von Hermann Gerson am Berliner Hausvogteiplatz, dessen Mode in aller Welt begehrt war. Mit 30 Millionen Mark Jahresumsatz war die Firma bereits 1894 das größte Unternehmen der Branche. Eine andere Erfolgsgeschichte schrieb die kleine Schuhfabrik J. Sigle & Co aus Kornwestheim, die sich zu einem Unternehmen mit einem großen Filialnetz entwickelte; später ging hieraus die Firma Salamander hervor. Oder der traditionsreiche Berliner Spirituosenhersteller Meyer, der innerhalb weniger Jahre fast 500 Verkaufsstellen in Berlin eröffnete und mit dem Slogan warb: »Keine Feier ohne Meyer.«

Aus England und den USA hatte man sich das Konzept der Warenhäuser abgeguckt, in denen der Kundschaft eine breite Angebotspalette zu verhältnismäßig niedrigen Preisen präsentiert wurde. 1896 eröffnete Hermann Tietz sein erstes Warenhaus in Gera, dem in anderen Städten weitere folgten, die später den Namen »Hertie« trugen. Die meisten und größten dieser neuen »Tempel des Konsums«, die vor allem in Berlin, aber auch in Zwickau, Nürnberg, Chemnitz oder Stuttgart entstanden, sind mit den Namen Wertheim, Schocken oder Jandorf verbunden. In ihren Warenhäusern mit prachtvollen Treppenaufgängen, mondänen Leuchtern und der ansprechenden Ausstellung und Dekoration der Waren sollte das Einkaufen eine Lust sein.

Kaufhaus des Westens

Der Kommerzienrat Adolf Jandorf eröffnete 1907 sein heute noch legendäres »Kaufhaus des Westens« (KadeWe) mit unvorstellbaren 24 000 Quadratmetern Verkaufsfläche auf fünf Etagen. Er erkannte als Erster, wie wichtig eine moderne Verkehrsanbindung für den geschäftlichen Erfolg war und errichtete das KadeWe direkt gegenüber dem Bahnhof der gerade eröffneten U-Bahn am Berliner Wittenbergplatz. Das KadeWe war das damals größte und eleganteste Warenhaus in Deutschland.

Ein Sohn der neuen Zeit

Die Bevölkerung nahm in diesen Jahren rasant zu, von etwa 24 Millionen um 1800 auf etwa 65 Millionen hundert Jahre später. Die Zahl der Arbeitsplätze konnte damit nicht Schritt halten, und nicht alle profitierten vom industriellen Aufschwung. Viele lebten in großer Armut und in Elend, häufig selbst dann, wenn sie zwölf oder mehr Stunden in lauten schmutzigen Fabriken schufteten, um zu überleben. Eine Lobby hatten sie nicht, es gab noch keine Gewerkschaften und kaum Arbeiterorganisationen. Aber das änderte sich in den nächsten Jahren.

1863 hatten einige Arbeiter in Leipzig damit begonnen, eine eigene Organisation aufzubauen, die ihre Interessen wahrnehmen sollte. Sie gründeten den Allgemeinen Deutschen Arbeiterverein (ADAV), aus dem später die Sozialdemokratische Partei Deutschland hervorging. Ihr erster Präsident wurde Ferdinand Lassalle, gebildeter Sohn eines wohlhabenden jüdischen Seidenhändlers, der seine Zuhörer durch scharfzüngige und leidenschaftliche Reden zu begeistern wusste. Er gehörte zu dem selbstbewusst gewordenen Judentum, das nicht mehr durch Anpassung an die gesellschaftlichen Verhältnisse Gleichberechtigung erhoffte, sondern bereit war, sich diese zu erkämpfen. Heine bezeichnete ihn einmal als einen »ausgeprägten Sohn der neuen Zeit, der nichts von einer Entsagung und Bescheidenheit wissen will, womit wir uns mehr oder minder heuchlerisch in unserer Zeit hindurch gelungert und hindurch gefaselt. Dieses neue Geschlecht will genießen und sich geltend machen im Sichtbaren; wir, die Alten, beugten uns demütig vor dem Unsichtbaren.«

Eine Zeit lang hatte Lassalle für die »Neue Rheinische Zeitung« von Karl

Der erste Arbeitskampf

In diesen Jahren wurde das Ruhrgebiet zu einem Magneten für die Menschen. Denn hier hatte Alfred Krupp 1852 eine Bahn brechende Erfindung gemacht: nahtlose Reifen aus Tiegelgussstahl für die Eisenbahnen, die – anders als geschweißte Räder – hohe Fahrtgeschwindigkeit aushielten. 1875 beschäftigte Krupp 10 000 Angestellte. Er zahlte bessere Löhne als andere, aber wer sich bei den Sozialdemokraten engagierte, wurde entlassen. Streiks waren verboten. Aber um Stahl zu gießen, brauchte Krupp Kohlen. 1872 traten 20 000 Bergbauleute auf den Zechen in Essen in den Streik. Damals gab es noch keine Gewerkschaften und keine Streikkassen, aus denen den Arbeitern der Lohnausfall zumindest teilweise ersetzt werden konnte. Nach drei Wochen brach der erste große Arbeitskampf in Deutschland zusammen.

Marx gearbeitet, als dessen Schüler er sich betrachtete, auch wenn Marx selbst ihm mit einigem Argwohn gegenüberstand. Lassalle wollte die politische und soziale Lage der Arbeiter verbessern, aber nicht wie Karl Marx und Friedrich Engels durch Revolutionen, sondern durch Reformen. In seiner Jugend, erzählte Lassalle später, habe er davon geträumt, die Juden durch Waffengewalt zu befreien. Später habe er gelernt: »Das beste Mittel, das ein Mann auf eine Wunde, die ihm geschlagen, legen kann, ist fieberhafte, rasende, rasende, fieberhafte Tätigkeit.« Er war eine schillernde Figur, charmant, gut aussehend, eitel, schrieb Dramen und philosophische Werke, und war – zu seiner Zeit ein Skandal – mit der doppelt so alten Gräfin von Hatzfeldt liiert, die er als Anwalt in einem Prozess vertrat. 1864 erlag er in einem Duell seinem Kontrahenten, einem rumänischen Baron; der Anlass war wiederum eine Frau, die Lassalle heiraten wollte, aber nicht durfte: der Vater der Wunschbraut war dagegen. Und doch sollte dieser impulsive Hitzkopf entscheidend zum Entstehen einer Arbeiterbewegung beitragen und später von den Sozialdemokraten als einer ihrer Väter gefeiert werden.

Trotz Lassalles gewinnender Ausstrahlung blieb der Verein anfänglich klein, bis 1863 hatte er gerade mal 400 Mitglieder angeworben. Aber er rief Nachahmer auf den Plan. 1869 taten sich der Drechslermeister August Bebel und der Journalist Wilhelm Liebknecht zusammen und schrieben das Parteiprogramm der Sozialdemokratischen Arbeiterpartei (SDAP), das in vielen Punkten mit dem Allgemeinen Deutschen Arbeiterverein übereinstimmte. Beide wollten die Monarchie abschaffen und forderten die Ausrufung der Republik. Fünf Jahre später, bei der Reichstagswahl 1874 wählten bereits 350 000 Deutsche die Arbeiterpartei und den Arbeiterverein. Lasalles und Bebels Leute schlossen sich zur Sozialistischen Arbeiterpartei Deutschlands (SAP) zusammen und konnten ihren Stimmenanteil bei den Wahlen vier Jahre später – trotz massiver Behinderung und Verfolgung – noch einmal um 100 000 steigern.

Die Sozialistenverfolgung

Der Eiserne Kanzler Otto von Bismarck sah ihren wachsenden Erfolg mit großer Missbilligung. Diese Sozialisten mussten aufgehalten werden! Wenige Monate später wurde Lassalles und Bebels politische Arbeit durch das so genannte »Sozialistengesetz« fast unmöglich gemacht. Bismarck hatte das Gesetz nach zwei missglückten Attentaten auf den Kaiser durchgesetzt, für die er die Sozialdemokraten verantwortlich machte. Zwölf Jahre lang ließ er die Parteimitglieder verfolgen. Das neue Gesetz erlaubte den Behörden, sozialdemokratische Vereine zu verbieten, Schriften zu beschlagnahmen, Demonstrationen und Versammlungen zu untersagen und über verdächtige Gebiete den so genannten Belagerungszustand zu verhängen. Es ermöglichte dem Staat, herumzuschnüffeln, unliebsame Gegner als Sozialdemokraten oder Sozialisten unter Verdacht zu stellen und zu verfolgen.

Die Mehrheit der deutschen Juden war durchaus damit einverstanden, dass Bismarck alles tat, um die Arbeiterschaft von der politischen Mitwirkung auszuschließen. Für sozialistische oder sozialdemokratische Ideen zeigten sie wenig Aufgeschlossenheit, im Gegenteil: Wie Bismarck hielten sie die Sozialdemokratie für »landesverräterisch« und »staatsgefährdend«, so die »Jüdische Presse«. Auch Lasker und Bamberger hatten 1878 für das »Gesetz wider die gemeingefährlichen Bestrebungen der Sozialdemokratie« gestimmt. Lasker bereute das später. Denn das Sozialistengesetz markierte Bismarcks Kehrtwendung – die liberale Phase seiner Kanzlerschaft war zu Ende und damit auch die Politik, von der das jüdische Unternehmertum profitiert hatte.

Die wirtschaftliche Liberalisierung hatte ein uneingeschränktes Unternehmertum, Konkurrenz und Wettbewerb gefördert und damit einen Spekulations-Boom begünstigt. Dieser führte 1873 zu einem großen Börsenkrach, und viele verloren dabei ihr gesamtes Vermögen. Das änderte die Stimmung auch gegenüber den deutschen Juden. Bismarck und »seine Juden« wurden jetzt zum bevorzugten Hassobjekt der antisemitischen Propaganda: Waren Lasker und Bamberger, die Bismarcks Politik gestützt hatten, nicht Juden?

Wählt keine Juden!

Bei den Wahlen zum preußischen Abgeordnetenhaus 1879 tauchte zum ersten Mal die Parole »Wählt keine Juden!« auf. In den nächsten sechs Jahren sank die Zahl jüdischer Parlamentarier in Deutschland von sechsundsechzig auf achtunddreißig, dreizehn davon waren zum Christentum übergetreten.

Bismarcks Finanzier

Gerson Bleichröder war schon mit siebzehn Jahren in das Bankhaus seines Vaters eingestiegen. Der war vorher Fabrikant, Heereslieferant und königlicher Hofparfumeur gewesen, bevor er eine Geldwechsel- und Lotteriestube eröffnete, die so erfolgreich arbeitete, dass daraus später das Bankhaus Bleichröder entstand. Sein Sohn mehrte das Vermögen der Familie – er war bald der reichste Mann in Berlin und stand dem bedeutendsten Bankhaus Deutschlands vor. Auch Bismarcks Privatvermögen verwaltete er. Der Kanzler traute Bleichröder, der ihn bald auch in Fragen der Finanzpolitik beriet und Bismarcks Kriege zu finanzieren half. Trotz dieses gesellschaftlichen Aufstiegs blieb Bleichröder bei seinem jüdischen Glauben und setzte sich für den Schutz und die Emanzipation seiner jüdischen Glaubensgenossen in Rumänien ein. 1872 wurde er als erster Jude in den erblichen Adelsstand erhoben.

War nicht des Kanzlers engster Finanzberater, Gerson von Bleichröder, ein Jude? »Der Kanzler gehört den Juden und Gründern«, schrieb der Nationalökonom Rudolf Meyer. »Jüdischem Finanzgebaren«, der »Verschlagenheit« und der »Dreistigkeit« der Juden sei die Krise zu verdanken, hieß es.

Aber die Juden wurden nicht nur für die Krise verantwortlich gemacht, sondern für den Kapitalismus an sich. Waren sie nicht diejenigen, denen viele große Banken gehörten? Hatten sie sich nicht so sehr für den Freihandel und für Aktiengesellschaften eingesetzt, die für viele Armut und Elend gebracht hatten? Jetzt gewannen jene Kräfte an gesellschaftlichem Einfluss, die nichts anderes wollten, so die Allgemeine Jüdische Zeitung, als »gründlich die Principien des Mittelalters (...) wieder zur Geltung zu bringen«. Bamberger und Lasker wurden nicht wiedergewählt. Bamberger erwog, zwei Jahrzehnte nach seiner Rückkehr aus dem Exil, wieder auszuwandern.

Aber das Sozialistengesetz sollte Bismarcks Karriere beenden. Unter Kaiser Wilhelm I. hatte er ziemlich frei schalten und walten können. Der Kaiser tat, was sein Kanzler sagte. Als Wilhelm I. 1888 starb, bestieg sein Enkel Wilhelm II. den Thron. Er hatte ehrgeizigere Ambitionen als sein Großvater und wollte sich nicht mehr von seinem Kanzler Vorschriften machen lassen. Die beiden gerieten bald in Streit miteinander – auch über das Sozialistengesetz. 1890 weigerte sich der Reichstag, mit Unterstützung des Kaisers, das Gesetz zu verlängern, und Bismarck musste gehen. Er hinterließ eine Verfassung mit einem schwachen Parlament und damit für diesen großsprecherischen Monarchen gefährlich viele unkontrollierte Möglichkeiten. Die Sozialdemokraten aber hatten durch das jahrelange Verbot Anhänger gewonnen. 1890 stimmten fast 20 Prozent der Wähler für diese Partei.

Ludwig Bamberger
AEG
Emil Rathenau
Bleichröder

»Judenfragen«

Von Antisemiten, Zionisten und Patrioten

Unter Bismarck hatte die Zuversicht der deutschen Juden zugenommen. Von wenigen Ausbrüchen abgesehen, hatte es jahrzehntelang keine schweren antisemitischen Ausschreitungen mehr gegeben. Aber in den letzten Jahren des 19. Jahrhunderts veränderte sich die Welt für die Menschen. Unter Kaiser Wilhelm II. wurde Deutschland zur Industrienation. Zwischen 1871 und 1910 wuchs die Bevölkerung von 41 auf 65 Millionen; der Anteil der Menschen, die in Großstädten mit über 100 000 Einwohnern lebten, verdoppelte sich ebenso wie das durchschnittliche Pro-Kopf-Einkommen. Wissenschaft und Technik machten rasante Fortschritte – elektrisches Licht ließ die Städte in bis dahin unbekanntem Glanz erstrahlen, in Berlin wurde die U-Bahn gebaut, Autos verdrängten die Pferdekutschen von der Straße, neue Fertigungsverfahren erlaubten es, Güter für den Massenkonsum herzustellen; neue Medien und Dienstleistungen trafen auf ein zunehmend zahlungskräftiges Publikum.

Diese Veränderungen wurden von jüdischen Unternehmern, Forschern, Künstlern maßgeblich vorangetrieben. Obwohl die deutschen Juden kaum mehr als ein Prozent der Gesamtbevölkerung stellten, erwarben sie sich nun, wie es Moses Mendelssohn einst erhofft hatte, große »Verdienste«. Sie gründeten große Banken, wurden anerkannte Forscher und Wissenschaftler und revolutionierten die Kunst. Die meisten waren deutsche Patrioten geworden, hatten dabei aber zugleich immer mehr ihre jüdische Identität verloren.

Bei vielen ihrer christlichen Nachbarn weckte die rasante wirtschaftliche und politische Veränderung Ängste. Die Angst vor der »Weltherrschaft« der Juden zum Beispiel. Das war ein neues Wort. Ebenso das Wort »Antisemitismus«. Dieses Wort sollte Geschichte machen.

»Die Juden sind unser Unglück«

1879 veröffentlichte der Journalist Wilhelm Marr (1818–1914) seine Schrift »Der Sieg des Judentums über das Germanentum«, die ihn in ganz Deutschland bekannt machte. Das Buch wurde ein Bestseller, schon im Erscheinungsjahr hatte es zwölf Auflagen. Zum ersten Mal wurde darin die Judenfeindlichkeit nicht mehr religiös, sondern rassisch begründet. Juden waren nicht nur »minderwertig«, sondern wesensmäßig und unüberbrückbar »anders« als deutsche Christen. Durch die Taufe war dieser Makel nicht mehr zu beheben. Im Gegenteil. Jede Anpassung der Juden an ihre christliche Umgebung wurde ihnen jetzt als besonders trickreiche Täuschung ausgelegt, um die »jüdische Machtübernahme« vorzubereiten. Im ganzen Reich warben Gesinnungsgenossen von Marr um Unterschriften für ihre so genannte Antisemiten-Petition, die die rechtliche Gleichstellung der Juden wieder rückgängig machen sollte.

Aber Marr galt in der breiten Öffentlichkeit eher noch als Wirrkopf, als ein Spinner, auf den sich die »besseren Kreise« nicht einlassen mochten. Das änderte sich, als ehrenwerte und anerkanntere Zeitgenossen ihm zur Seite traten.

1874 wurde Adolf Stoecker (1835–1909) vom Kaiser zum Hofprediger an den Berliner Dom berufen. Er war ein geschickter Redner, der die Massen anzog, durch sein Amt mit gleichsam offizieller Autorität von »Thron und Altar« ausgestattet und von erheblichem Einfluss auf die konservative Führungselite des Reiches. Stoecker konzentrierte sich auf die Kleinbürger und die Arbeiter – die waren die Verlierer der Modernisierung, und bei ihnen hoffte er, die meisten Anhänger zu gewinnen. Er erkannte die »soziale Frage«, die ungleiche Verteilung von Arm und Reich, als ein brennendes Problem der Zeit. Er wollte die Arbeiterschaft, die überwiegend sozialdemokratisch wählte, wieder für die Kirche zurückgewinnen und durch staatliche Reformen wie Arbeiterschutzverordnungen und Sozialversicherungen mit dem Staat versöhnen. Dazu gründete Stoecker die Christlich-soziale Arbeiterpartei, (später hieß sie Christlich-Soziale Partei). In der Arbeiterschaft konnte sie zwar nicht Fuß fassen, aber im Kleinbürgertum und bei der ländlichen Bevölkerung fand sie eine große Anhängerschaft. Jüdische Lehrer müssten wieder aus den Schulen entfernt werden, forderte er, ebenso die Anstellung jüdischer Richter zahlenmäßig begrenzt werden.

Der Durchbruch gelang ihm, als er das »jüdische Kapital« ins Zentrum seiner Attacken stellte. 1879 hielt er vor etwa tausend Zuhörern einen Vortrag, »Unsere Forderungen an das moderne Judentum«, in dem er erklärte: »Wenn wir gesunden wollen, wenn wir unsere deutsche Volkstümlichkeit festhalten wollen, müssen wir den giftigen Tropfen der Juden aus unserem Blute loswerden.« Mit Stoecker wurde der Antisemitismus zur politischen Bewegung. Aber auch er galt vielen als religiöser Fanatiker, den man doch besser ignorierte. Er heizte zwar eine den Juden feindselige Stimmung in der Bevölkerung an, aber viele Juden hielten das für eine vorübergehende Erscheinung.

Das änderte sich schlagartig, als sich eine anerkannte akademische Stimme zur Rechtfertigung von Stoeckers Attacken erhob. Heinrich von Treitschke (1834–1896), einer der damals prominentesten deutschen Historiker, veröffentlichte in einer angesehenen historischen Zeitschrift, in den »Preußischen Jahrbüchern«, einen Artikel, in dem er gegen die Vorherrschaft der Juden wetterte, die für die Deutschen zu einer Gefahr würden: »Über unsere Ostgrenze dringt Jahr für Jahr aus der unerschöpflichen polnischen Wiege eine Schar strebsamer hosenverkaufender Jünglinge herein, deren Kinder und Kindeskinder dereinst Deutschlands Börsen und Zeitungen beherrschen sollen. (...) In Tausenden deutscher Dörfer sitzt der Jude, der seine Nachbarn wuchernd aufkauft. Am gefährlichsten aber wirkt das unbillige Übergewicht des Judentums in der Tagespresse. Bis in die Kreise höchster Bildung hinauf (...) ertönt es heute wie aus einem Munde: Die Juden sind unser Unglück!« Treitschkes Artikel war für die Juden ein Schock. Denn auf diesen Historiker hörte man im deutschen Bildungsbürgertum. Mit

Vergebens gearbeitet

Ein enger Freund von Heinrich von Treitschke war Bertold Auerbach, damals ein bekannter Schriftsteller und bekennender Jude. Er verfolgte am 22. November 1880 auf der Besuchertribüne des preußischen Abgeordnetenhauses in Berlin die Debatte über einen Antrag auf Rücknahme des Gleichstellungsgesetzes. Niedergeschlagen notierte er später zu Hause: »Vergebens gelebt und gearbeitet.«

ihm wurde der Antisemitismus auch in bürgerlichen und in akademischen Kreisen salonfähig.

Treitschkes Artikel löste eine hitzige Diskussion aus, den so genannten Berliner »Antisemitismusstreit«. Von prominenter christlicher Seite protestierte allein der Historiker Theodor Mommsen, wie Treitschke Professor an der Berliner Universität. Er sah, dass durch Treitschkes Artikel der Antisemitismus »anständig gemacht« wurde. Ein Jahr später unterzeichnete Mommsen, zusammen mit Rudolf Virchow, Rudolf von Gneist, Johann Droysen und über 70 anderen Wissenschaftlern, eine Erklärung gegen Treitschkes »Evangelium der Intoleranz«. Darin riefen sie zum Widerstand gegen den Antisemitismus, den »Rassenhass«, den »Fanatismus des Mittelalters« auf. Der Antisemitismus sei eine »ansteckende Seuche«, eine »künstlich angefachte Leidenschaft der Menge«, und – so prophezeiten sie hellsichtig – die Masse werde »nicht säumen, aus jenem Gerede praktische Konsequenzen zu ziehen«.

Aber diese »bangen Jahre« gingen vorbei. Das antijüdische Ressentiment jedoch blieb – nur die Sozialdemokratie distanzierte sich unter ihrem Parteivorsitzenden August Bebel entschieden vom Antisemitismus, aber in nahezu allen anderen wichtigen gesellschaftlichen Milieus existierte er weiter: im katholischen ebenso wie im protestantischen Bürgertum, unter den Studenten wie bei den Landwirten, in Kunst und Kultur wie im Handlungsgehilfenverband. Juden hatten keine Chance, Offizier zu werden oder eine ordentliche Professur an einer deutschen Universität zu erlangen, ebenso wurden ihnen die Ämter von Richtern und Staatsanwälten verweigert. Der Staat sollte christlich bleiben.

Aber durch ihren gesellschaftlichen Aufstieg und durch die unbestreitbaren Verdienste, die sich jüdische Unternehmer, Wissenschaftler und Intellektuelle erworben hatten, waren die deutschen Juden inzwischen selbstbewusster geworden. Stärker als früher sahen sie die Notwendigkeit, sich mit Hilfe eigener Organisationen gegen diese Ausgrenzung zur Wehr zu setzen. 1893 wurde der »Central-Verein deutscher Staatsbürger jüdischen Glaubens« in Berlin gegründet. Sein Ziel war es, »die deutschen Staatsbürger jüdischen Glaubens ohne Unterschiede der religiösen und politischen Richtung zu sammeln, um sie in der tatkräftigen Wahrung ihrer staatsbürgerlichen und gesellschaftlichen Gleichstellung sowie in der unbeirrbaren Pflege deutscher Gesinnung zu bestärken«.

Zugleich aber geriet besonders das assimilierte Judentum in ein immer stärkeres Dilemma. Die deutschen Juden verstanden sich in erster Linie als Deutsche und wussten gar nicht mehr so recht, was es hieß, Jude zu sein. Ihre kulturellen Wurzeln, ihre Identität waren ihnen im Laufe des langen Assimilationsprozesses immer mehr abhanden gekommen. Was bedeutete es noch, jüdisch zu sein?

Insbesondere Vertreter der jüngeren Generation warfen nun mit Nachdruck diese Frage auf. Sie stellten den bisherigen Weg der Anpassung an die deutsche Kultur in Frage und suchten nach einem neuen jüdischen Selbstverständnis. In ihren Augen hatte die Elterngeneration einen hohen Preis für Wohlstand, Erfolg und die Aufnahme in die deutsche Kultur gezahlt: den Verlust ihrer jüdischen Identität. Die Jungen wollten ihr Judentum nicht länger verstecken, wie ihre Eltern und Großeltern es getan hatten, um von ihren nichtjüdischen Mitbürgern akzeptiert zu werden. Sie wollten es selbstbewusst vertreten und schauten sich nach Vorbildern um, die ihnen bei der Suche nach ihrer eigenen Identität behilflich sein könnten.

Martin Buber, ein junger Philosoph, gab eine andere Antwort auf »die jüdische Frage« als die ständige Anpassung an die deutsche Kultur. Er kritisierte die »Entartung« der deutschen Juden, ihre übergroße Bereitschaft zur Anpassung, und forderte eine Wiederbelebung der jüdischen Identität – weder Taufe, noch Absonderung, sondern die bewusste Annahme der jüdischen Kultur als Teil der deutschen Kultur. Buber war in Wien geboren und im polnischen Galizien aufgewachsen und durch seine Großeltern, wie so viele polnische Juden, mit der deutschen Sprache und Kultur vertraut. In der deutschen Literatur kannte er sich hervorragend aus. Er machte die Deutschen mit dem Chassidismus bekannt. Chassidische Wunderrabbiner waren Talmudgelehrte von großer Weisheit und Erfahrung, oft auch Heiler, die mit Zaubersprüchen, Amuletten und anderen Formen der Magie arbeiteten. Im Osten Europas, im jüdischen »Schtetl«, hatten sie immer

noch eine große Anhängerschaft – Arme und Elende kamen zu ihnen, weil sie sich Hilfe in der Not davon versprachen. Im Westen wurde die Strömung als Aberglaube verspottet. Aber Buber hatte großen Einfluss auf die junge Generation.

Und so wurde das »Schtetl« – die jüdische Siedlung oder das jüdische Viertel einer Kleinstadt –, aus dem die von Heinrich Treitschke so verachteten »hosenverkaufenden« »Ostjuden« kamen, jetzt zum Ort innigsten jüdischen Zusammenhalts verklärt, von dem man sich Erneuerung versprach. Im »Schtetl« hatten die Juden relativ abgeschottet von ihrer christlichen Umwelt gelebt – hier gab es eine Synagoge, einen Friedhof und eine Mikwe, das rituelle Badehaus. Alles im Schtetl war jüdisch, die Kleidung, die Sprache, die Sitten. Die wenigsten Bewohner verließen je ihr Viertel. Sie führten ihr Leben – und blieben unter sich. Es war eine von Armut und Enge gekennzeichnete Gemeinschaft, an der Aufklärung und Emanzipation vorbeigegangen waren, die dafür aber intakt geblieben zu sein schien.

Die Auswanderung der »Ostjuden«

Um 1900 lebten etwa fünf Millionen Juden unter russischer Herrschaft – das war mehr als die Hälfte der europäischen Juden. Im März 1881 wurde Zar Alexander II. von einem Attentäter ermordet. Sein Nachfolger Alexander III. verstand es, die Wut über die Ermordung seines Vorgängers gegen die Juden zu richten. Das erste Pogrom brach in der russischen Stadt Odessa, am Schwarzen Meer, aus. Weitere Pogrome folgten. Unter der Parole »Die Juden ruinieren Russland, reißt sie in Stücke« verloren in Kischinew, Kiew und Odessa Tausende von Juden ihr Leben und ihren Besitz.

In den folgenden Jahren verließen mehr als zwei Millionen osteuropäische Juden ihre Heimat Richtung Westen, die meisten mit dem Ziel Amerika. Sie versuchten, sich bis zum englischen Hafen Liverpool durchzuschlagen, wo es die billigste Schiffspassage nach New York zu buchen gab. Die Vertreter der englischen Juden fühlten sich von diesem Massenansturm an Auswanderungswilligen, der über sie hereinbrach, völlig überfordert und sahen sich bald nicht mehr imstande, alle Hilfe suchenden Migranten angemessen zu versorgen und zu unterstützen. Eindringlich appellierten sie in zahlreichen Briefen an die Rabbiner großer russischer Gemeinden, ihre Mitglieder von dem Auswanderungsvorhaben abzubringen. Doch vergeblich. Wer ging, wusste Bescheid, wie schwierig das Leben in der Fremde werden würde. Und trotzdem wollten viele ihrer Heimat den Rücken kehren, um nicht länger dem Terror der Verfolgung, der Zerstörung von Hab und Gut, der Bedrohung ihres Lebens ausgesetzt zu sein. Sie wollten ihr Schicksal selbst in die Hand nehmen.

Deutschland war oft die Zwischenstation auf dem Weg nach Übersee, vor

Zum Beispiel Kischinew

Der 6. April 1903 war ein Festtag. Die jüdische Gemeinde feierte den letzten Tag des Passahfestes, die russisch-orthodoxen Christen den Ostersonntag. Kleine Gruppen von 10 bis 15 angetrunkenen Männern zogen Richtung Judenviertel, bewarfen die Wohnhäuser mit Steinen, plünderten die Geschäfte. Am späten Abend löste sich der Mob auf. Doch am nächsten Morgen wurde das jüdische Viertel erneut gestürmt – die Gassen waren bald übersät von Scherben, überall wirbelten die Federn aufgeschlitzter Bettdecken durch die Luft. Fand man einen Juden, wurde er aus seinem Versteck gezerrt und niedergeschlagen. Die Bilanz des Osterfestes: 49 tote Juden, 500 Verletzte, 700 zerstörte und geplünderte Wohnhäuser, 600 verwüstete Geschäfte. 2000 jüdische Familien wurden obdachlos.

allem Berlin, wo sich viele Juden aus dem Osten bald im Scheunenviertel hinter dem Alexanderplatz drängten und meist länger blieben als gedacht, weil ihnen die Mittel und Möglichkeiten fehlten, die teure Reise über den Atlantik anzutreten. Die deutschen Juden waren über das Geschehen im Osten durch die Schriften des Dichters Chaim Nachman Bialik (1873–1934) informiert, der die Orte des Grauens besucht und dort Dokumente und Augenzeugenberichte gesammelt hatte. Die massiven Ausschreitungen, von denen die Einwanderer nun aus erster Hand berichteten, führten ihnen warnend vor Augen, wie explosiv sich eine antisemitische Stimmung entladen kann.

Aber auf die Solidarität ihrer deutschen Glaubensbrüder konnten die Ostjuden kaum hoffen. In ihren langen Kaftanen, mit ihren Schläfenlocken und ihrem Jiddisch verkörperten sie ein Judentum, das von der Mehrzahl der deutschen Juden als rückständig abgelehnt wurde. Bestenfalls Mitleid empfände er mit diesen Menschen, hatte der Dichter Heinrich Heine schon Jahre vorher geschrieben, als er sah, in welchen »schweinestallartigen Löchern« sie »wohnen, mauscheln, beten, schachern und – elend sind«.

Der Tag der Erlösung

Die Zionssehnsucht ist so alt wie die jüdische Geschichte. Die Bezeichnung Zion bezieht sich im Alten Testament zunächst auf die Jebusiterburg in Jerusalem, die nach der Eroberung durch David »Davidstadt« genannt wurde. Mit dem Wachstum der Stadt umfasste der Begriff »Zion« bald auch den Tempelberg und sein Heiligtum; später war Zion gleichbedeutend mit dem ganzen Land Israel. Zion steht aber auch für die Erlösung: Wenn eine gewisse Anzahl Juden wieder nach Israel zurückgekehrt ist, wird der Tag der Erlösung anbrechen.

Für die deutschen Juden wurde in dieser Zeit zunehmender politischer Bedrängnis eher die »Sehnsucht nach Zion« wieder aktuell, von der sie so mühsam im Laufe der inneren Reformierung ihrer Gemeinden Abschied genommen hatten. Aber besonders jene, die radikaler noch als Bubers Anhänger auf das Selbstbestimmungsrecht der Juden pochten, träumten von der Rückkehr nach Palästina und fanden sich zur »zionistischen Bewegung« zusammen. Sie waren überzeugt, dass sich Sicherheit nur in einem eigenen »Judenstaat« finden ließe.

Auch dieser Gedanke hatte seinen Ursprung in Osteuropa. Im September 1882 war in Berlin eine aufsehenerregende Schrift erschienen: »Autoemancipation! Mahnruf an seine Stammesgenossen von einem russischen Juden«. Der anonyme Autor erteilte darin jeglicher Verbindung von jüdischer Kultur mit der sie umgebenden Mehrheitskultur eine radikale Absage: »Das jüdische Volk hat kein eigenes Vaterland, wenn auch viele Mutterländer; es hat kein Zentrum, keinen Schwerpunkt, keine eigene Regierung, keine Vertretung. Es ist überall anwesend und nirgends zu Hause. (...) So ist der Jude für die Lebenden ein Toter, für die Eingeborenen ein Fremder, für die Einheimischen ein Landstreicher, für die Besitzenden ein Bettler, für die Armen ein Ausbeuter und Millionär, für die Patrioten ein Vaterlandsloser, für alle Klassen ein verhasster Konkurrent.« Aus dieser unwürdigen Existenz könnten sich die Juden nur selbst befreien, indem sie ein »eigenes Land« gründeten, so Leon Pinsker, ein junger Mediziner aus Odessa, der schon bald als Autor dieser Schrift bekannt wurde. Zwar sprach er dezidiert von einem »eigenen«, nicht vom »Heiligen« Land, doch war es angesichts einer jahrhundertelangen Orientierung am geistigen Zentrum Israel mehr als naheliegend, dass die jüdische Nationalidee bald untrennbar mit einer Rückkehr nach Zion verbunden wurde.

Nächstes Jahr in Jerusalem

Der alte Traum von einer Rückkehr, den das alljährliche, an die Befreiung aus ägyptischer Knechtschaft erinnernde Pessach-Fest (»Nächstes Jahr in Jerusalem!«) lebendig erhält, erfuhr vor dem Hintergrund massiver Aggressionen gegen Juden neue Aktualität. Schon viele hatten diesen Traum geträumt, doch erst Theodor Herzl (1860–1904) war die charismatische Persönlichkeit, um aus der Idee eine Bewegung zu formen, ihr öffentliche Aufmerksamkeit zu verschaffen und die politische Energie auf die Errichtung eines »Judenstaats« zu konzentrieren.

THEODOR HERZL

Herzl, als Sohn eines deutschen Kaufmanns in Budapest aufgewachsen, hatte dort das protestantische Gymnasium besucht. Die Helden seiner Jugend waren Martin Luther und Bismarck gewesen. Zum Entsetzen des Oberrabbiners war er ein so genannter »Weihnachtsjude«, der zum Fest die Kerzen eines Weihnachtsbaumes anzündete, sich also durch und durch wie ein assimilierter Jude verhielt.

Herzl lebte in Wien, war Journalist und schrieb mit einigem Erfolg Theaterstücke für das heute noch berühmte Wiener Burgtheater. Als Korrespondent der angesehenen »Neuen Freien Presse«, einer Zeitung von europäischem Rang, ging er nach Paris, wo er die so genannte Dreyfus-Affäre miterlebte, die damals in ganz Europa für großes Aufsehen sorgte. Die Affäre wurde von vielen europäischen Juden als Ausdruck eines wachsenden antisemitischen Hasses gegen die Juden empfunden. Denn Albert Dreyfus war bekennender Jude, der aus Mülhausen im Elsass stammte. Nachdem die Deutschen im Krieg von 1870 gegen Frankreich gesiegt und das Elsaß annektiert hatten, hatte er seine Heimat verlassen. Er empfand sich selbst als Franzose.

Am 14. Oktober 1894 wurde Dreyfus, Hauptmann im französischen Generalstab, verhaftet, von einem Militärgericht der Spionage für die Deutschen angeklagt und zu lebenslanger Haft auf der Teufelsinsel in Französisch-Guinea verurteilt. Kaum jemand überstand eine längere Haftzeit auf dieser Insel, die auch als »trockene Guillotine« bezeichnet wurde. Der Glaube an seine Unschuld, der Verdacht, hier werde einer verurteilt, weil er Jude sei, ließ die französischen Intellektuellen protestieren. Émile Zola, schon damals einer der bekanntesten Schriftsteller in Frankreich, schrieb einen offenen Brief an den Präsidenten der französischen Republik »J'accuse« (»Ich klage an«), und musste nach England flüchten, sonst wäre auch er verhaftet worden. Minister stürzten, ein Militär beging Selbstmord und eine Regierung musste zurücktreten. Dreyfus überlebte die Hölle der Teufelsinsel, wurde 1906 freigesprochen und in allen Ehren wieder in die französische Armee aufgenommen.

Herzl hatte als Korrespondent über diese Geschehnisse berichtet. Er hatte die wütende Menge vor der École militaire gesehen und gehört, die »Tod den Juden!« schrie. Gleich nach diesem Erlebnis schrieb er sein Buch »Der Judenstaat«, das 1896 erschien: »Wir sind ein Volk, *ein* Volk. Wir haben überall ehrlich versucht, in der uns umgebenden Volksgemeinschaft unterzugehen und nur den Glauben unserer Väter zu bewahren. Man lässt es nicht zu. Wer der Fremde im Land ist, das kann die Mehrheit entscheiden; es ist eine Machtfrage, wie alles im Völkerverkehr.« Sicherheit und Selbstbestimmung, zu dieser Überzeugung war Herzl im Verlauf der Dreyfus-Affäre gelangt, könne es für die Juden nur in einem eigenen Judenstaat geben. »Ich glaube, die Lösung der Judenfrage gefunden zu haben«, schrieb er an den von ihm bewunderten Bismarck. »Wenn Seine Majestät der Sultan uns Palästina gäbe, könnten wir uns dafür anheischig machen, die Finanzen der Türkei gänzlich zu regeln«, schlug er vor. »Für Europa würden wir dort ein Stück des Walles gegen Asien bilden, wir würden den Vorpostendienst der Kultur gegen die Barbarei besorgen.« Bismarck ignorierte Herzls Anfrage, und in Deutschland wurde seine Schrift verspottet und abgelehnt. Der Widerstand gegen das Projekt Palästina war groß. Liberale und orthodoxe Rabbiner verschickten einen Brandbrief gegen den Zionismus.

Der deutsche Kaiser Wilhelm II. hingegen war begeistert von Herzls Vorschlag. Eine baldige Abwanderung der unliebsamen Juden, von denen sich viele inzwischen der ihm verhassten Sozialdemokratie angeschlossen hatten, war ihm nicht unlieb. Eine jüdische Heimstätte unter deutschem Protektorat – wo, wie Herzl versicherte, vornehmlich deutsch gesprochen werden würde –, das gefiel dem Kaiser. Damit hätte das Deutsche Reich einen Brückenkopf im Nahen Osten, und zugleich könnte die Heimat von »unerwünschten Elementen« befreit werden. 1898 wurde Herzl zu einer Privataudienz empfangen. Aber bald hatte der Kaiser andere Pläne und schnell wieder das Interesse an Herzls Projekt verloren.

Auf nach Palästina

Auch der Sultan sagte Nein zu einem jüdischen »Wall« gegen die asiatische Barbarei. Die Einwanderung zionistischer Aktivisten aus Europa konnte er dennoch nicht unterbinden. Und je mehr Siedler ins Land kamen, desto bedrohter fühlten sich die einheimischen Araber. Mit ihren »alten« Juden, mit denen sie schon seit Jahrhunderten zusammenlebten, kamen sie ganz gut zurecht, sie respektierten den jüdischen Glauben, ließen sich diese Toleranz allerdings steuerlich auch gut von den Juden bezahlen. Die »neuen Juden« dagegen fürchteten sie. Denn die kamen aus dem »sittenlosen Europa«, wollten sich das Land aneignen und den angestammten Bewohnern ihre Heimat wegnehmen. Theodor Herzl beteuerte, dass die jüdischen Immigranten keinesfalls die Muslime vertreiben wollten, im Gegenteil: Sie brächten Schulen, Straßen Krankenhäuser, die doch auch von Nutzen für die Araber seien. Zwischen Arabern und Juden könne doch Friede herrschen.

1897 fand der erste Weltkongress der zionistischen Vereinigung in Basel statt. 196 Delegierte aus 16 Ländern stimmten der Resolution zu: »Der Zionismus erstrebt für das jüdische Volk die Schaffung einer öffentlich-rechtlich gesicherten Heimstätte in Palästina.« »In Basel«, schrieb Herzl danach in sein Tagebuch, »habe ich den Judenstaat gegründet. Wenn ich das heute laut sagte, würde mir ein universelles Gelächter antworten. Vielleicht in fünf Jahren, jedenfalls in fünfzig wird das jeder verstehen.«

Es sollte noch 51 leidvolle Jahre dauern, bis seine Vision eines jüdischen Staates in Palästina tatsächlich Wirklichkeit wurde. Im November 1947 stimmten die Vereinten Nationen einer Teilung Palästinas zwischen Juden und Arabern zu, und am 14. Mai 1948 rief der Nationalrat der Juden in Palästina den Staat Israel aus.

Aber die Idee war nun zu einem internationalen Programm geworden, dem schon bald sehr konkrete Schritte folgten. Auf dem 5. Zionistenkongress, wiederum in Basel, wurde 1901 der Jüdische Nationalfonds (JNF) gegründet, mit dessen finanzieller Hilfe Grundstücke in Palästina erworben, zum unveräußerlichen Besitz des jüdischen Volkes erklärt wurden und von Juden besiedelt werden sollten. Im Jahr 1900 lebten etwa 60 000 Juden in Palästina; ihre Zahl hatte sich durch die Einwanderung innerhalb von zwanzig Jahren mehr als verdoppelt. Gewissensbisse hatten die Neuankömmlinge aus Europa selten. Für die Religiösen war die Heimkehr ins Gelobte Land der Vollzug biblischer Verheißung, also gottgegeben und damit jeder Kritik enthoben. Die anderen sahen die Araber im Lande mit den Augen der Zeit, also mit den Augen des Kolonialismus. Viele Siedler, in Europa zuvor selbst unterdrückt, entwickelten gegen ihre arabischen Tagelöhner »eine Tendenz zum Despotismus, wie es immer geschieht, wenn ein Sklave zum Herren wird«, so Ahad Haam, damals einer der wenigen jüdischen Kritiker.

Zum zionistischen Idealbild wurde der junge Pionier, *Chaluzim,* der sich und seine Körperkräfte in den Dienst des Aufbaus der neuen Heimat stellt.

Die Anfänge des Nahost-Konflikts

Von Beginn an gab es hier Konflikte zwischen Palästinensern und jüdischen Siedlern. 1924 wurde der streng orthodoxe Politiker Jacob Israel de Haan in Palästina ermordet, der sich für eine Verständigung mit den Palästinensern einsetzte, und 1929 überfielen arabische Einheiten zahlreiche jüdische Siedlungen; die Zionisten reagierten auf diese Bedrohung mit immer weiteren Landbesetzungen, die arabischen Extremisten antworteten darauf wiederum mit Vergeltungsschlägen. Der heute noch bestehende »Nahost-Konflikt« existierte schon, als 1948 der Staat Israel gegründet wurde.

Um die Jugend dafür zu rüsten und zugleich dem antisemitischen Zerrbild vom scheinbar körperlich unterlegenen Juden entgegenzutreten, entstanden zahlreiche Sportvereine. Nicht mehr die bleichen Ghettojuden, die in stickigen Bethäusern über alten Schriften brüteten, sondern die »Muskeljuden« wurden zum Vorbild. Sport und Körperertüchtigung sollten die »neuen Juden« auszeichnen. Um die Jahrhundertwende gab es rund 5000 jüdische Vereine, vor allem auf sportlichem Gebiet, in denen Kinder und Jugendliche diesem Ideal nacheiferten.

1909 wurde Kurt Blumenfeld zum Präsidenten der Zionistischen Vereinigung in Deutschland gewählt. 1912 forderte er, dass jeder Zionist es sich zur »Pflicht« zu machen habe, »die Übersiedlung nach Palästina« in sein »Lebensprogramm aufzunehmen«. Die Empörung darüber war groß. Allen voran die liberalen Rabbiner sahen ihr Lebenswerk in Frage gestellt – die immer wieder erstrebte Integration in die deutsche Kultur und ihre Anerkennung als deutsche Patrioten. Gerade die deutsche Kultur spendete vielen Juden Trost; Schiller und Lessing, Kant und Goethe, Bach und Wagner wurden umso mehr verehrt, je lauter die Antisemiten die Juden als »undeutsch« beschimpften. Persönlichkeiten, wie der Philosoph und Theologe Hermann Cohen, hielten unbeirrt an dem Ideal von Moses Mendelssohn fest, dass »Deutschtum und Judentum« miteinander vereinbar seien. Diese Auseinandersetzungen unter den deutschen Juden sollten noch einmal durch den Ersten Weltkrieg hinweggefegt werden.

Das Vaterland ruft

Am 2. August 1914 erklärte Deutschland Russland den Krieg. Und der deutsche Kaiser kannte »keine Parteien mehr«, er kannte »nur noch Deutsche«. Und die sollten jetzt gegen den Feind zusammenstehen, »ohne Stammesunterschied, ohne Konfessionsunterschied« dem Kaiser folgen »durch dick und dünn, durch Not und Tod«. Dann würden sie Franzosen, Russen, Briten schlagen.

Viele Juden jubelten – endlich würden sie ihre Vaterlandsliebe unter Beweis stellen können, wozu sie der Centralverein deutscher Staatsbürger jüdischen Glaubens auch noch am selben Tag aufforderte: »In schicksalsschwerer Stunde ruft das Vaterland seine Söhne zu den Fahnen. Dass jeder deutsche Jude zu den Opfern an Glut und Blut bereit ist, die die Pflicht er-

heischt, ist selbstverständlich. Glaubensgenossen! Wir rufen Euch auf, über das Maß der Pflicht hinaus Eure Kräfte dem Vaterlande zu widmen.«

Ähnliche Bekenntnisse gaben selbst die Zionistische Vereinigung für Deutschland oder der Reichsverein der deutschen Juden ab, die gelobten, »als deutsche Bürger freudig alle Forderungen an Hab und Gut, an Leben und Blut« zu erfüllen. In ihrem Patriotismus unterschieden sich die deutschen Juden nicht von ihren nichtjüdischen Landsleuten – zumal der Krieg gegen das zaristische Russland geführt wurde, den Erzfeind, der seine Juden verfolgte; selbst aus dem Ausland, aus Palästina, kamen ausgewanderte deutsche Juden nun zurück, um dem Vaterland beizustehen.

Großbritannien, Frankreich und Russland waren die Hauptgegner der Deutschen. England verbündete sich mit den Arabern, um den Suezkanal im Nahen Osten zu sichern. Dafür versprachen sie den Arabern Unabhängigkeit von der britischen Kolonialherrschaft. Zugleich versuchten sie, die Zionisten davon abzuhalten, auf Seiten des Deutschen Kaiserreichs zu kämpfen. Der englische Außenminister Balfour schrieb an den Vorsitzenden der Jüdischen Gemeinde in Großbritannien einen Brief, die berühmte

Balfour-Deklaration: »Seiner Majestät Regierung betrachtet die Schaffung einer nationalen Heimstätte in Palästina für das jüdische Volk mit Wohlwollen und wird die größten Anstrengungen machen, um dieses Ziel zu erleichtern.« Beide Seiten, die Araber wie die Juden, glaubten an eine ernsthafte Zusage für ihre Pläne. Dabei hatten die Engländer und die Franzosen in einem geheimen Abkommen längst beschlossen, im Nahen Osten keine unabhängigen Nationalstaaten zuzulassen, sondern diesen Raum unter sich aufzuteilen.

Kaiser Wilhelm II. wollte sein Land als Mitspieler in diesem Konzert der Weltmächte sehen und die Landkarte Europas neu zeichnen. Deutschland sollte Weltmacht sein wie England und neue Kolonien in Afrika und Asien erobern – »einen Platz an der Sonne«. Siegesgewiss versicherte er seinen Soldaten, dass sie wieder zu Hause wären, ehe das Laub von den Bäumen fiele. Und die Menschen jubelten ihm zu. Stimmen gegen die Kriegsbegeisterung, wie die von dem Sozialdemokraten August Bebel, der sah, dass der Krieg die »Götterdämmerung der bürgerlichen Welt« einläutete, gab es kaum; der Wiener Schriftsteller und Dramatiker Arthur Schnitzler, sein Landsmann Karl Kraus oder der Berliner Journalist Theodor Wolff blieben einsame und angefeindete Rufer in der Wüste. Sigmund Freud, Wiener Jude, Arzt und berühmter Psychiater, erkannte, dass es »noch niemals ein Ereignis« gegeben habe, das »so viele der klarsten Intelligenzen« so verwirrt habe.

Die deutschen Juden profitierten anfänglich von der vom Kaiser ausgerufenen patriotischen Einigkeit. Der Burgfrieden hatte vorerst alle Kontroversen, alle Zwistigkeiten beiseite geschoben und auch den Antisemitismus zurückgedrängt. Juden wurden auf wichtige Posten der öffentlichen Verwal-

Hunger nach Elektrizität

Emil Rathenau hatte schon früh »den unersättlichen Elektrizitätshunger der Menschheit« erkannt und 1881 die Lizenz der Patente Thomas Alva Edisons für Deutschland erworben. Kurz darauf gründete er die Deutsche Edison Gesellschaft (DEG) und fand einen Bankier, der ihm die für den Aufbau der Elektrowirtschaft nötigen enormen Kredite gewährte. Mit Hilfe dieses Geldes baute die DEG in der Markgrafenstraße in Berlin das erste öffentliche Kraftwerk in Deutschland und machte damit 1885 den entscheidenden Schritt zur flächendeckenden Stromversorgung nicht nur Berlins, sondern des ganzen Landes. 1887 benannte sich die DEG in die Allgemeine Elektrizitätsgesellschaft (AEG) um. Sie wuchs schnell zu einem Großkonzern heran; als Emil Rathenau 1915 starb, hatte die AEG bereits 70 000 Beschäftigte.

tung berufen – Wilhelm II. brauchte seine »Kaiserjuden«, ihr finanzielles und geistiges Vermögen. Albert Ballin wurde Chef der Zentraleinkaufsgesellschaft und Walther Rathenau Chef der Kriegsrohstoffabteilung. Dabei hatte Rathenau die katastrophalen Folgen eines Weltkriegs vorausgesehen. Er stammte aus einer jüdischen Berliner Familie, der älteste Sohn von Emil Rathenau, der 1881 die Lizenz der Edison'schen Patente erworben, 1887 die Allgemeine Elektrizitätsgesellschaft gegründet hatte und reich geworden war.

Walther leitete eine der väterlichen Fabriken und schrieb daneben philosophische und politische Abhandlungen. Später saß er im Aufsichtsrat von 80 Industrieunternehmen, er malte, spielte Klavier und schrieb Gedichte, aus denen er bei Vorstandssitzungen gern mal rezitierte. Aber trotz aller beruflichen und gesellschaftlichen Erfolge quälte auch ihn die ungelöste »jüdische Frage«. »In den Jugendjahren eines jeden deutschen Juden«, so schrieb er, »gibt es einen schmerzlichen Augenblick, an den er sich zeitlebens erinnert: wenn ihm zum ersten Mal voll bewusst wird, dass er als Bürger zweiter Klasse in die Welt getreten ist und dass keine Tüchtigkeit und kein Verdienst ihn aus dieser Lage befreien kann.«

»Höre, Israel!«

In jungen Jahren hatte er unter dem durchsichtigen Pseudonym W. Hartenau in der führenden politischen Zeitschrift jener Jahre, der »Zukunft«, einen Text unter dem Titel »Höre, Israel« veröffentlicht, in dem er seine jüdischen Glaubensbrüder als einen »abgesonderten fremdartigen Menschenstamm« beschrieb: »Auf märkischem Sand eine asiatische Horde. So leben sie in einem halb freiwilligen, unsichtbaren Ghetto, kein lebendes Glied eines Volkes, sondern ein fremder Organismus in seinem Leibe.« Nur wenn sich die Juden durch eine »bewusste Selbsterziehung« »aus der Ghettoschwüle« befreiten und in »deutsche Waldes- und Höhenluft« emporarbeiteten, könnten sie als »deutscher Stamm« anerkannt werden. »Höre, Israel« schlug wie eine Bombe ein. Walthers Vater, Emil Rathenau, versuchte, von der Auflage der Zeitschrift aufzukaufen, was er kriegen konnte, damit die weitere Verbreitung des Textes unterbunden werde. Den Antisemiten gefiel der Text, noch Jahre später, als Rathenau sich selbst längst davon distanziert hatte, sollten sie ihn immer wieder genüsslich zitieren.

Das Ende des »Burgfriedens«

Je länger sich der Krieg dahinschleppte, umso mehr verflog der siegesgewisse »Geist von 1914«. Die Aussichtslosigkeit nährte eine neue Welle des Antisemitismus. Da Juden während des Krieges auch in Offizierspositionen aufrückten, fürchteten die Antisemiten, dass diese Entwicklung nicht mehr rückgängig gemacht werden könnte. 1916 ordnete das Kriegsministerium die so genannte »Judenzählung« an, eine Erhebung, die den Beschwerden nachgehen sollte, die Juden drückten sich angeblich vor der Wehrpflicht. Die »Judenzählung« wurde von der jüdischen Bevölkerung als tiefe Demütigung empfunden. Ernüchterung machte sich breit, und sogar der stets auf Ausgleich bedachte Centralverein erklärte 1918, dass es an der Zeit sei, die Mäßigung aufzugeben und »zum Angriff überzugehen«, während die zionistische Zeitschrift »Ost und West« prophetisch verkündete, »dass wir uns auf einen Judenkrieg nach dem Krieg gefasst machen müssen«. Rathenau warnte, nach dem Krieg würde sich der Hass gegen die Juden »verdoppeln und verdreifachen«.

Als dann nach vier Jahren Krieg, ab November 1918, die Waffen schwiegen und sich Deutschland ein Jahr später den harten Friedensbedingungen des Vertrages von Versailles beugen musste, flackerte für einen kurzen Moment Hoffnung auf neue, bessere Zeiten auf. Der Kaiser musste abdanken. Doch die Ablösung der Monarchie durch eine Demokratie stieß nicht überall auf Zustimmung. Viele sehnten sich nach der Kaiserzeit zurück, die Kriegsindustrie hatte ihre Einnahmequellen verloren, und große Teile der Bevölkerung mussten starke Einbußen in Kauf nehmen oder wurden wegen der nun einsetzenden Wirtschaftskrise arbeitslos.

Und unter all diesen Widrigkeiten wurden wieder die Juden zu Schuldigen erklärt: Sie und andere Vaterlandsverräter hätten der lange siegreichen deutschen Armee den Dolch in den Rücken gestoßen und profitierten, als Großkapitalisten, auch noch von der deutschen Niederlage.

»Ghettoluft«

Der Krieg schwemmte viele Ostjuden nach Deutschland. Ihre Zahl verdoppelte sich in diesen vier Jahren. Aber nicht alle waren freiwillig gekommen, es waren auch Zwangsarbeiter darunter. 1918 wurde die Grenze für jüdische Migranten geschlossen – dagegen war auch von den in Deutschland beheimateten Juden wenig Protest zu hören, fürchteten sie doch, dass die Ostjuden nur wieder »Ghettoluft« in die aufgeklärte deutsche Kultur bringen würden.

Selbsternannte Führer versprachen, dem Elend ein Ende zu machen und endlich für Ordnung zu sorgen, weit über fünfhundert Zeitschriften verbreiteten antisemitische Propaganda und kanzelten den demokratischen Staat von Weimar als »Judenrepublik« ab.

A 8
IA 2208
218

Die »Judenrepublik«

Das kurze Leben der Demokratie

Als die Waffen im November 1918 endlich schwiegen, war Europas politische Ordnung zusammengebrochen. Jahrhundertelang waren die Deutschen von Fürsten, Königen oder Kaisern regiert worden. Jetzt flohen die Herrscher. Denn in Deutschland herrschte Revolution.

Die Matrosen in Kiel und Wilhelmshaven waren die Ersten, die aufbegehrten. Sie hatten genug vom Krieg, der ohnehin verloren war, und wollten dem Befehl ihrer Vorgesetzten nicht folgen, wonach sie in einem letzten Gefecht der kaiserlichen Marine »ehrenvoll« unterzugehen hätten. Sie entmachteten ihre Offiziere und übernahmen selbst das Kommando. Das war Meuterei.

Und der Aufstand war nicht mehr aufzuhalten, er breitete sich wie ein Flächenbrand aus. Soldaten und Arbeiter schlossen sich den Matrosen an und übernahmen in Rathäusern und in Kasernen, in Fabriken und Betrieben die Macht. Zumindest für eine kurze Zeit.

Nur der deutsche Kaiser Wilhelm II. begriff nicht, was die Stunde geschlagen hatte. Erst als seine Generäle ihm sagten: »Majestät, die Armee steht nicht mehr hinter Ihnen!«, floh er nach Holland. Der letzte Reichskanzler, Max von Baden, übertrug die Regierungsgeschäfte dem Sozialdemokraten Friedrich Ebert. Deutschland wurde Republik.

Aber die junge Staatsform stand nicht hoch im Kurs. Wirtschaftliche und politische Krisen machten es nicht gerade leicht, sich mit der ungewohnten Demokratie anzufreunden. Den Deutschen wurde in dem Friedensvertrag von Versailles die »Alleinschuld« am Krieg gegeben, sie mussten große Gebiete des ehemaligen Deutschen Reichs abtreten, und die Siegermächte forderten jetzt viel Geld von ihnen, so genannte Reparationen.

Die schwierigen Anfänge

Der Sozialdemokrat Friedrich Ebert trat ein schweres Amt an, als er beauftragt wurde, eine vorläufige Regierung zu bilden, bis richtige Wahlen zu einer Nationalversammlung stattfinden konnten. Das Land befand sich in einem chaotischen Zustand. Millionen kamen aus dem Krieg zurück und wussten nicht, wohin. Sie hatten keine Arbeit und kein Brot. Hinzu kam, dass Deutschland von den Siegermächten ein politisch unkluger Friedensvertrag diktiert wurde, bei dem Deutschland ein Achtel seines Territoriums und ein Zehntel seiner Bevölkerung verlor. Deutschland wurde die Alleinschuld am Krieg angelastet, es musste Entschädigungszahlungen an die Siegermächte leisten. Die Reichswehr wurde auf 100 000 Mann reduziert – das passte den stolzen Militärs nicht, und im Geheimen rüsteten sie schon bald nach dem Waffenstillstand wieder auf. Die Deutschen fühlten sich gedemütigt, das »Diktat von Versailles« wurde als »Schmach« empfunden, und dafür wurden nicht die alten Eliten des Kaiserreiches verantwortlich gemacht, sondern die neuen republikanischen Kräfte.

Ebert sollte eine Republik aufbauen, eine Demokratie. Das war etwas ungewohnt Neues in Deutschland. Niemand hatte Erfahrungen damit, wie man so etwas macht. Auf Hilfe konnte er dabei von keiner Seite hoffen. Im Gegenteil: Er hatte mit Gegnern an allen Fronten zu rechnen. Die ehemaligen Eliten des Kaiserreiches, die ihre alte Vormachtstellung verloren hatten, verachteten den Sozialdemokraten als »Emporkömmling«. Dass jetzt der Sohn eines Schneidergesellen an die Stelle des Kaisers trat, fanden sie empörend. Der politischen Linken wiederum ging die Abrechnung mit den alten Verhältnissen nicht weit genug. Sie hatte eigene politische Pläne, sie wollte die Revolution, die für Ebert »eine Sünde« war. Von Anfang an gab es Streit, ob man sich eine sozialistische Räterepublik oder eine parlamentarische Republik zur künftigen Staatsform wählen sollte – auch in Eberts eigener Partei, der SPD.

Am 9. November rief der Sozialdemokrat Philipp Scheidemann die deutsche Republik aus. Ebert hatte ihn nicht beauftragt, das zu tun. Aber Scheidemann wollte einem anderen zuvorkommen – Karl Liebknecht, der zu den radikalen Linken im »Spartakusbund« gehörte und zwei Stunden später eine »freie sozialistische Republik« ausrief. Deutschland eine »russische Provinz«, unter »bolschewistischer Diktatur«, wie Scheidemann befürchtete, das durfte nicht sein.

Das war nicht der einzige Streitpunkt in der SPD. Schon der Krieg war eine Zerreißprobe für die Arbeiterpartei gewesen. 1914, zu Beginn des Ersten Weltkriegs, hatte die SPD im Reichstag geschlossen für die Bewilligung der Kriegskredite gestimmt. Die Sozialdemokraten stellten die stärkste Fraktion im Reichstag, und ohne ihre Zustimmung hätten der Kaiser und seine Armee nicht Krieg führen können. Aber nicht alle Abgeordneten waren für den Krieg zu gewinnen – 14 sprachen sich dagegen aus, beugten sich dann jedoch bei der Abstimmung im Reichstag der Mehrheit.

Lange hielt die Einigkeit nicht. Im Januar 1916 gründeten Karl Liebknecht und Rosa Luxemburg die »Gruppe Internationale«, die sich bald darauf »Spartakusbund« nannte. Sie waren gegen die Fortsetzung des Krieges, und als sich in den nächsten Jahren auch unter den gemäßigteren Abgeordneten immer mehr weigerten, noch weitere Kriegskredite zu bewilligen, spaltete sich Eberts Partei endgültig: 1917 wurde die USPD, die Unabhängige Sozialdemokratische Partei, gegründet, die SPD unter Friedrich Ebert gab sich daraufhin den Namen Mehrheitssozialdemokratische Partei (MSPD). Sie bewilligte zwar auch weiterhin Kriegskredite, drängte aber zugleich auf eine Friedenspolitik und innere Reformen im Reich.

Rosa, die Rebellin

Das war Karl Liebknecht und Rosa Luxemburg zu wenig, und gleich nach dem Krieg brachen die Gegensätze wieder hervor. Am 1. Januar 1919 gründeten sie die Kommunistische Partei Deutschland (KPD). Fortan gab es zwei Parteien, die sich als Arbeiterparteien verstanden: die KPD und die SPD. Sie sollten sich in den nächsten Jahren heftig bekämpfen – wie zwei Brüder, die früher mal zusammengehalten haben, dann aber einer dem anderen die Trennung nicht verzeihen können. Ihre Unversöhnlichkeit schwächte die Weimarer Republik: Die rechten politischen Kräfte, die die Republik bekämpften, profitierten von diesem »Bruderzwist«. Die KPD ging in den nächsten Jahren auf Konfrontationskurs zur Republik und damit auch zu den regierenden Sozialdemokraten. In ihren politischen Vorstellungen orientierte sie sich immer stärker an dem Vorbild der Sowjetunion, wo Lenin, Trotzki und andere nach dem Sturz von Zar Nikolaus II. im Februar 1917 eine sozialistische Republik anführten, in der Großbetriebe und Banken verstaatlicht worden waren.

ROSA LUXEMBURG

Der Sturz des Zaren

Russland war eins der größten Länder der Erde, und jeder Zehnte – rund 175 Millionen Menschen – war ein Untertan des Zaren. Russland war mächtig, reich an Bodenschätzen, der größte Weizenexporteur der Welt, und das Land hatte einen atemberaubenden industriellen Aufschwung erlebt. Aber die Mehrheit der Russen hatte nichts von diesem Reichtum. Unter dem Gewaltregime des Zaren zählte ein Menschenleben nichts, und die Bauern und Arbeiter lebten in Hunger und Not. 1917 wurde der Zar gestürzt und im Juli 1918 von den Bolschewiki unter Wladimir Iljitsch Uljanow, genannt Lenin, mit seiner Familie ermordet. Russland scherte aus der gemeinsam mit England und Frankreich gegen Deutschland kämpfenden Front aus und schloss einen Sonderfrieden mit dem Deutschen Reich.

Rosa Luxemburg saß zu dieser Zeit im Gefängnis. Sie kannte Lenin. In Zürich, wo sie Nationalökonomie und Staatsrecht studiert hatte, war sie vielen Russen begegnet, die vor der Geheimpolizei des Zaren ins schweizerische Exil geflohen waren, unter ihnen auch Lenin. Ihm hatten die Deutschen 1917 geholfen, nach Russland zurückzukehren. Das Deutsche Reich war in einem Zweifrontenkrieg gefangen und erhoffte sich von Lenin und seiner kleinen Gruppe von Revolutionären die Zerstörung Russlands von innen. Rosa Luxemburg glaubte nicht recht an den Erfolg der Bolschewiki – sie »werden sich in diesem Hexensabbat nicht halten können« und die »hundsjämmerlichen Feiglinge« der westlichen Sozialdemokratie, so schrieb sie an ihre Freundin Luise Kautsky, werden die Russen »verbluten lassen«.

Am 9. November 1918, als in Deutschland die Revolution ausbrach, wurde Rosa Luxemburg aus der Haft entlassen. Es war nicht ihr erster Gefängnisaufenthalt gewesen, schon mehrfach war sie wegen »Majestätsbeleidigung« oder wegen »Ungehorsam gegen Anordnungen der Obrigkeit« verurteilt worden. Sie war eine rebellische Frau, eine polnische Jüdin, die durch eine Scheinehe die deutsche Staatsbürgerschaft erhalten hatte, und eine Linke.

Damit verkörperte sie alles, was rechte politische Kreise hassten. Hinzu kam, dass ihre öffentlichen Auftritte gegen den Krieg nicht wirkungslos blieben. Sie war eine glänzende Rednerin, die auch die Massen anzog. Diese zierliche, wegen eines Hüftleidens leicht hinkende Frau ließ niemanden unbeeindruckt. Lange war sie für Gewaltlosigkeit eingetreten und hatte sich für eine politische Beteiligung des Spartakusbundes an den Wahlen zur Nationalversammlung eingesetzt. Aber durch die Novemberrevolution hatten sich die Verhältnisse in Deutschland auch in ihren Augen verändert. Nicht mehr die Teilnahme an den Wahlen war jetzt das politische Ziel, sondern ein Volksaufstand, der den Auftakt zur Gründung einer sozialistischen Räterepublik nach dem Vorbild der Sowjetunion geben sollte.

Am 5. Januar 1919 brach in Berlin der so genannte Spartakusaufstand los. Die Aufständischen hofften, die chaotische Lage im Land für ihre Ziele nutzen zu können. Aber sie schätzten die politische Stimmung ganz falsch ein, von Sozialismus wollten die meisten Deutschen nichts wissen. Sie waren einfach nur kriegsmüde. Der Aufstand wurde von den Regierungstruppen blutig niedergeschlagen.

In den folgenden Tagen hetzten die beiden Rädelsführer, Rosa Luxemburg und Karl Liebknecht, auf der Flucht vor der Polizei, aber auch vor rechtsradikalen Freiwilligenverbänden und vor Bürgerwehren von einem Versteck zum nächsten. »Tötet Liebknecht und Luxemburg!« wurden die Berliner Bürger auf Plakaten ermutigt. Am Abend des 15. Januar wurden die beiden Spartakus-Führer verhaftet und ins Hotel Eden gebracht, das Hotel sperrte man weiträumig ab. Später brachte man Liebknecht unter den Beschimpfungen von Soldaten und Hotelgästen zu einem wartenden Wagen. Am Hauptportal stand der Jäger Otto Wilhelm Runge Wache. Als Liebknecht, flankiert von seinen Bewachern, im offenen Wagen Platz nahm, stürmte Runge vor und versetzte ihm einen schweren Hieb mit dem Gewehrkolben. Blutend sackte der Verhaftete zusammen. Das Auto fuhr an. Liebknechts Leiche wurde wenig später als »unbekannter Toter« in der Rettungswache am Zoo abgeliefert.

Bald darauf wurde Rosa Luxemburg aus dem Hotel weggebracht. Draußen stand immer noch Otto Wilhelm Runge, und wieder schlug er zu, dann warf man die Schwerverletzte in den bereitstehenden Wagen. Als das Auto etwa 40 Meter vom Hotel entfernt war, sprang ein Mann auf das Trittbrett, ein Schuss fiel, Rosa Luxemburg war tot.

Noch in der Nacht erfand man die Geschichte, die am nächsten Tag offiziell über die Presse verbreitet wurde: Karl Liebknecht sei auf der Flucht erschossen, Rosa Luxemburg von der Menge getötet und ihre Leiche entführt worden. Die wurde vier Monate später im Landwehrkanal gefunden. Ihre Mörder, die alle zu einer militärischen Einheit unter dem rechtsradikalen Hauptmann Waldemar Pabst gehörten, wurden erst Jahre danach vor Gericht gebracht, aber keiner von ihnen bekam eine ernst zu nehmende Strafe. Das sollte nicht der letzte Mord bleiben, mit dem die republikfeindlichen Kräfte die Verhältnisse zu ihren Gunsten zu ändern hofften.

Der Mord an Walther Rathenau

Walther Rathenau, noch während des Krieges überzeugter Monarchist, wurde – wie auch später sein Nachfolger im Amt des Außenministers, Gustav Stresemann – ein so genannter »Vernunftrepublikaner«. Die letzten Jahre hatten ihm vor Augen geführt, wie sehr obrigkeitsstaatliches Denken und Handeln die Deutschen in den Krieg getrieben hatte. Deutschland habe viel zu sehr der Autorität von Blut und Amt vertraut – dem Adel, der Kirche, den Generälen, den Professoren. Allerdings überschätzte Rathenau, wie radikal die meisten Deutschen mit dieser Tradition gebrochen hatten. Da erging es ihm ähnlich wie seinem Freund Albert Einstein, für den sich der republikanische Neuanfang ebenfalls mit großen Hoffnungen verband: »Dass ich das erleben durfte! Bei uns ist der Militarismus und der Geheimratsdusel gründlich beseitigt.«

Rathenau wollte am Aufbau und an der Stabilisierung der Republik mitwirken. Er wurde Minister für Wiederaufbau. 1922 übernahm er das Amt des Außenministers. Seiner Mutter war das gar nicht recht – ein Jude als Vertreter aller Deutschen, das konnte in ihren Augen nicht gut gehen. Sie ahnte, dass ihr Sohn sich mit diesem Amt in Lebensgefahr begab. Auch Einstein und andere rieten ab. Rathenau aber hielt es für seine Pflicht, das durch den Krieg beschädigte Ansehen Deutschlands wieder zu korrigieren. Er habe das Amt übernehmen *müssen,* ließ er alle Warner wissen, man habe keinen anderen gefunden.

Und Rathenau machte Ernst mit dem, was er sich vorgenommen hatte. Er bemühte sich um strikte Erfüllung des Versailler Vertrages. Das empörte die nationale Rechte, die den Friedensvertrag wegen der Deutschland auferlegten Verpflichtungen für ein »Schandwerk« hielt. Die Angriffe gegen den »Erfüllungspolitiker« Rathenau wurden schon bald nach seinem Amtsantritt immer wütender. General Ludendorff, einer der Kriegstreiber, aber von vielen Deutschen als Kriegsheld verehrt, behauptete gar, der

»Jude Rathenau« habe die Kriegsanstrengungen sabotiert. Rathenau wurde im Reichstag scharf angegriffen, und vor dem Parlament wütete eine Menschenmenge: »Schlagt ihn tot den Walther Rathenau, die gottverdammte Judensau!«

Als der Außenminister, der gegen den Rat der Polizei den Schutz von Leibwächtern abgelehnt hatte, am 24. Juni 1922 seine Villa verließ, um in sein Büro zu fahren, wurde sein Wagen von einem offenen Fahrzeug überholt. Als die beiden Autos auf gleicher Höhe waren, fielen Schüsse. Der Minister war tot, bevor der Arzt eintraf. Seine Mörder waren junge Mitglieder der rechtsradikalen »Organisation Consul«, die tief in die Geschäfte um die verbotene Wiederaufrüstung Deutschlands verstrickt war. Auf das Konto dieser Organisation, die an die Stelle der Republik eine rechte Diktatur setzen wollte, gingen weitere Verbrechen. Auf Philipp Scheidemann, den ersten Ministerpräsidenten, verübte sie einen Blausäureanschlag. Und der ehemalige Finanzminister Matthias Erzberger, der als Erster das Waffenstillstandsabkommen mit den Alliierten zur Beendigung des Ersten Weltkriegs unterzeichnet hatte, galt den Rechtsradikalen seitdem als »Novemberverbrecher« und »Volksverräter« und wurde von ihnen ermordet.

Rathenaus Beerdigung wurde zu einer großen Demonstration; Hunderttausende säumten die Straßen, durch die der Sarg zum jüdischen Friedhof gebracht wurde. Viele hofften, dass die Ermordung des Ministers die Regierung und die Polizeibehörden nun endlich dazu veranlassen würde, entschiedener gegen die wachsende antisemitische Bewegung vorzugehen und unter den republikfeindlichen Kräften aufzuräumen. Doch nichts geschah. Die Feinde der Republik blieben nahezu unbehelligt. Ein Heidelberger Mathematikprofessor wies schon 1922 in einer Untersuchung nach, dass von 376 politischen Morden seit Kriegsende 22 auf das Konto »linker« Täter gingen, die dafür insgesamt 248 Jahre Gefängnis als Strafe erhielten und dreimal lebenslänglich. Alle anderen 354 Morde waren von rechts begangen worden, aber nur mit insgesamt 90 Jahren Haft und einmal lebenslänglich bestraft worden.

Auch das Urteil gegen Adolf Hitler, der ein Jahr später den Versuch machte, die Regierung zu stürzen, zeigte, wie blind die Republik auf dem rechten Auge war. Am 8. November 1923 hatte Hitler, mit der Pistole fuchtelnd, unter dem Jubel der Gäste im Münchner Löwenbräukeller die »Verbrecherregierung« in Berlin für abgesetzt erklärt. Am Tag darauf marschierten er und Ludendorff mit ihren Anhängern in die Münchner Innenstadt, wo die Polizei das Feuer eröffnete und den Putschversuch niederschlug. Einige

Demonstranten wurden getötet, vielen gelang es zu flüchten – auch Hitler selbst, der allerdings am nächsten Tag gefunden wurde. Das Urteil gegen den selbsternannten »Führer« fiel milde aus. Während seiner Festungshaft im Kreis von Gesinnungsgenossen hatte er Zeit und Muße, seinem getreuen Rudolf Heß, der später »Stellvertreter des Führers« werden sollte, seine Memoiren »Mein Kampf« zu diktieren. Das Buch wurde ein Bestseller. Hitler empfing Wäschekörbe voller Fanpost, schon die Verhandlungen vor Gericht hatte er für eindrucksvolle Propagandaauftritte zu nutzen verstanden, in denen er sich als Märtyrer verkaufte.

Albert Einstein und Fritz Haber

Bald nach der Ermordung von Walther Rathenau wurden die Warnungen auch an Albert Einstein immer zahlreicher: Er stehe ganz oben auf der schwarzen Liste der Rechtsradikalen, ihm drohe das gleiche Schicksal wie seinem Freund und jüdischen Glaubensbruder, dem Außenminister. Man wusste, Einstein war – anders als viele seiner kaisertreuen wissenschaftlichen Kollegen, Max Planck zum Beispiel, für die mit der Kapitulation Deutschlands am Ende des Krieges eine Welt zusammenbrach – ein überzeugter Anhänger der Republik: »Etwas Großes ist wirklich erreicht«, schrieb er im Dezember 1918. »Die militärische Religion ist verschwunden. Ich glaube, sie wird nicht wiederkehren.« Hier allerdings irrte er.

Der Physiker gehörte zu den wenigen, die die deutsche Kriegbegeisterung von Anfang an nicht geteilt hatten. In den ersten Kriegstagen hatten 93 prominente Deutsche einen weltweit verbreiteten »Aufruf an die Kulturwelt« unterzeichnet, in dem sie sich gegen die internationale Verurteilung Deutschlands wehrten. Das Manifest löste überall in der Welt Empörung aus. Einstein beteiligte sich daraufhin an einem »Aufruf an die Europäer«, den der Berliner Herzspezialist Georg Friedrich Nicolai entworfen hatte, eine Art Gegenmanifest, in dem er und Nicolai warnten, dieser Krieg werde nur Besiegte zurücklassen. Aber ihr Protest blieb ungehört, nur zwei weitere Unterzeichner ließen sich zur Unterstützung des Aufrufs finden. Einstein war zu der Zeit noch ein unbekannter Mann. Nicolai wurde als Kriegsarzt an die Ostfront strafversetzt.

Für Einstein war der Krieg eine »traurige internationale Verirrung«; dass sich daran auch so viele Wissenschaftler beteiligten, die doch »Weltbürger« waren, deprimierte ihn. Zu den prominentesten zählte einer seiner engsten Freunde, Fritz Haber, ein zum Christentum konvertierter deutscher Jude und ein brillanter Chemiker, der später für seine Ammoniaksynthese den Nobelpreis erhielt. Ammoniak ist der Grundstoff für Kunstdünger, und damit sollte sich künftig der Hunger bekämpfen lassen. Aber mit Hilfe der Ammoniaksynthese lässt sich auch Salpetersäure herstellen, eine Grundsubstanz von Schießpulver und Sprengstoff. Haber entdeckte als Erster, dass sich damit zugleich eine Massenvernichtungswaffe herstellen ließ. Er wurde der Vater des »Giftgases«.

Den ersten Chlorgasversuch im belgischen Ypern überwachte er persönlich. Auf einer Breite von mehreren Kilometern trieben Gaswolken auf die in den Schützengräben liegenden französischen Gegner zu und ließen Tote und mehrere Tausend Verletzte zurück. Haber wurde danach in einer Blitzbeförderung zum Hauptmann ernannt. Habers Frau Clara, eine überzeugte Pazifistin, versuchte, ihren Mann von weiteren Gaseinsätzen abzubringen. Das seien Kriegsverbrechen, aber Haber wollte von solcher Kritik nichts wissen. Clara beging daraufhin mit seiner Dienstpistole Selbstmord – aber nicht einmal dadurch ließ sich ihr Mann aufhalten. Einen Tag später reiste er an die Front, um neue Giftgasversuche vorzubereiten.

Als sein wissenschaftlicher Kollege Haber zum Vater des Gaskrieges wurde, schrieb Einstein 1915, mitten im Krieg, einen Aufsatz »Meine Meinung über den Krieg«, in dem er sich von einer europäischen Staatengemeinschaft erhoffte, dass sie »europäische Kriege ebenso ausschließen wird, wie jetzt das Deutsche Reich einen Krieg zwischen Bayern und Württemberg«.

Eine kurze Zeit lang arbeitete er später als deutscher Vertreter in einer Kommission des Völkerbundes mit, in den Deutschland erst 1926 aufgenommen wurde, bis er resigniert wieder aufgab. Er war zu der Überzeugung gekommen, »dass der Völkerbund weder die Kraft noch den Willen zur Erfüllung seiner großen Aufgabe hat«.

Der Querdenker

Einstein war ein ungewöhnlicher Mensch. Seine Lehrer hatten sich oft über seinen Eigensinn beklagt und gehöhnt, aus dem werde nie etwas. Er selbst hasste die Schule, die Neugier des Forschens werde dort erdrosselt, schrieb er später. Er verließ das Gymnasium ohne Abschlussprüfung und gab 1896 die deutsche Staatsbürgerschaft auf, auch um der deutschen Wehrpflicht zu entkommen. 1921 erhielt er den Nobelpreis, allerdings nicht für seine bahnbrechende Relativitätstheorie, für die er bis heute weltberühmt ist, sondern für eine Schrift über die Strahlung und die energetischen Eigenschaften des Lichts.

Seine lässige, zwanglose Art unterschied sich so wohltuend von der eitlen Steifheit des gewöhnlichen deutschen Professors, er war politisch engagiert, ohne sich von irgendjemandem vereinnahmen zu lassen, und zugleich bekannt wie ein Popstar. Die Fotografen – »Lichtaffen« nannte er sie – umlagerten ihn wie Jahrzehnte später Robbie Williams; die Berliner Gesellschaft strömte zur Neuen Synagoge in die Oranienburger Straße, um ihn auf der Geige spielen zu hören. Er galt als Genie, und die Menschen suchen gern die Nähe eines »Großen«, in der Hoffnung, dass ein bisschen von seinem Ruhm auch auf sie abstrahlt. Seine Vorlesungen im Hörsaal 122 der Humboldt Universität waren eine Touristenattraktion. Irgendwann wurden die unangemeldeten Gasthörer den anderen Studenten zu viel, und sie protestierten nachhaltig. Es kam zu Tumulten, in denen auch antisemitische Äußerungen fielen. Einstein stellte daraufhin seine Vorlesungen ein und ging erst einmal auf Reisen.

Überall im Ausland hielt er Vorträge vor überfüllten Publikumsrängen. Sein Englisch war miserabel, und trotzdem feierte ihn die englische Zeitung »Daily Mail«: »Er ist ein Jude. Er ist ein Revolutionär. Es ist gleichgültig, ob man seine Sprache versteht oder nicht. Man weiß, man ist im Bann einer bezwingenden Persönlichkeit, einer gewaltigen Geistesmacht.« Selbst die Franzosen, die wegen des Krieges nicht gut auf die Deutschen zu sprechen waren, bewunderten ihn. Er besuchte in Frankreich die Schlachtfelder des Ersten Weltkrieges und die Friedhöfe der Toten und sprach inmitten der unzähligen Grabkreuze von seinem Abscheu für alles Militaristische. Die Reaktion in Deutschland erfolgte prompt: »Überläufer«, schimpften die einen, andere warfen ihm »Anbiederung an die Franzosen« vor.

Als Einstein wenig später äußerte, er trage sich mit dem Gedanken, Deutschland zu verlassen, und diese Äußerung in allen Zeitungen stand, auch in London, schrieb der dortige deutsche Geschäftsträger entsetzt einen Brief an das Auswärtige Amt: Einstein sei ein »Kulturfaktor ersten Ranges«, einen solchen Mann dürfe man doch nicht aus Deutschland vertreiben. Für die Regierung, die interessiert daran war, Deutschlands Ruf als führende Wissenschaftsnation auch nach dem Krieg wieder geltend zu machen, war er ein Aushängeschild.

Aber für die deutschen Antisemiten war er ein rotes Tuch. Ein Jude, ein Pazifist, ein Querdenker! Sie hassten ihn. Im Juli 1930 unterschrieb Einstein ein Manifest, in dem er die Wissenschaft warnte, sich an der Aufrüstung zu beteiligen: »Wissen Sie, was ein neuer Krieg mit den Zerstörungsmitteln, die die Wissenschaft täglich vervollkommnet, bedeuten würde?« Hellsichtiger als andere sah er die Gefahr eines neuen Weltkrieges voraus. »Wer es zulässt, dass die Demokratie zerstört wird, der riskiert seinen eigenen Untergang.« Mit prominenten Schriftstellern wie Heinrich Mann, dem Amerikaner Upton Sinclair, dem Franzosen Romain Rolland rief er zu einem großen internationalen Kongress zur Verhinderung eines neuen Krieges auf, unterstützte Kriegsdienstgegner und setzte sich, zusammen mit Käthe Kollwitz und Erich Kästner, für ein Zusammengehen von SPD und KPD ein. Aber nicht einmal im Angesicht der wachsenden Gefahr für die Republik fanden die beiden Arbeiterparteien zusammen. Es wäre wohl leichter, »Kain und Abel zu versöhnen«, stöhnte Einstein.

Die Kommunisten, die sich mit den Sozialdemokraten hätten verbünden können, um die rechten republikfeindlichen Kräfte zu bekämpfen, folgten stattdessen den Anweisungen von Lenins Nachfolger Stalin aus Moskau, keine gemeinsame Sache (»Volksfront«) mit den »Sozialfaschisten« zu machen. Stalin und seine kommunistischen Statthalter in Deutschland hatten nichts dagegen, dass die immer stärker werdenden Nationalsozialisten möglicherweise an die Macht kommen könnten. Die würden das Land ohnehin ruinieren, aber danach würde es den Kommunisten wie eine reife Frucht in den Schoß fallen. Und gegen den Antisemitismus hatten viele Kommunisten gar nichts. Für sie waren Juden »Kapitalisten«.

Das Ende der Republik

Das Jahr 1930 war ein Schicksalsjahr – es läutete das Ende der Republik ein. Die Amerikaner kündigten einen Teil der Kredite, die sie Deutschland bis dahin gewährt hatten, Deutschland wurde zahlungsunfähig. Ein Jahr vorher hatte es einen Börsenkrach gegeben, der eine weltweite Wirtschaftskrise auslöste. Für Deutschland war das ein schwerer Rückschlag. In den vorangegangenen fünf Jahren hatte sich das Land gerade aus dem gröbsten Chaos und Elend herausgearbeitet. In jahrelangen klugen diplomatischen Verhandlungen war es Außenminister Stresemann gelungen, das Vertrauen der europäischen Nachbarn zu gewinnen und die Reparationszahlungen zu senken. Das Land erholte sich allmählich. Jetzt aber, in der Krise, machten viele Unternehmen pleite. Fünf Millionen Menschen wurden arbeitslos, so viele wie heute.

Das war die Stunde von Adolf Hitler. Die Nationalsozialisten wurden zweitstärkste Partei. Auch die Kommunisten verbuchten erhebliche Stimmgewinne, die Krise stärkte die radikalen Kräfte und schwächte die politische Mitte.

Die meisten Juden blieben gelassen, sie sahen darin eher kurzfristige politische »Verirrungen«, die in einem zivilisierten Land wie Deutschland auch schnell wieder korrigiert werden würden. Wie viele deutsche Intellektuelle unterschätzten sie Hitler. Und wie viele glaubten sie, dass Reichspräsident Hindenburg nie und nimmer Hitler zum Kanzler ernennen würde. Sie sollten sich täuschen.

Eine, die die kommende Gefahr irgendwann doch erkannte, nachdem sie sich, wie die meisten ihrer jüdischen Mitbürger, lange dagegen gewehrt hatte, war die später berühmte Philosophin Hannah Arendt, die aus einer

Jüdische Mathematik?

»Insofern sich die Sätze der Mathematik auf die Wirklichkeit beziehen, sind sie nicht sicher, und insofern sie sicher sind, beziehen sie sich nicht auf die Wirklichkeit.« So erläuterte Albert Einstein 1921 die Wende der neuen Mathematik, der »Axiomatik«, ins Logisch-Formale. Sein Zeitgenosse Felix Hausdorff hatte diese Wende bereits radikal vollzogen und 1914 die Mengenlehre begründet. Hausdorff war wie viele andere moderne Mathematiker Jude, weshalb man diese »inhaltsleere« Mathematik bald als »jüdisch« diffamierte, als eine Mathematik »undeutscher Art«. Felix Hausdorff nahm sich 1942 angesichts der bevorstehenden Deportationen das Leben.

wohlhabenden jüdischen Familie in Königsberg stammte. Ihr philosophischer Lehrer Karl Jaspers, dem sie ihre wachsenden Befürchtungen über die politischen Verhältnisse mitteilte, wiegelte ab. Er vermochte keine besondere Gefahr für die deutschen Juden zu erkennen und versuchte, ihr die Auswanderungspläne auszureden. Mit Martin Heidegger, ihrem zweiten philosophischen Lehrer, mit dem sie eine kurze Affäre gehabt hatte, führte sie 1932/1933 einen Briefwechsel darüber. Er schrieb ihr zurück, er sei »in Universitätsfragen heute genauso Antisemit wie vor zehn Jahren«, aber das müsse »nicht das Verhältnis zu Dir berühren«. Heidegger hatte sich inzwischen öffentlich gegen die zunehmende »Verjudung« der Universitäten erklärt. Die Universitäten waren seit Jahren schon Hochburgen des Antisemitismus, in denen jüdische und liberale Professoren attackiert und drangsaliert wurden. Hannah Arendt wanderte rechtzeitig aus und wurde später in Amerika Professorin.

Die »Judenfrage« wurde in den späten Jahren der Weimarer Republik in allen gesellschaftlichen Kreisen diskutiert, denn Juden spielten eine prominente Rolle in vielen Bereichen des öffentlichen Lebens. Für sie selbst hatte die neue Republik einen hoffnungsvollen Neubeginn markiert. Endlich waren sie wirklich gleichberechtigt – nicht nur auf dem Papier: Ihre Religion wurde anderen Konfessionen gleichgestellt. In der Politik waren sie keine Außenseiter mehr. In den meisten deutschen Ländern gab es jüdische Minister, 24 Juden saßen im Reichstag, und zwischen 1919 und 1924 gab es sechs jüdische Reichsminister.

Pioniere der Moderne

Gerade dieser Erfolg aber führte dazu, dass die Juden mit der Weimarer Republik identifiziert wurden. Die »Judenrepublik« war es, die bekämpft wurde. »Der Jude« wurde zur Zielscheibe der Rechten, er galt als fremd und »modernistisch«. Denn viele Neuerungen dieser Zeit – im Film, im Theater, in der Literatur, Malerei, Musik, Architektur und Wissenschaft – verdankten sich den Berliner oder Wiener Juden. Sigmund Freud und Alfred Adler galten als Väter der Psychoanalyse, einer neuen Wissenschaft, die sich dem Unbewussten zuwandte. Arnold Schönberg revolutionierte die Musik mit seiner Zwölftonmusik. Max Reinhardts Deutsches Theater war weit über die Grenzen Berlins hinaus bekannt. Der Zustrom jüdischer Naturwissenschaftler beförderte die Entwicklung der deutschen Forschung – fünf von ihnen erhielten Nobelpreise.

Besonders die Filmindustrie, die in den zwanziger Jahren einen großen Aufschwung erlebte, hatte jüdische Produzenten, Drehbuchschreiber und Regisseure. Viele von ihnen machten später in Hollywood Karriere. Fritz Lang drehte 1926/1927 seinen weltberühmten Film »Metropolis«, einen Filmklassiker über das moderne Großstadtleben. Von seiner jüdischen Abstammung wussten nur wenige. 1933 bot ihm der nichtsahnende Goebbels, Hitlers Propagandaminister, die künstlerische Leitung der Filmproduktion an. Am gleichen Abend floh Lang aus Deutschland, er hatte Angst, dass man jetzt seine jüdische Abstammung entdecken würde.

Dass in diesen Jahren eine einflussreiche Öffentlichkeit entstehen konnte, ist in erster Linie den von deutschen Juden gegründeten Medien zu ver-

Fräulein Noether und die Invarianz

Im Dezember 1918 schrieb Albert Einstein an den Göttinger Mathematiker Felix Klein: »Beim Empfang der neuen Arbeit von Frl. Noether empfand ich es wieder als große Ungerechtigkeit, dass man ihr die venia legendi vorenthält. Ich wäre sehr dafür, dass wir beim Ministerium einen energischen Schritt unternähmen.« Und der energische Schritt hatte Erfolg: Emmy Noethers Arbeit über »Invariante Variationsprobleme« wurde im Mai 1918 als Habilitation angenommen und aus dem Fräulein Noether wurde ein »nichtbeamteter außerordentlicher Professor«. Das war das Höchste, was einer Frau damals zugestanden wurde. Bis zu ihrer Vertreibung 1933 betrieb Emmy Noether in Göttingen eine der bedeutendsten mathematischen Schulen auf dem Gebiet der abstrakten Algebra.

danken, die sich ab 1900 zu wahren Massenmedien entwickelten. In Berlin hatten Rudolf Mosse (1843–1920) und Leopold Ullstein (1826–1899) ihre Verlage zu bedeutenden Zeitungskonzernen ausgebaut. Sie finanzierten ihre Zeitungen durch überregionale Anzeigen, und ab 1904 durften sie auch auf der Straße verkauft werden. Bis dahin musste, wer eine Zeitung lesen wollte, diese abonnieren. Der Straßenverkauf ließ die Auflagen explodieren – selbst Blätter wie Ullsteins »Berliner Morgenpost« oder Mosses »Berliner Tageblatt«, die sich schon vorher großer Popularität erfreut hatten. Mit der »BZ am Mittag«, der »schnellsten Zeitung der Welt«, oder dem »8-Uhr-Abendblatt« entstanden die ersten Boulevardzeitungen – mit ihren sensationell aufgemachten Schlagzeilen und aktuellen Pressefotos trafen sie den Geschmack eines Massenpublikums.

Viel diskutiert wurden die politisch unerschrockenen Artikel des einflussreichen und legendären Chefredakteurs des »Berliner Tageblatts« Theodor Wolff (1868–1943). Während des Ersten Weltkrieges war Wolff die »Stimme« der Kritiker von Deutschlands Kriegszielpolitik und prangerte den Einsatz von Giftgas und den völkerrechtswidrigen unbeschränkten U-Boot-Krieg an. Theodor Wolff war Jude, für seine Gegner war es die »Judenpresse«, die die Schuld an Deutschlands Niederlage trug.

Eine der wichtigsten Zeitschriften war die »Weltbühne«, von vielen gefürchtet, von wenigen geachtet. Im Vergleich mit vielen anderen Magazinen hatte sie nur eine kleine Auflage, aber großen Einfluss. Hellsichtiger als andere erkannten ihre meist jüdischen Autoren die Gefahr des Terrors von rechts – besonders der aus wohlhabender jüdischer Familie stammende Kurt Tucholsky, ein »kleiner dicker Berliner«, so schrieb Erich Kästner, »der die Katastrophe mit der Schreibmaschine aufhalten wollte«.

1912 hatte Tucholsky seinen ersten Roman, »Rheinsberg«, veröffentlicht, ein »Bilderbuch für Liebende«, das ein großer Bestseller wurde. Bald darauf aber war »Tucho« Deutschlands bestgehasster Satiriker, weil er mit besonderer Vorliebe die hohlen Phrasen der Politik aufspießte: »Man steche mit der Nadel der Vernunft hinein, und es bleibt ein runzliges Häufchen schlechter Grammatik«, schrieb er. Tucholsky erkannte am schärfsten, wie sehr die Armee, die Justiz, die Verwaltung immer noch Hochburgen des Obrigkeitsdenkens waren. Er kritisierte, wie besonders an den Schulen der Krieg weiter verherrlicht wurde. Manchmal hängen ja selbst noch heute Tafeln in unseren Schu-

len, auf denen der »Tod fürs Vaterland« als etwas Ehrenvolles dargestellt wird. Tucholsky teilte diese Meinung gar nicht: »Jede Glorifizierung eines Menschen, der im Krieg getötet worden ist, bedeutet drei Tote im nächsten Krieg.« Für solche Sätze wurde er selbst von konservativen jüdischen Kritikern heftig angegriffen.

Aber bedrohlicher erschien ihm die heimliche Aufrüstung, das Fortbestehen des alten militaristischen Geistes, die verknöcherte Justiz. Immer wieder warnte er vor dem, was sich da am politischen Horizont zusammenbraute. Joseph Goebbels wurde früh auf dieses »Literaturschwein« aufmerksam. Tucholsky verließ Deutschland 1929 und beging einige Jahre später im schwedischen Exil Selbstmord.

Am 30. Januar 1933 ernannte Hindenburg Hitler zum Reichskanzler. Wenige Stunden später marschierte ein endloser Fackelzug seiner Anhänger durchs Brandenburger Tor. Der alte berühmte Maler Max Liebermann, dessen Bilder später von Reichspropagandaminister Joseph Goebbels als »entartet« verboten wurden, wohnte direkt neben dem Brandenburger Tor. Einer Schweizer Journalistin sagte er: »Ich schaue nie mehr aus den Fenstern dieser Zimmer – ich will die neue Welt um mich herum nicht sehen.«

Einstein hielt sich in Kalifornien auf, als Hitler zum Reichskanzler berufen wurde. Wenige Monate später, als Adolf Hitler und die Nationalsozialisten fest im Sattel saßen, erklärte er, er werde nie wieder deutschen Boden betreten. Die Nazis hatten es auf ihn, tot oder lebendig, abgesehen.

Aber auch seinem Freund Fritz Haber hat sein ganzer Einsatz für das Vaterland nichts genützt. In den zwanziger Jahren forschte er an neuen Giften zur Schädlingsbekämpfung. Eins davon wird Zyklon B genannt. Wenige Jahre darauf sollten es die Nazis zur Ermordung der europäischen Juden und anderer, die von ihnen verfolgt wurden, in den Gaskammern einsetzen. Ihm fielen auch Verwandte von Fritz Haber zum Opfer. Er selbst musste Deutschland 1933 verlassen. Im Januar 1934 starb er an Herzversagen.

»Noch tiefer geht es nicht«

Die nationalsozialistische Verfolgung

Der Jude ist wohl Rasse, aber nicht Mensch«, hatte Adolf Hitler schon 1923 verkündet und seither keinen Hehl daraus gemacht, wen er für die sozialen und wirtschaftlichen Probleme des Landes verantwortlich zu machen gedachte. Die Juden, so behauptete er, hätten sich gegen das deutsche Volk verschworen. Für den selbsternannten Vollstrecker der Weltgeschichte und die wachsende Schar seiner Anhänger hatte die »Judenfrage« deshalb oberste Priorität. Das wird auch der Mehrheit der erwachsenen Deutschen nicht unbekannt gewesen sein, die den »Führer« der Nationalsozialistischen Deutschen Arbeiterpartei (NSDAP) am 5. März 1933 durch Wahl in seinem Amt bestätigte, nachdem er am 30. Januar 1933 von Reichspräsident Hindenburg überraschend zum Reichskanzler ernannt worden war. 43,9 Prozent aller Wählerinnen und Wähler hatten mit der NSDAP auch eine in aller Offenheit vertretene »Judenpolitik« gewählt, an deren Ende der Massenmord an der jüdischen Bevölkerung, der Genozid, stand. Die massive Verfolgung, Diskriminierung, schließlich Vertreibung und Ermordung von etwa sechs Millionen jüdischen Europäern während des »Dritten Reiches«, war von vornherein ein zentraler Programmpunkt der nationalsozialistischen Ideologie und Politik.

Nachdem die meisten Juden die hereinbrechende Gefahr anfänglich eher unterschätzt hatten, entwickelten sich bald unterschiedlichste Formen des Widerstands. Viele Menschen, Juden wie Nicht-Juden, setzten hierbei ihr Leben aufs Spiel – und verloren es nicht selten. Aber ohne ihr Beispiel wäre ein Weiterleben nach der Katastrophe kaum denkbar gewesen.

Vom Ende der Normalität

Berlin, August 1942: Hans Rosenthal fühlt sich ziemlich unbehaglich – hier, an diesem fremden Ort, an den der 17-Jährige unfreiwillig, aber irgendwie selbstverschuldet gelangt ist. Kurz zuvor hat man ihn erwischt, als er sich heimlich zu einem nächtlichen Ausflug aus dem Heim schleichen wollte. Dabei hatte er sich nur nach ein wenig Abwechslung gesehnt. Ein Streifzug durch das nächtliche Berlin, nichts weiter. Nach kurzer Zeit wäre er wieder zurückgekehrt, schon seines Bruders wegen.

Statt des erhofften Nervenkitzels hat es dann aber einen Riesenaufstand gegeben. Die Heimleitung der Baruch-Auerbach'schen Waisenerziehungsanstalt in der Schönhauser Allee fand seinen Freiheitsdrang nämlich ganz und gar nicht harmlos und ordnete seine sofortige Verlegung in ein besser gesichertes Jugendheim an – ohne seinen kleinen Bruder Gert, der so sehr an ihm hängt, seit die Eltern gestorben sind. Und jetzt sitzt er hier, fühlt sich miserabel und soll auch noch einen Lebenslauf verfassen, soll beschreiben, was er so getan und erlebt hat bisher – und dabei auch »seine kleine Dummheit« nicht vergessen, durch die er schließlich hierher geraten sei. Es ist demütigend.

»Ich, Hans Rosenthal, bin am 2.4.25 geboren«, beginnt der 17-Jährige mit ungelenker Schrift. »Meine Kindheit verlief bis zum 6. Lebensjahr normal. Ich besuchte dann die Volksschule. Nachdem ich die Schule vier Jahre besucht hatte, wurde ich auf die jüdische Mittelschule umgeschult.« Spätestens von da an, es war das Jahr 1935, war dann nichts mehr »normal« im Leben des Hans Rosenthal. Nicht nur, dass durch die Umschulung in die Große Hamburger Straße nach Berlin-Mitte der Kontakt zu seinen bisherigen Freunden im Prenzlauer Berg abriss, auch das Abitur war ihm mit dem Schulwechsel nun versagt. Weil er ein Jude war.

Solche »kleinen« Einschränkungen waren allerdings erst der Anfang. Seit die Nazis die Macht übernommen hatten, verlor das Leben der Juden in Deutschland von Tag zu Tag mehr an Normalität. Plötzlich durften Juden keine Schwimmbäder mehr betreten, und selbst auf vielen Parkbänken stand seit Ende 1937 die Aufschrift »Für Juden verboten«. Jüdische Ärzte, Rechtsanwälte, Lehrer, Polizisten, Buchhändler, Verleger dürfen ihre Berufe nicht länger ausüben. Viele Juden entscheiden sich daraufhin, aus Deutschland zu fliehen. Auch der Vater von Hans verlor 1937 seine Arbeit; die Deutsche

Leer ausgegangen

Auch die Physikerin Lise Meitner erhielt Berufsverbot. 1907 war sie nach Berlin gekommen, dem Mekka der neueren Physik. Um die Vorlesungen des berühmten Max Planck zu hören, musste sie sich über den Hintereingang ins Kaiser-Wilhelm-Institut schleichen – Frauen war das Studium nicht gestattet. 1938 wurde Lise Meitner als »Wiener Jüdin« von den Nationalsozialisten vertrieben. Sie flüchtete nach Schweden. Wenige Monate später gelang ihrem wissenschaftlichen Kollegen Otto Hahn, mit dem sie jahrzehntelang zusammengearbeitet hatte, der Durchbruch: 1944 wurde ihm für die Entdeckung der Kernspaltung der Nobelpreis zugesprochen. Was er seiner Kollegin verdankte, erwähnte Hahn Zeit seines Lebens nicht. Nur Albert Einstein würdigte ihre Verdienste – sie sei die »bekannteste Naturwissenschaftlerin, die bei einer Nobelpreisverleihung leer ausging«.

Bank mochte ihren jüdischen Angestellten nicht länger beschäftigen. Eine Flucht war der Familie allerdings nicht mehr möglich. Andere Schicksalsschläge sollten das verhindern.

Kurz nachdem er arbeitslos geworden war, starb der Vater, Hans war gerade 13 Jahre alt, an Nierenversagen. Und nur wenig später erkrankte auch noch die Mutter an Krebs und verstarb, nach schwerer, kurzer Krankheit, ebenfalls. Hans und sein kleiner Bruder Gert sind nun Waisen und werden der »Jüdischen Sammelvormundschaft« überstellt und in besagtes Waisenhaus in der Schönhauser Allee eingewiesen. Als eine von ganz wenigen jüdischen Quellen hat die Akte der Brüder Gert und Hans Rosenthal den Nationalsozialismus überdauert: ein Ordner, »No 1725«, voll mit Notizen, Rechnungen, Briefen, Berichten – und eben jenem Lebenslauf, den der 17-Jährige im Jüdischen Jugendwohnheim in der Rosenstraße zu schreiben gezwungen wird.

Die Erzieher im neuen Wohnheim sind überhaupt sehr streng, aber das stört Hans gar nicht sonderlich, da er praktisch nur zum Schlafen dorthin kommt. Wie alle jüdischen Waisen, die über 16 Jahre alt sind, wird Hans zur Zwangsarbeit abgestellt und fährt deshalb jeden Morgen nach Weißensee. Er ist der Blechschneiderei Alfred Hanne zugeteilt. Die Arbeit dort ist zwar alles andere als locker, sie bietet aber immerhin ein wenig Abwechslung in seinem ansonsten stark beschränkten Leben. Manchmal wird Hans sogar für längere Zeit »auf Montage« nach Pommern geschickt, wo die Blechfabrik ein Außenlager unterhält.

Ein solcher Arbeitseinsatz rettet ihm schließlich das Leben. Im Oktober 1942 werden die Kinder des Auerbach'schen Waisenhauses abgeholt und mit einem Transport Richtung Riga geschickt – Hans wird seinen Bruder Gert niemals wiedersehen; im Dezember werden auch alle Jugendlichen des Wohnheims in der Rosenstraße versammelt und mit einem Zug nach Auschwitz verfrachtet. Ohne Hans, denn der befindet sich gerade auf Montage in Pommern. »Wo ist Hans?«, will daraufhin der Bezirksbürgermeister Prenzlauer Berg in einem Schreiben an die Jüdische Sammelvormundschaft wissen. Aber dort herrscht inzwischen wegen der vielen Transporte ein solches Durcheinander, dass niemand mehr richtig durchblickt.

Hans nutzt die Gunst des Augenblicks und taucht nach seiner Rückkehr aus Pommern in Berlin unter. Er findet Menschen, nichtjüdische Menschen, die ihn verstecken und versorgen und damit selbst ein enorm großes Risiko eingehen. Jeder von seinen Helfern, knapp zehn Leute wissen von seiner geheimen Existenz, könnte ihn ans Messer liefern. Aber keiner tut es. So verbirgt er sich insgesamt zwei Jahre in einer Laubenkolonie in Lichtenberg und entgeht den Verfolgungen. Der Preis fürs Überleben ist hoch: ein tristes Dasein mit nur wenigen Lichtblicken. Ausgerechnet während der Luftangriffe auf Berlin erlebt Hans kurze Momente der Freiheit, ja, sogar des Glücks. Wenn die Bomben fallen, und sich niemand mehr nach draußen traut, wagt er sich stets für eine kleine Weile auf die Straße, wo er die Bomber freudig begrüßt. Er sehnt sich danach, dass die Gegner Nazi-Deutschlands möglichst bald siegen werden.

Hans überlebt seine riskanten Ausflüge. Er überlebt schließlich auch die Nazizeit und macht nach dem Krieg eine bemerkenswerte Karriere. Als er, 17-jährig, seinen Lebenslauf verfasste, hatte ihm noch vorgeschwebt, entweder Tischler oder Schlosser zu werden. Nachdem die Nazis von den Alliierten besiegt waren, wurde er aber weder das eine noch das andere, sondern ging zum Radio, machte sich dort mit Ratesendungen einen Namen und wurde schließlich als Fernseh-Quizmaster im ganzen Land berühmt. Die Geschichte des jungen Hans Rosenthal kannten die wenigsten seiner Fans.

Hans Rosenthal hatte unwahrscheinliches Glück. Die meisten anderen deutschen Juden, die 1933 das Unheil durchaus kommen sahen und ihm nicht rechtzeitig durch Flucht entkamen, fielen einer entfesselten Gewalt zum Opfer. Dass die Nazis, allen voran Adolf Hitler, die Juden hassten, war nicht nur kein Geheimnis, sondern bescherte ihnen auch einigen Zulauf. Welche mörderische Energie dieser Hass entfalten sollte, vermochte sich aber wohl kaum jemand vorzustellen. Es übersteigt im Grunde bis heute unser Vorstellungsvermögen. Dabei geschah das meiste in großer Offenheit.

Die angekündigte Katastrophe

Tatsächlich hatte sich die Situation der jüdischen Bevölkerung in Deutschland mit der Machteinsetzung Hitlers unmittelbar verschlechtert. Nachdem alle im Reichstag vertretenen Parteien – mit Ausnahme der Sozialdemokraten – den Weg in die Diktatur freigemacht hatten, indem sie die neue Regierung am 23. März ermächtigten, auch solche Gesetze zu erlassen, die nicht im Einklang mit der Verfassung standen (Ermächtigungsgesetz), kam es kaum einen Monat nach der Wahl bereits zu ersten gewaltsamen Aktionen, die die Aushöhlung des Rechtsstaats und die Gefährdung der in Deutschland lebenden Juden erkennen ließen. Am Samstag, den 1. April 1933, fand auf Anweisung von Propagandaminister Joseph Goebbels ein reichsweiter Boykott jüdischer Einrichtungen statt. Unter der Losung »Deutsche, kauft nicht bei Juden!« wurden vor allen jüdischen Läden Männer der SA und SS aufgestellt, Plakate geklebt und Menschen daran gehindert, die Geschäfte, aber auch Anwaltskanzleien und Arztpraxen zu betreten; mehrfach kam es zu gewaltsamen Übergriffen.

Die offene Kennzeichnung jüdischer Läden und die von den Nazis geförderte antisemitische Gewalt nahmen unmittelbar Einfluss auf die wirtschaftliche Situation vor allem jüdischer Kleinhändler. Viele verloren von heute auf morgen einen Großteil ihrer nichtjüdischen Kundschaft und damit häufig die Existenzgrundlage. Ähnliche Konsequenzen hatte das kurz darauf, am 7. April 1933, erlassene »Gesetz zur Wiederherstellung des Be-

SS und SA

Die »Sturmabteilung« (SA) wurde von Hitler bereits 1921 als eine Art Kampftruppe der NSDAP gegründet und hatte 1932 schon mehr als 200 000 Angehörige, die in ihren braunen Uniformen die Straßen unsicher machten. Aus der SA ging 1925 die »Schutzstaffel« (SS) hervor, die zunächst eine Art persönliche Leibwache für Adolf Hitler darstellte. Mit der Ernennung Heinrich Himmlers zum »Reichsführer SS« 1929 entwickelte sich diese »Parteipolizei« dann schnell zu einer eigenständigen, berüchtigten Macht, der sich bald niemand mehr entgegenzustellen traute, weder Polizei noch Militär. Die Verfolgung von politischen Gegnern wie die Ermordung der Juden wurden später ganz wesentlich von der SS betrieben.

rufsbeamtentums«, das die Bewohner Deutschlands fortan in »Arier« und andere Menschen einteilte, von denen Letztere nicht würdig seien, an verantwortlicher Stelle als Staatsdiener tätig zu bleiben. In der Folge verloren Hunderte Hochschullehrer, Tausende Rechtsanwälte, Ärzte, Beamte und Künstler nur deshalb ihre Anstellung, weil sie Juden waren. So auch der Vater von Hans Rosenthal.

Obwohl die Demütigungen deutlich empfunden und ernst genommen wurden, reagierten die deutschen Juden auf die beginnende Verfolgung zunächst eher abwartend. Diskriminierungen waren nichts Neues, und nur wenige erkannten sofort das ganze Ausmaß der Gefahr. Vorerst glaubten viele – auch viele nichtjüdische Deutsche –, dass der nationalsozialistische »Spuk« bald vorüber sein würde, dass es sich um eine kurze, im Schutz der Öffentlichkeit und des Auslands zu überbrückende Durststrecke handle. Dies war, wie wir heute wissen, eine verhängnisvolle Fehleinschätzung, die auch von Beobachtern im Ausland und selbst von internationalen jüdischen Organisationen zunächst geteilt wurde; erst später leisteten dann etwa die »Jewish Agency for Palestine«, der »World Jewish Congress«, das »Council for German Jewry« oder das »American Jewish Joint Distribution Committee« maßgebliche finanzielle Unterstützung bei der Flucht deutscher Juden aus ihrem Heimatland Deutschland.

Selbsthilfe

Zur anfänglichen Verkennung der Lage trug zweifellos bei, dass die jüdischen Gemeinden und andere jüdische Vertretungen – etwa der Centralverein (CV), die Zionistische Vereinigung für Deutschland (ZVfD) oder der Reichsbund jüdischer Frontsoldaten (RjF) – zunächst weitgehend unbehelligt blieben und ihren sozialen, religiösen und erzieherischen Aufgaben wie bisher nachgehen konnten. Dennoch wuchs unter dem zunehmenden Druck der Verhältnisse bald die Erkenntnis, dass das deutsche Judentum seine Kräfte bündeln müsse, um auf die nationalsozialistische Entrechtungspolitik aktiv und einheitlich reagieren zu können. Unter Führung des prominenten Rabbiners Leo Baeck gründete sich daraufhin am 17. September 1933 die erste gesamtjüdische Organisation für alle

Leo Baeck

Er werde in Deutschland bleiben, »bis der letzte Jude gerettet ist«, so Leo Baeck 1939. Der Gelehrte und für ein modernes Judentum eintretende Rabbiner war trotz mehrfacher Gelegenheit zur Ausreise entschlossen, sich dem antisemitischen Terror zu widersetzen. 1873 geboren, hatte Baeck schon in einigen Städten als Rabbiner gewirkt, bevor er 1912 nach Berlin berufen und zum führenden Vertreter des deutschen Judentums wurde. Aber sein Kampf war aussichtslos. 1943 wurde er mit seiner Familie ins KZ Theresienstadt verschleppt. Seine vier Schwestern kamen dort ums Leben, er selbst überlebt, war aber schwer misshandelt worden. Nach der Befreiung siedelte Baeck nach London über, wo er 1956 starb. Bis zu seinem Tod war ihm stets die Versöhnung wichtiger als die Bestrafung der Täter des Völkermords.

etwa 560 000 jüdischen Deutschen: die »Reichsvertretung der deutschen Juden«.

Ihre vorrangige Aufgabe sah diese neue Reichsvertretung in dem Aufbau eines umfassenden Selbsthilfewerks: eine zentrale Wohlfahrtsstelle sammelte bei allen Gemeindemitgliedern Geld, um die aus Arbeitslosigkeit und Geschäftsruin entstandene Not zu lindern, ein jüdisches Schulwesen aufzubauen, ein eigenes Winterhilfswerk, die »Jüdische Winterhilfe«, zu gründen – nachdem die jüdischen Deutschen 1935 aus dem »Winterhilfswerk des Deutschen Volkes« ausgeschlossen worden waren – sowie, spätestens ab 1935, um die Auswanderung deutscher Juden zu fördern.

Als Reaktion auf die strengen Berufsbeschränkungen durch das »Berufsbeamtengesetz« wurde im Sommer 1933, auf Initiative des Theaterregisseurs Kurt Baumann und des ehemaligen stellvertretenden Intendanten der deutschen Oper Kurt Singer, der »Kulturbund deutscher Juden« gegründet, der sich 1935 in »Jüdischer Kulturbund« umbenennen musste. Die nationalsozialistischen Behörden hatten das Projekt unter der Bedingung genehmigt, dass ausschließlich Programme »jüdischer Thematik«, mit »jüdischen« Darstellern für ein »jüdisches« Publikum organisiert und alle Kosten hierfür selbst getragen würden. Bereits im Januar 1934 hatte der Kulturbund 20 000 Mitglieder, verfügte über ein eigenes Theater, ein Orchester und eine Operngesellschaft und konnte viele Künstler auf Gelegenheitsbasis beschäftigen; und doch war die Initiative innerhalb der jüdischen Gemeinde nicht unumstritten. Unvermeidlich trieb sie die von den Nazis vorgenommene Unterscheidung zwischen »nichtarischer« und »arischer« Kunst und damit die Trennung einer »jüdischen« von einer »deutschen« Kultur mit voran.

»Ja-sagen zum Judentum«

Dass die Hoffnung auf ein friedliches Zusammenleben wohl begraben werden musste, erkannten jetzt immer mehr Intellektuelle. Mit der Bedrohung wuchsen jedoch nicht nur Angst und Not; die jüdische Presse und jüdische Buchverlage riefen nun immer lauter zu Solidarität auf und versuchten, das Gemeinschaftsgefühl zu stärken: »Ja-sagen zum Judentum«, gerade jetzt. Und obwohl im Oktober 1933 rund 1300 jüdische Journalisten ihre Arbeit verloren, als durch das so genannte Schriftleitergesetz das Pressewesen in Deutschland gleichgeschaltet wurde, konnten die wenigen jüdischen Zeitungen noch bis zu ihrer erzwungenen Auflösung 1938 weiter publizieren und den Diffamierungen und Hetzereien der restlichen Presse entgegentreten.

Die zweimal wöchentlich erscheinende »Jüdische Rundschau« etwa, die 1896 als Zentralorgan der deutschen Zionisten gegründet worden war, konnte ihre Auflage von 10 000 Exemplaren im Jahre 1932 sogar auf 40 000 im Folgejahr 1933 steigern. Auch das »Israelitische Wochenblatt« und das überregionale »Gemeindeblatt der Jüdischen Gemeinde zu Berlin« nahmen an Auflage und Umfang zu. Das Informationsbedürfnis der Leser wuchs umso mehr, je bedrohlicher und je weniger überschaubar die Situation wurde. Viele griffen auf die jüdische Presse zurück, da sie von den gleichgeschalteten Tageszeitungen keine verlässlichen Informationen mehr erwarteten. Und sicherlich erhofften sich die bedrängten Leser auch ein wenig Trost und moralische Unterstützung. Aufbauendes hatten die jüdischen Zeitungen allerdings so gut wie gar nicht mehr zu bieten.

Die Lage wurde immer bedrohlicher. Häufig brauchte die üble Behandlung von Juden schon gar nicht mehr »von oben« angeordnet zu werden. Tatsächlich kamen viele Deutsche gesetzlichen Bestimmungen sogar freiwillig zuvor. Manch Unternehmer ersetzte »nichtarische« Mitarbeiter in seinem

»Gleichschaltung«

So nannten die Nationalsozialisten ihre diktatorische Politik, die darauf abzielte, alle Bereiche des Staates und der Gesellschaft unter die Führung der Partei zu stellen und jede demokratische Kontrolle abzuschaffen. Alle gewählten Parlamente wurden aufgelöst, die Landesregierungen der Reichregierung unterstellt, die Gewerkschaften zerschlagen, alle Parteien, außer der NSDAP, verboten, Polizei, Justiz und alle Berufsverbände – so auch das gesamte Pressewesen – der Partei unterstellt.

Betrieb durch »arische«, etliche Deutsche wechselten ohne Not ihren Anwalt, Arzt oder Steuerberater. Sei es aus Überzeugung, sei es aus Feigheit oder Opportunismus – bald räumten ganze Ortschaften ihr Gebiet »judenfrei«; Schilder wurden angebracht, um die Unerwünschten fern zu halten und die eigene Regimetreue zu demonstrieren. Da dieser Prozess in den ländlichen Gegenden aufgrund der überschaubaren sozialen Strukturen schneller voranschritt als in den Städten mit großen jüdischen Gemeinden, setzte bald eine Landflucht der jüdischen Bevölkerung ein. In der Anonymität der großen Städte hoffte man, den Anfeindungen besser entgehen zu können.

Vertreibung in die Emigration

Mit den Nürnberger Gesetzen vom 15. September 1935 wurde offensichtlich, dass sich die Nationalsozialisten mit der Verdrängung der Juden aus den öffentlichen Bereichen nicht begnügen würden. Das erste Nürnberger Gesetz, das so genannte »Gesetz zum Schutze des deutschen Blutes und der deutschen Ehre« verbot unter anderem die Eheschließung zwischen »Ariern« und »Nichtariern«; alle bislang bestehenden »Mischehen« wurden für ungültig erklärt und künftige Partnerschaften als »Rassenschande« unter Strafe gestellt. Das zweite Nürnberger Gesetz, das »Reichsbürgergesetz«, legte die Definition des deutschen Staatsbürgers über die Abstammung fest und trennte die Juden als »Staatsangehörige« von den »Reichsbürgern deutschen oder artverwandten Blutes«, denen allein die vollen politischen Rechte zugestanden wurden. Zwei Monate später wurde den Juden das Wahlrecht entzogen.

Die Nürnberger Gesetze veranlassten die »Reichsvertretung der deutschen Juden«, die sich später, 1939, als »Reichsvereinigung der Juden in Deutschland« neu gründen musste, ihre gemäßigte, abwartende Haltung aufzugeben. Den Mitgliedern wurde offen die Auswanderung empfohlen, und Ausreisewillige wurden von der Reichsvereinigung unterstützt. Innerhalb der jüdischen Gemeinschaft gewann die zionistische Strömung an Boden, die in der Auswanderungspraxis bereits seit Jahrzehnten Erfahrungen gesammelt hatte. So verfügte etwa der *Hechaluz* (hebr. »Der Pionier«), eine 1918 in Deutschland gegründete zionistische Organisation, über mehr als 80 *Hachschara*-Lager (hebr. Ertüchtigung für einen höheren Zweck), in denen

Jugendliche wie Erwachsene in handwerklichen und landwirtschaftlichen Berufen ausgebildet wurden, um für die *Alijah,* die Zukunft in Palästina, gerüstet zu sein. Jüdische Jugendbünde, die Jüdische Jugendhilfe, die Reichsvereinigung, jüdische Gemeinden und private Träger folgten dem Beispiel und gründeten zahlreiche neue Lehrstätten. Auch die drei großen Rabbinerseminare, die Liberale Hochschule für die Wissenschaft des Judentums, das Rabbinerseminar für das orthodoxe Judentum (beide in Berlin) und das Jüdisch-theologische Seminar in Breslau boten nun Emigrationsvorbereitungskurse an, die in Sprache und Geschichte des Ziellandes einführten oder auf neue Berufe vorbereiteten.

Dieser Auswanderungstrend wurde vom NS-Regime, das sich jede Ausreise durch allerlei Abgaben, etwa die Reichsfluchtsteuer, vergolden ließ, durch immer schärfere Repressalien gefördert. Ihren grausamen Höhepunkt erreichte die Vertreibungspolitik am 9. November 1938, als in einer vom Propagandaminister vorbereiteten Aktion reichsweit 7500 jüdische Geschäfte und über 70 Synagogen zerstört wurden. Weitere zweihundert Synagogen standen in Flammen, jüdische Bürger wurden ermordet, mehrere Zehntausend verhaftet und in die Konzentrationslager nach Dachau, Buchenwald oder Sachsenhausen verschleppt. Nur diejenigen, die sich zur Ausreise aus Deutschland bereit erklärten, durften die Lager später wieder verlassen. Anschließend ließ sich die Regierung die eigene Aktion auch noch bezahlen: Die jüdische Bevölkerung hatte eine »Sühneleistung« von einer Million Reichsmark aufzubringen, alle Versicherungsansprüche der Geschädigten wurden kassiert und die Besitzer der Geschäfte aufgefordert, die durch den »Volkszorn« entstandenen Schäden umgehend zu beheben. Ab sofort war den Juden jede Form des Einzelhandels, Versandes, Handwerks,

Kindertransporte

Mit Hilfe internationaler Organisationen wurden in den Jahren 1938 und 1939 etwa 10 000 jüdische Kinder und Jugendliche aus Deutschland, Österreich und der Tschechoslowakei nach Großbritannien gebracht und so vor den Nazis gerettet. Da sich diese Aktion, die unter der Bezeichnung »Kindertransporte« bekannt geworden ist, auf unter 16-Jährige beschränkte, mussten die Eltern zurückbleiben. Nur ein kleiner Teil der Geretteten hat die Eltern nach dem Krieg wiedergesehen. Das »Refugee Childrens Movement« in Großbritannien wollte noch weit mehr Kinder ins Land holen. Durch den am 1. September 1939 einsetzenden Krieg waren dann jedoch keine weiteren Transporte mehr möglich.

des Markt- und Messegeschäftes sowie der Besuch kultureller Veranstaltungen untersagt. Die deutsche Wirtschaft war damit praktisch »judenfrei«.

Nach den Novemberausschreitungen schnellte die Zahl der auswanderungswilligen deutschen Juden nach oben. Bis einschließlich 1938 hatten etwa 130 000 jüdische Deutsche das Land verlassen, die meisten gingen nach Palästina und in die USA; jetzt machten sich noch einmal so viele auf den Weg in die Emigration. Nur wenige Länder waren bereit, sie aufzunehmen und erschwerten stetig die finanziellen Aufnahmebedingungen. Nur in der internationalen Zone von Shanghai gab es keine Einwanderungsbeschränkungen, weder Pass noch Visum waren nötig, eine Schiffspassage genügte. Sie wurde zu einem der wichtigsten Zufluchtsorte für viele deutsche Juden. Rund 15 000 Flüchtlinge fanden im tropischen Shanghai, wenn auch häufig von Armut, Hunger und Krankheit geplagt, ein immerhin lebenssicherndes Exil. Frei waren die Flüchtlinge aber nicht einmal an diesem fernen Ort. Die chinesische Stadt stand unter japanischer Besatzung, und die Japaner waren Verbündete des Deutschen Reiches. So entstand im Februar 1943 sogar in Südostasien ein Ghetto für jüdische Flüchtlinge. Doch wenngleich ihre Bewegungsfreiheit nun stärker eingeschränkt war, mussten die Geflohenen hier nicht um ihr Leben fürchten.

Während zu Beginn des »Dritten Reiches« mehr als 500 000 so genannte Glaubensjuden in Deutschland lebten, registrierte die Volkszählung von 1939 nur noch 250 000 Menschen, die als Juden im Sinne der Nürnberger Gesetze in ihrer Heimat zurückgeblieben waren – und zwar zumeist nur deshalb, weil sie ihre Familien nicht zurücklassen mochten, über zu wenig finanzielle Mittel verfügten oder schlicht zu alt waren, um die Strapazen einer Emigration auf sich zu nehmen.

Vergebliche Fluchten

Für viele, die nicht nach Palästina oder in die USA ausreisen konnten oder wollten und in den Nachbarländern Deutschlands, etwa in Frankreich, in der Tschechoslowakei oder in den Niederlanden, Schutz suchten, war die Flucht allerdings nur eine kurzzeitige Befreiung. Mit dem 1939 beginnenden Krieg und dem Vormarsch der deutschen Wehrmacht in alle Himmelsrichtungen sahen sich die Geflohenen von der nationalsozialistischen »Judenpolitik« bald wieder eingeholt.

Traurige Berühmtheit erlangt Anne Frank, die nach zunächst erfolgreicher Flucht nicht einmal sechzehn-jährig im Konzentrationslager Bergen-Belsen ums Leben kommt. Ihr Vater, der Frankfurter Jude Otto Frank, hat das hereinbrechende Unheil früh kommen sehen und ist im Herbst 1933 mit der Familie in die Niederlande geflohen. In Amsterdam, wo er sich eine neue berufliche Existenz aufbaut – er leitet eine Firma, die Zubehör zum Einwecken von Lebensmitteln verkauft –, leben sich die vierjährige Anne und ihre drei Jahre ältere Schwester Margot schnell ein. Die Nachbarn sind ebenso freundlich wie die Angestellten des Vaters. Rasch lernen die Kinder die niederländische Sprache und gewinnen neue Freunde. Ihre Kindheit, mitten im Zentrum der Grachtenstadt, verläuft unbeschwert. Gut, die Mutter ist oft viel zu streng, findet Anne. Aber davon abgesehen, geht es ihr gut. Sie träumt davon, entweder eine berühmte Schriftstellerin zu werden oder als Schauspielerin nach Hollywood zu gehen.

Im Mai 1940 jedoch, knapp sieben Jahre, nachdem Otto Frank seine Familie vor den Nazis in Sicherheit gebracht zu haben glaubte, marschiert die deutsche Wehrmacht in Holland ein. Sofort werden viele judenfeindliche Gesetze auch auf das Besatzungsgebiet übertragen. Alle Juden werden erfasst, das Tragen des »Judensterns« wird Pflicht, und der Aufenthalt in Parks und Bädern wird verboten. Otto Frank muss die Leitung seines Geschäfts abgeben und richtet – Böses ahnend – im Hinterhaus seiner Firma, in der Prinsengracht 263, vorsorglich ein Versteck ein. Den Eingang, im Lager der Firma, verbirgt er hinter einem großen, drehbaren Bücherschrank. Als dann zwei Jahre später die nun 16-jährige Margot zum Arbeitsdienst eingezogen werden soll, taucht die Familie schließlich, mit vier weiteren Flüchtlingen, im vorbereiteten Fluchtort unter.

Gut zwei Jahre leben alle auf engstem Raum miteinander, versorgt von mutigen und dabei ihr Leben aufs Spiel setzenden Mitarbeitern der einst eigenen Firma. Vor allem für die beiden jungen Mädchen an der Schwelle zum Erwachsensein sind die Enge und die Isolation bedrückend – insbesondere da die Nachrichten aus der Außenwelt keine Hoffnung auf Besserung machen. »Rad fahren, tanzen, pfeifen, die Welt sehen, mich jung fühlen, wissen, dass ich frei bin – danach sehne ich mich«, notiert Anne im Oktober 1942 in ihr Tagebuch.

Der letzte Eintrag ihres Tagebuchs steht unter dem Datum 1. August 1944. Drei Tage später steht der SS-Oberscharführer Karl Silberbauer mit drei

Das Tagebuch der Anne Frank

An ihrem 13. Geburtstag, im Juni 1942, beginnt Anne Frank, ihr später berühmt gewordenes Tagebuch zu schreiben. Es wird ihr zu einem engen Begleiter durch die schwere Zeit. Sie schafft sich darin ihren eigenen kleinen Rückzugsraum, einen geheimen Ort der Zwiesprache mit einer imaginären Freundin »Kitty«, der sie ihr Innerstes anvertraut. Sie erzählt Kitty von Streitereien mit der Mutter, klagt über die Enge des Verstecks, über langweilige Tagesabläufe und schlechtes Essen, sie berichtet Kitty von ihren Zukunftsträumen, und sie gesteht ihr die aufkommende Liebe zu ihrem Mitbewohner Peter van Pels.

Mann Begleitung im bis dahin verborgen gebliebenen Eingang des Hinterhauses und verhaftet alle acht Bewohner. Von wem ihr Versteck verraten wurde, konnte nie geklärt werden. Aber zweifellos hatte der SS-Mann einen Tipp erhalten, der sieben der acht Verhafteten den Tod bringen sollte. Denn obwohl der Krieg bereits seinem Ende zuging und überall Chaos herrschte, wurden die jüdischen Gefangenen am 3. September noch mit dem letzten Zug nach Auschwitz gebracht. Auch in Auschwitz herrschte schon Chaos. Die Rote Armee rückte von Osten immer näher, und das Lager musste bald geräumt werden. Margot und Anne Frank wurden deshalb in überfüllten Zugwaggons nach Bergen-Belsen weiter transportiert und starben dort im März 1945 an Typhus – wenige Wochen vor der Befreiung des Konzentrationslagers.

Nur Otto Frank, Annes Vater, wurde in letzter Minute gerettet. Als sowjetische Soldaten im Januar 1945 Auschwitz erreichten, war er noch am Leben. Er ging zurück nach Amsterdam, wo ein Mitarbeiter seiner einstigen Firma inzwischen Annes Tagebuch gefunden und sicher verwahrt hatte. Diesem Zeitdokument, dem Erbe seiner Tochter, widmete Otto Frank künftig seine ganze Aufmerksamkeit. »Das Tagebuch der Anne Frank« wird schließlich in 55 Sprachen übersetzt und für Millionen von Lesern zu einem bewegenden Zeugnis der nationalsozialistischen Vernichtungspolitik. Der ihrem Tagebuch-Gegenüber »Kitty« anvertraute Traum von Anne Frank, eine berühmte Schriftstellerin zu werden, hat sich so am Ende doch noch erfüllt – wenngleich ganz anders, als sie es sich gewünscht hat und wir es ihr gewünscht hätten.

»Wir ergeben uns nicht«

Wie für die Familie Frank wurden die Flucht und das Untertauchen spätestens ab 1939 für viele zur letztmöglichen Form des Widerstands. Während die nationalsozialistische Politik bis 1938 vor allem darauf abgezielt hatte, den jüdischen Deutschen eine normale Existenz unmöglich zu machen und damit die Auswanderung zu erzwingen, verschärfte sich die Verfolgung der Juden mit dem herannahenden Krieg 1939: Am 30. Januar des Jahres verlangte Hitler im Berliner Reichstag für den Kriegsfall die »Vernichtung der jüdischen Rasse in Europa«. Von nun an wurde die »Lösung der Judenfrage« systematisch vorbereitet, indem man das juristische Netz immer enger knüpfte. Mit dem »Gesetz über die Mietverhältnisse mit Juden« vom 30. April 1939, das die fristlose Kündigung jüdischer Mieter in »arischen« Häusern vorsah, begann die Phase der Ghettoisierung, der Konzentration aller Juden in bestimmten Stadtteilen – zur leichteren Durchführung der für den Kriegsfall vorgesehenen und längst geplanten Arbeitseinsätze und Deportationen.

Mit dem Überfall der Deutschen auf Polen im September 1939 und dem Beginn des Zweiten Weltkrieges verschärfte sich die »Judenfrage«. Ab dem 19. September 1941, einen Monat vor der ersten großen Deportationswelle, waren alle Juden ab dem Alter von sechs Jahren gezwungen, einen handtellergroßen sechszackigen gelben Stern »sichtbar auf der linken Brustseite des Kleidungsstücks« und »fest angenäht« zu tragen; am 23. Oktober 1941 wurde allen noch in Deutschland und den besetzten Gebieten verbliebenen Juden die Auswanderung untersagt – beides vorbereitende Maßnahmen für die Massendeportationen aus dem Reich, die dann auch einen Tag später, am 24. Oktober, offiziell angekündigt wurden.

Hoffnung gab es nun keine mehr – auch keine Alternative. Dennoch behaupteten sich zahlreiche Juden in vielfältigen Widerstandsakten, die vom zivilen Ungehorsam, etwa der Verweigerung, die Zwangsnamen »Sara« und »Israel« anzunehmen oder den Stern zu tragen, bis zum Selbstmord, vom Untertauchen bis zur aktiven Gegenwehr reichten. Nur drei von zehn Untergetauchten überlebten die Illegalität. Die meisten wurden entdeckt und hingerichtet, so auch 20 Mitglieder der Berliner Widerstandsgruppe um Herbert Baum. Der jüdische Elektriker hatte zusammen mit Marianne Cohn, Martin Kochmann und

Wannsee-Konferenz

Am 20. Januar 1942 fand in Berlin, in der Straße am Großen Wannsee 56/58, die so genannte Wannsee-Konferenz statt, um die »Endlösung der Judenfrage« zu organisieren. Es war das erste Mal, dass offiziell der Begriff »Endlösung« verwendet wurde – und zwar »ohne Rücksicht auf geografische Grenzen«: »Im Zuge der praktischen Durchführung der Endlösung wird Europa von Westen nach Osten durchkämmt«, so steht es im Protokoll der Konferenz. Alle europäischen Juden, es war von 11 Millionen die Rede, sollten in Lagern versammelt, zum Arbeitseinsatz gezwungen und, sobald sie nicht mehr gebraucht würden, getötet werden. Auch verschiedene Tötungsmöglichkeiten – Massenerschießungen, Gaskammern – wurden auf der Konferenz besprochen.

Sala Rosenbaum rund 100 Leute um sich versammelt, die mit Flugblättern, Wandparolen und Klebezetteln Aufsehen erregten und im Mai 1942 sogar einen Brandanschlag auf die antikommunistische Propagandaausstellung »Das Sowjetparadies« verübten. Kurz darauf wurde die Widerstandsgruppe jedoch enttarnt und zahlreiche ihrer Anhänger verhaftet. Herbert Baum selbst starb nach schweren Folterungen kurze Zeit später im Gefängnis, vermutlich durch Selbstmord.

Eine andere Gruppe, ebenfalls in Berlin aktiv, entstand auf Initiative von Ruth Andreas-Friedrich und ihrem Lebensgefährten Leo Borchard. Sie schufen ein Netz von Gleichgesinnten, die sich vor allem um jüdische Verfolgte kümmerten, ihnen Unterkunft, Kleidung und Ausweispapiere verschafften. Die Gruppe gab sich den ungewöhnlichen Namen »Onkel Emil«. »Onkel Emil« war das verabredete Kennwort, das man sich in Gefahrensituationen zurufen sollte. Und es scheint funktioniert zu haben, da die Gruppe um Ruth Andreas-Friedrich bis Kriegsende unentdeckt blieb.

Die andere jüdische Gruppe, die bis zuletzt aktiv war, Fluchten organisierte oder untergetauchte Juden mit Quartieren, Papieren und Lebensmitteln versorgte, und deren Mitglieder bis auf wenige Ausnahmen überlebten, war der *Chug Chaluzi* (Pionierkreis), eine Gruppe jüdischer Jugendlicher um den zionistischen Jugendführer Jizchak Schwersenz, die sich der Deportation widersetzt hatte und illegal im Berliner Untergrund lebte.

»Endlösung der Judenfrage«

Die allermeisten Juden in Deutschland und den von Deutschland besetzten Gebieten hatten jedoch keine Chance, den 1941 einsetzenden Deportationen zu entgehen, die nur vordergründig und zeitweise dem Arbeitseinsatz etwa in der Kriegsindustrie dienten. Bereits Mitte Oktober 1941 wurde im polnischen Belzec eine erste stationäre Gaskammer gebaut, in der die Gefangenen später durch die Einleitung von Abgasen schwerer Dieselmotoren getötet werden. Und zwischen Dezember 1941 und September 1942 ist dann im besetzten Polen unter strenger Geheimhaltung eine ganze mörderische Maschinerie errichtet worden: sechs Vernichtungslager – Kulmhof (Chelmno), Belzec, Sobibor, Treblinka, Majdanek (Lublin) und als größtes Auschwitz-Birkenau –, in denen innerhalb von drei Jahren fast drei Millionen Juden aus ganz Europa hingemordet wurden.

Außer diesen sechs Mordzentren gab es viele andere Konzentrationslager im Osten und Westen Europas – insgesamt 22 Hauptlager mit mehr als 1200 Außenlagern und Außenkommandos –, wo die Zwangsverschleppten kaum weniger grausam zu Tode gequält und als Arbeitssklaven ausgebeutet wurden. Die Augenzeugenberichte aus den Lagern waren grauenhaft, fast jeder konnte erfahren, was Deportation bedeutete: Hunger, Folter, Zwangsarbeit und Tod. Trotzdem schenkten viele den Berichten keinen Glauben, sei es aus Angst vor der Wahrheit oder aus Unfähigkeit, sich den Massenmord vorzustellen. Auch die Überlebenden fanden lange keine Mittel, um das Unvorstellbare zu schildern. Denn es gibt »keine Worte«, schrieb der italienische Auschwitz-Überlebende Primo Levi, »diese Schmach zu äußern, dies Vernichten eines Menschen. (...) Wir sind in der Tiefe angekommen. Noch tiefer geht es nicht; ein noch erbärmlicheres Menschendasein gibt es nicht, ist nicht mehr denkbar.«

Rechnen für den Führer

Unter den in den Konzentrationslagern eingesperrten Juden waren viele Wissenschaftler, deren Kenntnisse sich die Nazis zunutze machen wollten. So wurde 1944 im KZ Sachsenhausen eine »Abteilung Mathematik« eingerichtet und Häftlinge wurden zu Rechenarbeiten für militärische Zwecke gezwungen. Vor allem für die in Peenemünde und Nordhausen produzierte V2-Rakete waren komplexe Berechnungen (»Ausrechnungsarbeiten von Formeln«) notwendig, die nun zum Teil von KZ-Häftlingen durchgeführt und anschließend an die Universität Göttingen weitergeleitet wurden.

Als die Alliierten 1945 die Lager nach und nach befreiten, waren sechs Millionen Juden von den Nationalsozialisten ermordet worden. Noch kurz vor der Befreiung, als die Lager in Polen wegen der heranrückenden Roten Armee geräumt und die Insassen – so wie Anne und Margot Frank – in weit entfernte Lager ins Reichsinnere verbracht wurden, waren viele derjenigen, die die Torturen bis dahin überlebt hatten, auf den Todesmärschen ums Leben gekommen.

Dass ein jüdisches Leben in Deutschland jemals wieder möglich sein würde, war für die Überlebenden undenkbar – so auch für den langjährigen Vorsitzenden der Reichsvereinigung Leo Baeck, der 1942 nach Theresienstadt eingeliefert worden war: »Unser Glaube war es, dass deutscher und jüdischer Geist sich auf deutschem Boden treffen und durch ihre Vermählung zum Segen werden könnten. Dies war eine Illusion – die Epoche der Juden in Deutschland ist ein für allemal vorbei.«

»Wir sind hier« *Jüdische Gegenwart in Deutschland*

Als das Deutsche Reich am 8. Mai 1945 kapitulierte, kannte niemand das ganze tödliche Ausmaß des Schreckens. Erst nach und nach trugen vor allem jüdische Einrichtungen die Zahlen der ermordeten europäischen Juden zusammen. Die Ergebnisse sind heute zum Beispiel in der Encyclopaedia Judaica, aber auch in jedem seriösen Geschichtsbuch nachzulesen: Allein in den nach Kriegsende von der Sowjetunion besetzten Gebieten und in Polen schätzte man die Zahl der ermordeten Juden auf 4,5 Millionen, in Deutschland auf knapp 200 000, in Ungarn und der Tschechoslowakei zusammen auf 700 000, in Holland, Luxemburg, Belgien und Norwegen auf fast 150 000; darüber hinaus waren mehr als 160 000 griechische, rumänische und österreichische sowie weitere 80 000 französische Juden getötet worden.

An eine gemeinsame Zukunft von Juden und Deutschen wagte niemand zu denken. Wie würde man sich nach derart Unvorstellbarem jemals wieder verständigen können? Zumal wohl die meisten Deutschen den Sieg der Alliierten keineswegs als Befreiung, sondern als Niederlage empfanden und über das Geschehene am liebsten den Mantel des Vergessens gelegt hätten?

Aber ein solches Vergessen sollte und durfte und darf es auch in Zukunft nicht geben. Zwar war das Erinnern unmittelbar nach dem Krieg für alle Beteiligten schwierig und schmerzhaft – und noch heute führen die berechtigten Fragen nach Schuld und Verantwortung zum Teil zu hitzigen Debatten und Anfeindungen. Aber insgesamt haben die von den Juden und von wenigen Deutschen immer wieder eingeforderten Auseinandersetzungen doch dazu geführt, dass es eine jüdische Gegenwart in Deutschland gibt.

Schuldig

Jerusalem, 23. Mai 1960: Im Saal bricht Jubel aus. Gerade hat Ministerpräsident David Ben Gurion den Abgeordneten des israelischen Parlaments, der Knesset, die überraschende Mitteilung gemacht, dass einer der größten Naziverbrecher endlich gefasst worden sei. Und nicht nur das. Adolf Eichmann, der einst im nationalsozialistischen Deutschland für die Deportation von Millionen Juden verantwortliche SS-Beamte, der bei Kriegsende untertauchen konnte und nach dem seit Jahren vergeblich gefahndet worden war, befinde sich – so Ben Gurion weiter – nunmehr in israelischer Hand. Und hier, in Jerusalem, solle ihm recht bald auch der Prozess gemacht werden.

Dem Fahndungserfolg vorausgegangen ist eine ebenso spektakuläre wie umstrittene Geheimdienstaktion. Nach jahrelangen Ermittlungen hat die israelische Geheimpolizei Mossad im Frühjahr 1960 den entscheidenden Hinweis bekommen, wonach sich der Gesuchte unter dem Namen Ricardo Klement in der argentinischen Hauptstadt Buenos Aires eine neue, unscheinbare Existenz aufgebaut haben solle. Der Mossad schickt daraufhin Agenten nach Argentinien, die den mutmaßlichen Eichmann zunächst wochenlang beschatten, um einen Zugriff vorzubereiten. Am 11. Mai 1960 ist es dann so weit. Als Ricardo Klement gegen 18:30 Uhr aus dem Autobus steigt, mit dem er jeden Werktag von der Arbeit – er ist Abteilungsleiter bei der argentinischen Daimler-Benz-Niederlassung – nach Hause fährt, wird er von drei Männern überwältigt und in ein bereitstehendes Fahrzeug bugsiert. Alles geschieht schnell und unbemerkt. Anschließend wird der Gekidnappte an einen unbekannten Ort verschleppt, wo man sogleich damit beginnt, seine Identität zu überprüfen.

Der Vergleich von alten mit neuen Röntgenaufnahmen räumt jeden Zweifel aus: Bei dem Gefangenen handelt es sich tatsächlich um Adolf Eichmann. Aber was tun? Die israelischen Agenten befinden sich auf argentinischem Boden. Sie haben hier keinerlei Polizeibefugnisse, ihre Aktion, von der die ansässigen Behörden nichts wissen, ist illegal, eine Entführung. Schon bald würde Ricardo Klement vermisst und womöglich nach ihm gesucht werden. Die Israeli beschließen daher, ihren prominenten Fang so schnell wie möglich außer Landes zu bringen. Acht Tage später, am 19. Mai, ist alles für den Coup vorbereitet. Eichmann wird mit Hilfe von Drogen in einen Tiefschlaf versetzt und, komplett in einen Morgenmantel gehüllt, zum Flughafen gebracht, wo eine Maschine der israelischen Fluggesellschaft »Elal« bereitsteht. An der Passkontrolle geben die »Entführer« ihren nicht ansprechbaren Begleiter als einen »alten kranken Juden« aus, der zum Sterben ins Gelobte Land reisen wolle. Das genügt. Ohne Probleme können sie passieren – und landen wenige Stunden später mit Eichmann in Jerusalem.

Als David Ben Gurion die Entführung einige Tage darauf öffentlich bekannt macht, reagiert die argentinische Regierung, die ihre Hoheitsrechte verletzt sieht, ziemlich verschnupft und schaltet aus Protest sogar den Sicherheitsrat der Vereinten Nationen ein. Da aber Israel offiziell der Staat des jüdischen Volkes ist und die Eichmann zur Last gelegten Verbrechen sich hauptsächlich gegen das jüdische Volk gerichtet hatten, will sich kein Land dem scharfen Protest Argentiniens rückhaltlos anschließen. Zwar wird das Vorgehen Israels von vielen Seiten gerügt, die Aktion hat schließlich gegen internationales Recht verstoßen; niemand aber mag dem jungen Staat der Juden das moralische Recht absprechen, über Adolf Eichmann zu richten.

Nachdem sich die diplomatischen Wogen wieder halbwegs geglättet hatten, wurde der ehemalige Leiter der »Zentralstelle für jüdische Auswanderung« und spätere Leiter des Amtes IV B 4 für »Juden- und Räumungsangelegenheiten« im Reichsicherheitshauptamt der SS schließlich ein knappes Jahr später in Jerusalem vor Gericht gestellt. Am 11. April 1961 eröffneten drei Richter unter Vorsitz des deutschstämmigen Moshe Landau die Straf-

»Schreibtischtäter«

Die Weltöffentlichkeit blickte gebannt nach Jerusalem – vor allem auf diesen Angeklagten, der so gar nicht dem Bild eines hässlichen Nazis zu entsprechen schien. Mehr als 15 Jahre nach dem Ende des Schreckens gaben insbesondere dessen eigene Aussagen – Eichmann stand in gut 30 Sitzungen selbst im Zeugenstand – verstörende Einblicke in das Innenleben des Naziterrors. Vor den Augen der Öffentlichkeit stand kein brutales, mordgieriges Ungeheuer, sondern ein unscheinbarer, eher zart wirkender Beamtentyp mit schütterem, grau gelocktem Haar, dunkler Hornbrille und weicher Stimme, ein »Schreibtischtäter«. Nichts an ihm ließ erahnen, wozu er fähig gewesen war.

sache 40/61, den Eichmann-Prozess. Über einhundert Belastungszeugen berichteten in mehr als 100 Sitzungen von den Gräueln der »Endlösung« und machten das Verfahren damit zugleich zu einer überwältigenden politischen Demonstration.

Adolf Eichmann gab auf alle Fragen bereitwillig Auskunft und schien gar nicht recht zu begreifen, warum er hier unter Anklage stand. Er habe doch lediglich seine Pflicht getan – »Ich habe gehorcht« – und mit der Vernichtung selbst auch gar »nichts zu tun gehabt«. Zwar sei ihm bekannt gewesen, welches Schicksal die von ihm Deportierten erwartete – »selbstverständlich, das wusste ich« –, er selbst hätte aber »niemals einen Menschen getötet« und »auch nie einen Befehl zum Töten eines Juden gegeben«: »Habe ich nicht getan.« Er habe sich in den »Arbeitsprozess« eingefügt und die Anordnungen seiner Vorgesetzten befolgt. Sein derart korrektes Verhalten könne er auch

im Nachhinein nicht als ein Vergehen ansehen. Die Umstände waren eben so.

Diese öffentlich zur Schau getragene Unfähigkeit, Recht von Unrecht zu unterscheiden, das erschreckende Bekenntnis eines Mannes, der unter »anderen Umständen« vermutlich ein unbescholtener Bürger geblieben wäre, ließen die deutsch-jüdische Philosophin Hannah Arendt, die den Prozess vor Ort verfolgte, von der »Banalität des Bösen« sprechen. Jederzeit und überall, immer dann und immer dort, wenn und wo die eigene Urteilskraft den äußeren Umständen untergeordnet wird, kann es hervorbrechen – was so viel heißt wie: Das Böse ist alltäglich, und es ist allgegenwärtig. Eichmann war keine verbrecherische Ausnahmeerscheinung, sondern ein Mensch wie viele andere auch.

Die irritierende Deutung der prominenten Philosophin wurde vor allem von jüdischer Seite scharf zurückgewiesen. Das von den Nationalsozialisten an den Juden begangene Verbrechen sei alles andere als »alltäglich« gewesen, es müsse vielmehr als einzigartig gelten. Jede Deutung, die zur Verharmlosung oder Relativierung des grausamen Geschehens beitrage, verletze noch im Nachhinein die Würde der Opfer. Nein, Eichmann sei kein »Jedermann«, sondern ein Täter von außergewöhnlicher Menschenverachtung, der seine Gewissenlosigkeit lediglich als Pflichterfüllung kaschiert und nicht einmal im Ansatz zu begreifen scheint, wessen er sich schuldig gemacht hat. Von Reue keine Spur.

Hannah Arendt aber hatte mit ihrer Beschreibung keineswegs Verständnis für die Täter zeigen wollen, sondern nach einer Erklärung dafür gesucht, wie derart Unvorstellbares im Europa des 20. Jahrhunderts hatte geschehen können. Auch für sie war Adolf Eichmann schuldig im Sinne der Anklage. Er hatte sich zahlreicher »Verbrechen gegen das jüdische Volk«, vor allem der »Tötung von mehr als fünf Millionen Juden«, sowie des »Verbrechens gegen die Menschlichkeit« schuldig gemacht. Mit seiner Verurteilung jedoch sei die Angelegenheit keineswegs erledigt und bestünde kein Anlass zur Beruhigung. Denn Adolf Eichmann stand zwar an hervorgehobener Stelle, er konnte aber seine Verbrechen nur begehen, weil ihn viele andere darin unterstützten.

Die Richter im Eichmann-Prozess verurteilten den Angeklagten zum Tode. Am 31. Mai 1962 wurde Adolf Eichmann in Israel gehenkt, seine Leiche verbrannt und seine Asche über dem Mittelmeer verstreut. »Keine Spur sollte übrig-, seine Schuld aber unvergessen bleiben.«

Menschheitsverbrechen

Der Eichmann-Prozess sowie Hannah Arendts Deutung von der Alltäglichkeit – und damit auch Wiederholbarkeit – des Bösen wurden auch in Deutschland zur Kenntnis genommen. Allerdings geschah dies eher widerwillig. Viel lieber hätte man die »alten« Geschichten ruhen lassen. So hat auch die Regierung der Bundesrepublik Deutschland, die zuvor schon keinerlei Anstrengungen unternommen hatte, den gesuchten Nazitäter selbst zu fassen, nicht einmal den Versuch gemacht, eine Auslieferung Eichmanns zu beantragen, um den deutschen Staatsbürger selbst vor Gericht zu stellen. Die meisten Menschen in Deutschland, auch die regierenden Politiker, hatten sich in der aufstrebenden Bundesrepublik gerade wieder eingerichtet. Sie wollten nicht zurück, sondern nach vorn blicken; sie wollten nicht ständig an die Zeit des Nationalsozialismus und womöglich an die eigene Schuld erinnert werden, sondern am liebsten den Mantel des Vergessens darüber legen.

Dieser Mantel war jedoch im fernen Jerusalem ein wenig gelüftet worden, und Hannah Arendt hatte schmerzlich genau beschrieben, was dabei zum Vorschein kam. Der Völkermord an den europäischen Juden war nicht das Werk Einzelner, auch nicht nur das Werk einer verbrecherischen Clique. Nein, die Katastrophe hatte nur mit einer Masse von Mittätern geschehen können. Tausende Frauen und Männer, die sehr wohl wussten, dass Mord ein Verbrechen und eine Sünde ist, hatten sich an der gezielten Ermordung von Millionen Menschen – nicht nur Juden, sondern auch Sinti und Roma, Homosexuelle sowie geistig und körperlich Behinderte – aktiv beteiligt. Die meisten von ihnen haben nicht selbst getötet, aber sie haben, wie Adolf Eichmann, pflichtschuldig dem Unrecht »gedient«. Und diese Menschen waren alle noch da. Viele Richter, Staatsanwälte, Ärzte, Lehrer, die unter den Nazis ihre »Pflicht erfüllt« hatten, waren in der neuen Bundesrepublik bald wieder in ihre alten Funktionen zurückgekehrt, denn sie wurden gebraucht, und »Unbelastete« gab es nur wenige.

Niemand wollte gern an die eigenen Verstrickungen erinnert werden, auch nicht alle diejenigen, die zugeschaut und geschwiegen hatten, als ihre jüdischen Nachbarn aus den Wohnungen verdrängt und »abgeholt wurden«. Ein Schlussstrich wäre ihnen allen lieber gewesen. Aber die Macht der Erinnerung ließ sich auf Dauer nicht aufhalten. Nicht nur kamen bald nach Kriegsende immer mehr grausige Details ans Licht, auch die Präsenz der alliierten Siegermächte und die Gegenwart der überlebenden Juden waren eine ständige Mahnung, nicht zu vergessen. Wo es Opfer gab, musste es auch Täter geben.

Die wenigen überlebenden Opfer hatten zunächst allerdings andere Nöte. Auch nach den Befreiungen der Konzentrations- und Vernichtungslager durch die Alliierten starben dort weiterhin Tausende der völlig entkräfteten Häftlinge. 20 000 der 60 000 von den Westalliierten Befreiten überlebten die ersten zwei Wochen nach der Kapitulation nicht. Und für alle anderen folgte auf die Zeit des Grauens zunächst kein hoffnungsvoller Neubeginn. Wohin sollten etwa die Juden Osteuropas, deren Gemeinschaft nahezu vollständig vernichtet worden war, zurückkehren? Die Überlebenden fanden dort, wo sie gelebt hatten, nichts wieder, weder ihre Familien und Freunde, noch ihren Besitz. Eine Existenz in Europa schien unmöglich geworden zu sein. Zumal die antisemitische Haltung in einem großen Teil der Bevölkerung weiterhin vorhanden war: Im polnischen Kielce beispielsweise wurden 1946 über 40 jüdische Rückkehrer getötet, als sie ihre Häuser und Höfe wieder in Besitz nehmen wollten. So kamen nach 1945 auch mehr als 150 000 heimatlos gewordene Juden aus Polen, Ungarn, Rumänien oder der Sowjetunion nach Deutschland, unter den Schutz der Alliierten, von wo aus sie eine neue Heimat suchen wollten.

»Ibergang«

Mit dem Ende des Krieges wurde so ausgerechnet Deutschland zum Sammelbecken für Millionen Menschen, die die Politik des Nationalsozialismus und der Krieg entwurzelt hatten. Für etwa 1,5 Millionen dieser Heimatlosen richteten die britischen, französischen und amerikanischen Alliierten Unterkünfte ein, die so genannten Displaced Persons (DP) Camps. Hier saßen die jüdischen Überlebenden unter vielen anderen »auf gepackten Koffern« – eine Wendung, die für die nächsten Jahrzehnte für alle in Deutschland verbliebenen Juden bezeichnend bleiben sollte: Jeder Aufenthalt blieb ein Übergang. Auch die entstehenden Lagerkomitees galten als provisorische. Sie setzten sich für eine Trennung der jüdischen und nichtjüdischen DPs ein, um zu verhindern, dass die Opfer auf engem Raum mit ebenfalls ob-

dachlosen Mittätern zusammenleben mussten. So entstanden in der US-amerikanischen Besatzungszone gesonderte jüdische Camps, zum Beispiel in Feldafing, Pocking, in Landsberg am Lech oder in Zeilsheim.

Die Lagerkomitees dieser Camps organisierten mit Hilfe großer jüdischer Organisationen die Auswanderung in die USA und nach Palästina, sie verhandelten mit den Alliierten, um die jüdischen Menschen schnellstmöglichst aus dem »Schlachthaus« wegzubringen. Das war nicht einfach, weil die strengen Einwanderungsbedingungen etwa für Großbritannien, für das britische Mandatsgebiet Palästina oder für die USA von den meisten »Ortlosen«, denen nichts als ihr Leben geblieben war, kaum zu erfüllen waren. Erst 1948 öffnete die USA im Zuge des »Displaced Persons Act« seine Grenzen für alle Verfolgten und Vertriebenen des Nationalsozialismus.

Und diese Öffnung erfolgte sicher nicht ganz freiwillig. Zwei Jahre zuvor hatte der zionistische Führer David Ben Gurion die DP-Camps bereist und die Überlebenden aufgefordert, sich als Teil der »jüdischen Nation« zu betrachten. Die Lager wurden daraufhin zu Keimzellen eines neuen nationalen Selbstbewusstseins. An die 200 000 Menschen schlossen sich der illegalen Einwanderung nach Palästina an und erhöhten dadurch den Druck sowohl auf die Siegermächte wie auch auf internationale Gremien wie die Vereinten Nationen, endlich eine Lösung für die überall in Europa heimatlos gewordenen Juden zu finden. Die Überlebenden in den DP-Camps trugen damit entscheidend zur Gründung des Staates Israel im Jahr 1948 bei.

Bis dahin organisierten sich die jüdischen Überlebenden in den Camps. Ein neues Lagerleben mit einer eigenen Kultur, mit eigenen Kinderheimen, Schulen, Krankenhäusern, Synagogen und Theatern entstand. Die Kinder der Überlebenden wurden bald wieder in Thora und Talmud unterwiesen und erhielten Jiddisch- und Hebräisch-Unterricht. »Mir szeinen doh« – wir sind hier – lautete die Parole selbstbewusster zionistischer Gruppen, die das Land der Mörder so schnell wie möglich verlassen wollten. Lagerzeitungen wurden gegründet, die »Unterwegs« hießen und »Ibergang«.

In der sowjetischen Besatzungszone standen die Überlebenden vor einer anderen Situation. Hier waren die befreiten Häftlinge sofort auf sich gestellt, ohne zuerst in Lagern aufgefangen zu werden. In Berlin gründete sich schon 1945 die erste Gemeinde im Osten, weitere folgten in Dresden, Erfurt, Halle, Chemnitz, Leipzig und Magdeburg. Nennenswerte Unterstützung er-

hielten die jüdischen Überlebenden allenfalls von internationalen jüdischen Organisationen, während das erste deutsche Dachorgan, der »Landesverband Jüdischer Gemeinden in der Sowjetischen Besatzungszone«, nahezu bedeutungslos blieb. Aber auch hier, wie in den westlichen Besatzungszonen, war nichts als die Ausreise das Ziel. Zurück blieb nur, wer zu alt oder zu krank war, um eine Emigration durchzustehen. Andere waren schlicht nicht mehr in der Lage, irgendetwas zu wollen.

Neuanfang im geteilten Land

Nur wenige deutsche Juden hatten im Reich selbst überlebt, etwa 1500 im Versteck, wie Hans Rosenthal, und rund 15 000 in Ehen mit Nichtjuden. Viele unter ihnen waren getauft und hatten sich kaum noch als Juden wahrgenommen oder ihre jüdische Identität verleugnet. Hinzu kamen etwa 9000 Überlebende der Konzentrationslager, die als deutsche Staatsbürger nicht in die DP-Camps aufgenommen wurden, sowie einige Hundert deutsch-jüdische Rückkehrer vor allem aus dem Exil in Shanghai. Diese kleinen, überalterten Gemeinden vereinigten sich Ende der 1940er Jahre mit den verbliebenen Juden aus den DP-Camps, die sich dem Exodus in Richtung Palästina nicht angeschlossen hatten – insgesamt eine Gruppe von etwa 20 000 Menschen.

In den Nachfolgestaaten des Dritten Reiches, der Bundesrepublik Deutschland (BRD) und der Deutschen Demokratischen Republik (DDR), entstand eine unterschiedliche politische, juristische und auch soziale Kultur im Umgang mit der Vergangenheit. In der Bundesrepublik waren die meisten Juden nach Auflösung der Camps in die Städte gezogen und kamen dort wieder mit ihrer deutschen Umgebung in Kontakt. Anders als die jüdischen Flüchtlinge aus Osteuropa, die sich von der deutschen Umwelt abkapselten, da sie die Bundesrepublik als »Durchgangsstation« betrachteten, entschlossen sich die zurückkehrenden deutschen Juden bald zur Gründung neuer Gemeinden, die allerdings nach wie vor nur als vorübergehende Einrichtungen gedacht waren. Schon im Juli 1945 war in München die Israelitische Kultusgemeinde entstanden, einige Monate später, im Dezember, gab es auch in Berlin wieder eine Jüdische Gemeinde, zu deren Gründungsvätern der ehemalige Auschwitz-Häftling Heinz Galinski gehörte. Das ausdrückliche Ziel auch dieser provisorischen Neugründungen blieb jedoch die Aus-

Heinz Galinski

1912 in Marienburg (Westpreußen) geboren, zog der gelernte Textilkaufmann Ende der 30er Jahre nach Berlin, weil er hoffte, in der Anonymität der Großstadt den nationalsozialistischen Verfolgungen besser entgehen zu können. Doch die Hoffnung trog. 1943 wurde Galinski mit seiner gesamten Familie nach Auschwitz deportiert. Er überlebte als Einziger, kehrte Deutschland aber nicht, wie die meisten anderen Überlebenden, den Rücken, sondern setzte sich unmittelbar nach Kriegsende für den Wiederaufbau der Jüdischen Gemeinde in Berlin ein, deren Vorsitzender er über 40 Jahre (1949–1992) blieb. Von 1988 bis zu seinem Tode 1992 war er zugleich Vorsitzender des Zentralrats der Juden in Deutschland.

reise. Die Aufgaben der Gemeinden bestanden, wie in der sowjetischen Besatzungszone, vornehmlich in der Unterstützung der Auswanderung.

Ein erstes deutliches Signal, dass einige Juden anfingen, ihre Koffer auszupacken und über eine Erneuerung des jüdischen Lebens in Deutschland nachzudenken, war die Gründung des Zentralrats der Juden in Deutschland im Juli 1950. Diese Dachorganisation der neuen Jüdischen Gemeinden und ihrer Landesverbände festigte als offizielle Vertretung die Existenz einer neuen jüdischen Gemeinschaft mit schon bald wieder 20000 Mitgliedern in der Bundesrepublik – eine Zahl, die bis 1990 auf 30000 Gemeindemitglieder anstieg. Der Zentralrat fungiert noch heute als zentrale Wohlfahrtsstelle, organisiert überregional die soziale Betreuung von jüdischen Jugendlichen und Senioren und gibt seit 1971 die seit 1946 existierende »Allgemeine Jüdische Wochenzeitung« heraus.

Der Mehrheit der Juden auf der ganzen Welt fehlte für die zum Hierbleiben Entschlossenen jedes Verständnis, und die Vertreter des politischen Zionismus betrachteten die Entwicklung mit größtem Argwohn. So drohte die »Jewish Agency« Ende der vierziger Jahre in einem Aufruf, »einige Zehntausend Juden, die noch in Deutschland verblieben« waren, nicht mehr nach Israel einwandern zu lassen; sie würden ihren Status als Mitglieder der jüdischen Gemeinschaft verlieren, denn sie hätten keine Berechtigung in Deutschland zu bleiben, »weder eine jüdische noch eine zionistische noch eine menschliche«. Erst in den fünfziger Jahren änderte die »Jewish Agency« ihre Haltung und stimmte auch der Gründung der »Zionistischen Organisation Deutschlands« zu, die bis heute um Auswanderung nach Israel wirbt.

Vergangenheitsbewältigung

In Deutschland und Europa begann die verhaltene Aufarbeitung der Vergangenheit. Schon bald nach Kriegsende tagte der Internationale Gerichtshof in Nürnberg. Dieser erste Prozess gegen 22 »Hauptkriegsverbrecher« endete mit zwölf Todesurteilen, die alle vollstreckt wurden, sieben Angeklagte erhielten Freiheitsstrafen, drei wurden freigesprochen; ab 1966 war der zu lebenslanger Haft verurteilte Rudolf Heß, der einstige »Stellvertreter« Adolf Hitlers, der einzige Häftling im Kriegsverbrechergefängnis Berlin-Spandau – und blieb es bis zu seinem Selbstmord im August 1987. In den zwölf Nürnberger Nachfolgeprozessen rückte die traditionelle Elite, die »Stützen der Gesellschaft«, auf die Anklagebank: Ärzte, Juristen, Industrielle und Beamte. 184 Personen wurden angeklagt, davon 24 zum Tode verurteilt und zwölf hingerichtet, 98 Angeklagte erhielten Haftstrafen, 35 wurden aus Mangel an Beweisen freigesprochen.

Die geringe Zahl der Angeklagten und die erschütternd milden Ergebnisse der Nürnberger Prozesse passten zum Bild der deutschen Nachkriegsgesellschaft, die erstaunlich problemlos ihren Weg zurück in die Normalität fand. Die Ernennung des Kommentators der Nürnberger Rasse-Gesetze, Hans Globke, zum engen Mitarbeiter von Bundeskanzler Konrad Adenauer war nur ein Beispiel der nicht erfolgten Entnazifizierung. »Du kannst Dich bei den Deutschen totdokumentieren«, schrieb der aus Polen über Paris nach Berlin emigrierte Historiker Joseph Wulf 1974 an seinen Sohn, »und die Massenmörder gehen frei herum, haben ihr Häuschen und züchten Blumen«. Auch später, in den sechziger und siebziger Jahren – etwa während der so genannten Auschwitz-Prozesse in Frankfurt am Main –, stand die milde Rechtsprechung immer wieder in der Kritik.

Ein weiteres zentrales Thema war die Frage der so genannten Wiedergutmachung, das heißt der Entschädigung für das zugefügte Unrecht und der Rückerstattung geraubten Vermögens. Die neu gegründete DDR ließ von vornherein keinen Zweifel daran, dass eine finanzielle Wiedergutmachung für sie nicht in Frage kam – aus dem Geist des Antifaschismus geboren, sah sie sich als nicht zuständig dafür an. Darüber hinaus galten die jüdischen Opfer als so genannte passive Opfer des Faschismus, die den Sonderstatus als Antifaschisten nicht teilten, es sei denn, sie hatten sich aktiv gegen das »Dritte Reich« engagiert. Ein bereits im Herbst 1945 in Thüringen erlassenes Wiedergutmachungsgesetz berücksichtigte allerdings die Rückerstattung enteigneten Besitzes, und »rassische Verfolgte« des Dritten Reiches erhielten in der DDR erhöhte Renten. Die Mitgliederzahl der jüdischen Gemeinden nahm bis zur Wende 1989 allerdings kontinuierlich ab. Von den anfangs etwa 5000 Juden in der DDR waren bis 1989 nur mehr rund 350 offiziell als Mitglieder der Jüdischen Gemeinde registriert.

In der Bundesrepublik wurden die Fragen der Entschädigung in Form der Rückerstattung entzogenen Eigentums und des Ersatzes »sonstiger Schäden« geregelt. Eine amerikanisch-jüdische Organisation, die »Jewish Claims Conference«, trat als Treuhänder derjenigen Juden auf, die keine Nachfolger und damit Erben hinterlassen hatten. Nachdem zwischen der BRD, Israel und der »Jewish Claims Conference« 1952 der Anspruch auf Wiedergutmachung verbindlich geregelt worden war, zahlte die Bundesrepublik in den darauffolgenden Jahren eine Summe von drei Milliarden D-Mark an Israel – berechnet nach den aufzubringenden Kosten für die Integration der Überlebenden in die israelische Gesellschaft. Die Verhandlungen über die Entschädigung der Zwangsarbeiter in den deutschen Industrie- und Rüstungsbetrieben wurden erst im Jahre 2001, mehr als 50 Jahre nach Kriegsende, abgeschlossen – nachdem die meisten Betroffenen bereits gestorben waren.

Zurück in der Normalität?

Das Wichtigste für die Menschen in Ost und West war der Wiederaufbau. Der Blick zurück war unbequem. Und doch war die Nazizeit immer wieder gegenwärtig, sie wurde jedoch unterschiedlich bewertet. Die DDR sah sich als das »andere«, das bessere Deutschland, als Siegerin über den Faschismus. Die Konzentrationslager wurden zu nationalen Gedenkstätten des Widerstands, die Juden spielten hierbei nur am Rande eine Rolle. In der Bundesrepublik, die sich demokratisch ausrichtete und die Rechtsnachfolge des »Dritten Reiches« antrat, wurde »Versöhnung« zum wichtigsten Schlagwort. Aber auch solche Versöhnung war nicht unumstritten. Nachdenkliche Zeitgenossen, wie etwa der Gründer der »Aktion Sühnezeichen – Friedensdienste«, Lothar Kreißig, wandten dagegen ein, dass »Versöhnung« doch wohl nicht von den einstigen Tätern ausgehen könne.

In den Schulen der Bundesrepublik und der DDR spielte die Aufklärung über die Geschichte des Dritten Reiches zwar eine immer wichtigere Rolle,

»Die Unfähigkeit zu trauern«

»Wo Schuld entstanden ist, erwarten wir Reue und das Bedürfnis der Wiedergutmachung. Wo Verlust erlitten wurde, ist Trauer, wo das Ideal verletzt wurde, ist Scham die natürliche Konsequenz.« Aber solche natürlichen Reaktionen, so Alexander und Margarete Mitscherlich in ihrem 1967 erschienenen Buch »Die Unfähigkeit zu trauern«, sind nach 1945 in Deutschland weitgehend ausgeblieben. Es gab keine öffentliche Trauer, sondern allgemeines Schweigen und Verdrängen. Eine bewusste Auseinandersetzung mit den Millionen Toten sei seelisch nicht möglich gewesen. Bewusstes Erinnern und Trauerarbeit seien aber notwendig, um dem unbewussten Weiterwirken der alten Ideale entgegenwirken zu können. Wo das nicht geschehe, könne es leicht zu einem Rückfall kommen. Dieses Buch der Mitscherlichs hat die junge Generation in den 60er Jahren stark geprägt.

allerdings in einer überwiegend selbstbezüglichen Art. Bezeichnend hierfür waren die unterschiedlichen Leitbilder, die das Gedenken prägten: Während im Westen Anne Frank zur Symbolfigur wurde, an der sich der »Glaube an das Gute im Menschen«, an die Rettung der Menschlichkeit durch den Einzelnen, wieder aufrichten ließ, stand im Osten der gerettete Jude – genau genommen seine Retter – im Zentrum der Erinnerungskultur. Auch in der DDR wurde ein jüdisches Kind zu einer Ikone des Antifaschismus. In Bruno Apitz' Roman »Nackt unter Wölfen«, erschienen 1958, überlebt ein dreijähriger Junge dank kommunistischer Häftlinge das Konzentrationslager. Der selbstlose Einsatz der Kommunisten wurde als Beweis dafür genommen, dass der hilflose Mensch nur durch das Kollektiv zu retten ist.

Außerhalb der staatlichen Institutionen versuchten Intellektuelle, Schriftsteller und Künstler, das Schweigen über die Vergangenheit und das Verdrängen der »deutschen Schuld« zu brechen. Autoren wie Günter Grass und Heinrich Böll oder die Psychoanalytiker und Sozialwissenschaftler Alexander und Margarete Mitscherlich – die in einem berühmten

Buch die »Unfähigkeit zu trauern« beklagten – standen dabei den pragmatischen Vertretern von Politik, Wirtschaft, Kirche und Gesellschaft gegenüber, die Wohlstand und »Normalität« zu obersten Prinzipien erhoben. Diesen Vertretern galt das Erinnern in der Zeit der Aufbau- und Wirtschaftswunderjahre nur als hinderlich.

Die wenigen skeptischen jüdischen Stimmen, wie Grete Weil, Edgar Hilsenrath oder Jean Améry, wurden in der Diskussion um die Verwerfungen innerhalb der deutschen Gesellschaft kaum vernommen. Einige von ihnen, wie der Schriftsteller Wolfgang Hildesheimer, Mitglied der berühmten »Gruppe 47«, kehrten Deutschland daraufhin den Rücken. »Ich gehöre nicht zur Mehrheit, die antisemitisch ist, und ich mag nicht zur Minderheit gehören, die eine solche Mehrheit in Kauf nimmt. Kurz: ich mag nicht dazugehören«, schrieb er 1963.

In den sechziger Jahren begehrten dann vornehmlich junge Menschen, Studenten und Schüler, gegen die Verdrängung ihrer Eltern auf. Ihre geistigen Vorbilder waren – von Theodor W. Adorno über Hans Mayer, Ernst Bloch und Herbert Marcuse bis zu Erich Fromm – aus Nazideutschland vertriebene jüdische Wissenschaftler, die Zuflucht in den USA gefunden hatten und mittlerweile zurückgekehrt waren. Der Philosoph und Soziologe Adorno beispielsweise begründete gemeinsam mit Max Horkheimer nach der Rückkehr aus dem Exil aufs Neue das als »Frankfurter Schule« bekannte Institut für Sozialforschung in Frankfurt am Main. Adorno wehrte sich gegen eine Haltung, die »aus dem öffentlichen Tabu über den Antisemitismus ein Argument für den Antisemitismus macht«. Solange ein Tabu bestehe, bestehe auch die Gefahr, es zu rechtfertigen. Dem könne man nur dann be-

München 1972

Der palästinensische Widerstand gegen den Staat Israel erlebte in Deutschland einen grausigen Höhepunkt. Während der Olympischen Sommerspiele drang das palästinensische Terrorkommando »Schwarzer September« in das Olympiadorf ein und nahm neun israelische Athleten als Geiseln, um in Israel inhaftierte Mitkämpfer freizupressen. Die Geiselnehmer forderten von den deutschen Behörden, sie mit ihren Geiseln nach Kairo ausfliegen zu lassen. Die Regierung unter Bundeskanzler Willy Brandt ging zum Schein auf die Forderung ein. Auf dem Flughafen Fürstenfeldbruck kommt es dann zu einer Befreiungsaktion, die in einem Debakel endet: Sämtliche Geiseln, ein Polizeibeamter und fünf der acht Terroristen kommen ums Leben. Die Geschichte dieses Attentats wurde 2005 von Stephen Spielberg verfilmt.

gegnen, »wenn man nicht idealisiert, wenn man nicht etwa Lobreden auf große jüdische Männer hält oder hübsche Bilder von israelischen Bewässerungsanlagen oder Kibbuz-Kindern« vorführe.

In der Protestbewegung der 68er insgesamt spielte die »jüdische Frage« aber letztlich kaum eine Rolle. Es ging den »Studenten« weder um die Juden noch um Antisemitismus, es ging ihnen primär um die autoritären Strukturen, die sich seit der Nazizeit kaum geändert hätten. Das Verhältnis zu den Juden wurde erst mit dem so genannten Sechs-Tage-Krieg wieder zu einem Thema. Die Beziehung zu Israel war für Deutschland zum Symbol für ein neues Verhältnis zu den Juden geworden. Das Bild des starken, selbstbewussten Israeli erfreute sich wachsender Beliebtheit. Als jedoch 1967, im dritten israelisch-arabischen Krieg, israelische Truppen die syrischen Golan-Höhen, das Westjordanland und den Sinai besetzten, gerieten die politischen Definitionen von »links« und »rechts« heftig durcheinander. Während die Politik eindeutig auf der Seite Israels stand, gab es in der studentischen Protestbewegung eine breite Unterstützung des palästinensischen Kampfes gegen den »israelisch-amerikanischen Imperialismus«. Zeitungen feierten die »Schlacht um Jerusalem«, die Linke zerstritt sich darüber, ob man nun mit Israel oder den Palästinensern solidarisch sein müsse.

Coming-out

Auch für die nachfolgende Generation der Juden in Deutschland wurde das Verhältnis zur Vergangenheit der Eltern wie zu Israel immer problematischer. In Deutschland aufzuwachsen, empfanden viele Nachkommen der Überlebenden als Bürde – in der Zeitschrift der zionistischen Jugend war vom »Käfig Deutschland« die Rede. Die eigenen Eltern hatten sich im »Land der Täter« eingerichtet, spendeten Geld für Israel und versuchten ansonsten, möglichst wenig aufzufallen. Von ihren Erlebnissen sprachen sie nicht. Viele Jugendliche träumten davon, es selbst besser zu machen, nicht wenige fassten den Plan, nach Israel auszuwandern. Doch mit dem Sechs-Tage-Krieg 1967 zerplatzte auch für viele Juden dieser Traum, ernüchtert kehrten manche zurück. Man blieb Israel gegenüber zwar solidarisch, aber doch mit immer kritischeren Untertönen.

Einen ersten entschiedenen Schritt aus der Unauffälligkeit machte die jüdische Gemeinschaft in Deutschland dann im Verlaufe eines Streites, der sich 1985 an dem Theaterstück »Der Müll, die Stadt und der Tod« des berühmten Filmemachers Rainer Werner Fassbinder entzündete. Eine der bewusst überzeichneten Hauptfiguren des Stückes war ein Spekulant, genannt »der reiche Jude«, dessen skrupellose Geschäfte die Stadt Frankfurt am Main zu zerstören drohten. Noch bevor das Stück in Frankfurt aufgeführt werden konnte, wo zur selben Zeit gerade heftige Auseinandersetzungen um Wohnhäuser tobten, die abgerissen werden sollten, um neuen Banken-Hochhäusern Platz zu machen, kam es zum Skandal. Viele glaubten, in dem rüden Spekulanten den angesehenen jüdischen Bauunternehmer Ignatz Bubis zu erkennen, und waren nicht gewillt, die antisemitische Provokation einfach hinzunehmen. Die öffentliche Kontroverse um das umstrittene Drama, in der Sätze wie »Die Schonzeit der Juden ist zu Ende« fielen, hatte eine mobilisierende und einigende Wirkung auf die jüdische Gemeinde. Bei der Premiere besetzten Juden aller Generationen die Bühne.

Dieser gemeinsame Protest veränderte das Selbstbild der Juden in Deutschland. Mit ihrem Schritt in die Öffentlichkeit zeigten sie sich, wie nie zuvor seit 1945, wieder als politisch handelnde deutsche Staatsbürger. Das neue Selbstverständnis verstärkte sich in den 1990er Jahren weiter, unter anderem in der so genannten Walser-Bubis-Debatte. Jener Ignatz Bubis, der den

Nationalsozialismus im Ghetto und in Zwangsarbeitslagern überlebte und den man 1985 in Fassbinders Stück diffamiert sah, hatte 1992 die Nachfolge Heinz Galinskis als Vorsitzender des »Zentralrats der Juden in Deutschland« angetreten. Als der Schriftsteller Martin Walser 1998 in seiner Dankesrede für den Friedenspreis des Deutschen Buchhandels in der Frankfurter Paulskirche gegen die »Moralkeule Auschwitz« schimpfte und »Normalität« einforderte, hatten Bubis und seine Frau als Einzige nicht applaudiert. 50 Jahre nach dem Ende der Shoah, so Walser, sollten die Deutschen endlich ihr Büßerhemd abstreifen und den Juden wie auch der eigenen Geschichte gegenüber selbstbewusst auftreten.

Nun gut, mag man sagen, dass ist doch ein vernünftiger Vorschlag. Indem er aber als Forderung vorgetragen und kritisch gegen die Juden gewendet wurde, hatten die Äußerungen einen unangenehmen antisemitischen Beigeschmack. Jetzt sollten die Juden auch noch schuld daran sein, dass sich manche Deutsche – vielleicht auch nur Herr Walser – wegen der deutschen Vergangenheit schlecht fühlten. Es folgten erregte Debatten über »Vergangenheitsbewältigung« und Antisemitismus, die zeigten, wie wichtig es ist, die Erinnerung an die jüngere Vergangenheit wach zu halten – nicht, damit sich irgendjemand schuldig fühlt, sondern um daraus zu lernen.

Die Zukunft des Antisemitismus

Seit dem Fall der Mauer 1989 befindet sich die deutsche Gesellschaft im Umbruch. Die »Nation« hat sich längst zu einer pluralistischen Zivilgesellschaft gewandelt. Auch die Jüdischen Gemeinden sind nicht länger Auswanderungsgemeinden, sondern Einwanderungsgemeinden. Rund 100 000 Juden und ihre oft nichtjüdischen Familienangehörigen sind seit 1990 aus der ehemaligen Sowjetunion nach Deutschland eingewandert. Die deutsche Jüdische Gemeinde ist damit die am schnellsten wachsende Jüdische Gemeinde außerhalb Israels. Und die russischen Juden sind nicht in erster Linie gekommen, weil sie vertrieben worden wären, sondern weil sie die Chancen eines sich öffnenden Europas nutzen wollen – wie andere Einwanderer auch.

Das Holocaust-Mahnmal

Zwischen 2003 und 2005 wurde im Zentrum Berlins, nahe des Brandenburger Tores, ein zentrales »Denkmal für die ermordeten Juden Europas« errichtet. Das von dem New Yorker Architekten Peter Eisenman entworfene, aus 2711 so genannten Stelen bestehende Mahnmal wurde im Mai 2005 eingeweiht. Über das als zentrale Gedenkstätte gedachte »Stelenfeld« wurde anfangs heftig gestritten, weil es andere Opfer als die Juden ausgrenze, weil es zu beliebig und viel zu erklärungsbedürftig sei, oder weil es nicht die Sache der »Täter« sei, der Opfer zu gedenken. Inzwischen ist das Mahnmal ein viel besuchter Ort in Berlin.

Heute leben rund 120000 Juden in Deutschland, etwa 85000 von ihnen sind in den insgesamt 83 Jüdischen Gemeinden organisiert. Als größte Jüdische Gemeinde in Deutschland gilt Berlin mit circa 12000 Mitgliedern, gefolgt von München (9000), Frankfurt am Main (8000) und Düsseldorf (7000). Und obwohl andere Minderheiten, ethnische oder religiöse Gruppen weitaus mehr Mitglieder verzeichnen, hat die Gegenwart von Menschen jüdischen Glaubens in Deutschland nach wie vor ein ganz besonderes Gewicht. »Wir sind nicht verschwunden«, sagte Israels Außenminister Shimon Peres anlässlich der Einweihung des neuen israelischen Botschaftsgebäudes in Berlin im Mai 2001. »Wir sind hier!«

Und dennoch: Die Geschichte der Juden in Deutschland belastet bis heute den Dialog zwischen jüdischen und nichtjüdischen Deutschen. Jüdische Einrichtungen in Deutschland stehen unter ständigem Polizeischutz. Zwar werden ein immer wieder aufflammender Neonazismus, Friedhofschändungen, Anschläge auf Synagogen und antisemitische Parolen im vereinten Deutschland von der Öffentlichkeit größtenteils als Fanatismus einer extremen Minderheit angeprangert. Man distanziert sich davon.

Aber nach wie vor durchzieht ein Gewebe antijüdischer Vorurteile die deutsche Gesellschaft, das besonders in Zeiten der Unsicherheit und Angst zu wuchern droht. Es ist ein neuer Antizionismus, der sich am israelisch-palästinensischen Konflikt entzündet und der unter der Hand dazu tendiert, unterschiedslos alle Israelis und alle Juden als »Gefahr für den Weltfrieden« an den Pranger zu stellen. Zwar kann, darf, muss die Politik der israelischen Regierung kritisiert werden, und das geschieht auch, sowohl innerhalb wie außerhalb Israels. Wer aber die Pose des Kritikers missbraucht, um »die Juden« für den Krieg im Nahen Osten verantwortlich zu machen und damit das Existenzrecht Israels in Frage zu stellen, der verbiegt nicht nur die Vergangenheit, sondern legt zugleich ein brennendes Streichholz an die antisemitische Zündschnur.

Anhang

Zeittafel: Das Wichtigste in Daten

3761 v. Chr. Jahr 1 der jüdischen Zeitrechnung. Gott erschafft die Welt in sechs Tagen.

Um 2000 v. Chr. verlässt, dem Alten Testament zufolge; ein Mann namens Abram (der sich später in »Abraham« umbenennen wird) seine chaldäische Heimatstadt Ur und siedelt sich mit seiner Familie in der fruchtbaren Kulturlandschaft Kanaan an, wo Gott einen Bund mit ihm schließt, als dessen Zeichen die Beschneidung gilt. Abrahams Enkel Jakob wird sich später in »Israel« umbenennen und zwölf Söhne zeugen, die als Ahnherren der zwölf Stämme Israels gelten.

Um 1250 v. Chr. Auszug aus Ägypten. Das 2. Buch Mose berichtet, wie die Israeliten aus ägyptischer Knechtschaft fliehen. Dieser Exodus wird als Gründungsakt Israels gedeutet. Die Geschichte des Volkes Israel beginnt mit dem am Berg Sinai geschlossenen Bund mit Gott.

Um 1000 bis 950 v. Chr. David eint die zerstrittenen Stämme Israels. Nach dem Sieg gegen die Philister macht er Jerusalem zur Hauptstadt des nunmehr vereinten Königreichs.

Um 950 v. Chr. Davids Sohn und Nachfolger Salomo lässt am Berg Zion den ersten Tempel errichten, wo nunmehr die Bundeslade aufbewahrt wird, die nach biblischer Überlieferung die Tafel mit den Zehn Geboten enthält. Damit wird Jerusalem auch zum zentralen Heiligtum des Reiches.

Um 926 v. Chr. Nach dem Tod Salomos begehren zehn der zwölf Stämme gegen dessen Nachfolger Rehabeam auf und schließen sich zu einem eigenen Königreich Israel im Norden des Landes zusammen. Die Stämme Juda und Benjamin bilden im Süden das Königreich Juda, mit Jerusalem als Hauptstadt.

Um 722 v. Chr. erobern die Assyrer das Nordreich. Große Teile der Bevölkerung werden ermordet oder verschleppt, die zehn Stämme gehen unter. Das Südreich hingegen beugt sich der assyrischen Fremdherrschaft, weshalb es künftig nur noch die Abkömmlinge Judas, die Juden, geben wird.

Um 586 v. Chr. wird Juda von den Babyloniern erobert, der Tempel in Jerusalem zerstört. Tausende Juden werden nach Babylonien verschleppt. Dort im babylonischen Exil ziehen sie sich ganz auf das Religiöse zurück und entwickeln sich zu einer Gemeinde.

Um 538 v. Chr. erobert der Perserkönig Kyros Babylonien. Dadurch werden auch Juda und Israel zu persischen Provinzen. Er erlaubt den babylonischen Judäern, in die

Heimat zurückzukehren und den Tempel wieder aufzubauen. Dieser zweite Tempel wird 515 fertiggestellt und geweiht.

323 v. Chr. stirbt der nächste Eroberer, Alexander der Große. Bald danach wird die jüdische Religion verboten.

167 v. Chr. Das anhaltende Glaubensverbot führt zu einem Aufstand der »Frommen«. Unter Führung des Judas Makkabäus kommt es zu einem Volksaufstand, in dessen Folge Jerusalem zurückerobert und der Tempel neu geweiht wird. Der glückliche Ausgang der Makkabäerkriege wird bis heute mit dem Chanukkafest gefeiert.

63 v. Chr. erobert der römische Feldherr Pompejus Jerusalem. Das römische Weltreich dehnt unter Herodes sein Herrschaftsgebiet über die gesamte Region aus.

30 n. Chr. Als Jesus aus Nazareth mit einer Anhängerschar zum Pessachfest nach Jerusalem kommt, fürchten die Behörden, dass es zu Unruhen kommen könnte. Jesus wird verhaftet und vor Gericht gestellt. Anschließend lässt der römische Stadthalter, der wegen seiner Grausamkeit berüchtigte Pontius Pilatus, den wegen Aufruhrs Verurteilten als »König der Juden« kreuzigen.

70 n. Chr. Nachdem es in den zurückliegenden Jahren immer wieder zu bewaffneten Widerständen gegen die römischen Besatzer gekommen war, schlagen die militärisch überlegenen römischen Legionen nun mit ganzer Härte zurück. Jerusalem wird in Schutt und Asche gelegt und der Tempel zerstört. Viele Juden müssen aus dem Heiligen Land fliehen oder werden vertrieben. Die Tempelzerstörung gilt daher als Beginn der Diaspora.

Um 200 wird die erste schriftliche Zusammenstellung der mündlichen Überlieferungen sowie der religiösen Gesetze und jüdischen Sitten vollendet: die Mischna.

306–337 Unter Kaiser Konstantin werden die Weichen für die weitere Geschichte des Abendlandes gestellt. Nach langen Jahren der Verfolgung erkennt Konstantin das Christentum an und lässt sich selbst noch auf dem Totenbett taufen.

Um 380 Konstantins Nachfolger, Theodosius, erklärt das Christentum zur staatlich geförderten Religion. In der Folge führt eine immer judenfeindlichere Politik zu diskriminierenden Gesetzen.

Um 800 Karl der Große weiß sich die Kenntnisse und Fähigkeiten der Juden zunutze zu machen. Um den Handel zu fördern, stellt er jüdische Kaufleute und Weinbauern unter königlichen Schutz und hebt viele Beschränkungen wieder auf.

965 In einer Urkunde spricht Otto der Große den »Juden und anderen Kaufleuten« das Privileg zu, mit allen Waren frei zu handeln und sie ohne Zollgebühren ins Land zu bringen.

Um 1000 Im Rheinland, etwa in Speyer, Köln, Worms und Mainz entstehen Metropolen jüdischen Denkens. An den einflussreichen Talmudschulen lehren Rabbiner wie Gerschom ben Jehuda oder Salomo ben Isaak, die in der gesamten jüdischen Welt verehrt werden.

1090 erneuert Kaiser Heinrich IV noch einmal die Schutzgarantien einiger seiner Vorgänger und gewährt einigen Juden zollfreien Handel, Unverletzlichkeit der Häuser, Freistellung von Abgaben und den Schutz vor Zwangstaufen.

1096 Beginn des ersten Kreuzzugs. Selbst ernannte Kreuzfahrerbanden überfallen die jüdischen Rhein-Gemeinden. Viele

Hundert Juden werden erschlagen, ertränkt oder verbrannt. Mindestens ebenso viele ziehen – vor die Alternative »Tod oder Taufe« gestellt – den Freitod als Märtyrer vor.

Um 1100 Infolge der Gewaltausbrüche während der Kreuzzüge entsteht eine besondere Form der Mystik, deren Anhänger als die »Chasside Aschkenas«, die Frommen Deutschlands, bezeichnet werden. Begründer dieser Schule ist Rabbi Jehuda ben Samuel, dessen Frau und zwei Kinder von Kreuzfahrern ermordet worden waren.

1215 Auf einer Kirchenversammlung (4. Lateranisches Konzil) wird das Verhältnis der Christen zu den Juden neu geregelt. Juden sollen künftig besondere Kleidungsmerkmale (»Judenhut«) tragen, um eine »Vermischung« mit den Christen zu verhindern. Von öffentlichen Ämtern sollen sie ausgeschlossen werden.

1349–1351 Eine Pestepidemie rafft über ein Drittel der Bevölkerung Europas hinweg. Die Juden werden für das Unerklärliche verantwortlich gemacht. Unter dem Vorwurf der »Brunnenvergiftung« kommt es zu systematischen Judenverfolgungen. Tausende werden ermordet, die Überlebenden ziehen sich aufs Land zurück, viele wandern Richtung Osten aus.

1530 Kaiser Karl V. lässt die judenfeindliche Schrift »Der gantz jüdisch Glaub« des Autors Antonius Margaritha zwischen dem Autor und dem anerkannten jüdischen Vermittler Josel von Rosheim öffentlich diskutieren. Am Ende des Streitgesprächs wird Margaritha als Unruhe stiftender Denunziant aus Augsburg verbannt.

1553 veröffentlicht der Mönch Martin Luther seine Schmähschrift »Von den Jüden und ihren Lügen« und macht die ohnehin bestehende antijüdische Stimmung zum Programm. Die Synagogen seien in Brand zu setzen, die Häuser der Juden zu zerstören. Die weltlichen Herrscher, die von den Diensten vieler Juden profitieren, erneuern daraufhin ihre Schutzgarantien.

1618–1648 Der Dreißigjährige Krieg verwüstet den Kontinent. Viele einst vertriebene Juden, die sich als Händler für alle kriegführenden Parteien unentbehrlich gemacht hatten, kehren nach Kriegsende in die alte Heimat zurück.

1671 Kurfürst Friedrich Wilhelm I. erlaubt 50 jüdischen Familien, die zuvor aus Wien vertrieben worden waren, die Ansiedelung in der Mark Brandenburg. Die Familien gründen daraufhin die erste Jüdische Gemeinde in Berlin.

1729 wird Moses ben Menachem Mendelssohn in Dessau geboren. 1743 folgt er seinem Lehrer nach Berlin und wird dort zum bedeutendsten Vertreter der Haskala, der jüdischen Aufklärung. Er fordert seine Glaubensbrüder auf, das Ghetto zu verlassen, die Gesetze des Glaubens zu beachten, sich aber auch weltlicher Bildung zu öffnen und »das Beste aus beiden Welten« miteinander zu verbinden. Er stirbt 1786.

1738 Am Morgen des 4. Februar stirbt Joseph Süß Oppenheimer am höchsten Galgen des Deutschen Reiches. Nach dem Tod des Herzogs Karl Alexander von Württemberg war dessen enger Vertrauter, der Geheime Finanzrat Oppenheimer, unter fadenscheinigen Beschuldigungen angeklagt und zum Tode verurteilt worden.

1781 erscheint die bahnbrechende Schrift »Über die bürgerliche Verbesserung der Juden« des preußischen Kriegsrates Christian Wilhelm Dohm, für den es ein Gebot der Menschlichkeit wie des Staatsinteresses ist, den Juden Gleichstellung und Bürgerrechte zu gewähren. Der preußische König ignoriert Dohms Schrift.

1781 gründen David Friedländer und Daniel Itzig in Berlin die erste jüdische »Freyschule«, an der christliche und jüdische Schüler praktisches Wissen erwerben sollen.

1791 werden in Frankreich »alle auf jüdische Individuen bezogenen Aufschübe, Vorbehalte oder Ausnahmen« abgeschafft. Zwei Jahre nach der Französischen Revolution werden die Juden allen anderen Bürgern gleichgestellt.

1807 werden die Juden unter der Herrschaft von Napoleons Bruder Jérome im Königreich Westfalen rechtlich den anderen Bürgern gleichgestellt.

1810 weiht Israel Jacobson (1769–1828) in Seesen, das zum neu gegründeten Königreich Westfalen gehört, die neue Synagoge ein. Der Gottesdienst wird auf Deutsch abgehalten, in der zur Synagoge gehörigen Schule werden die Kinder auch am Sabbat unterrichtet. Solche Reformvorstellungen, die auch in anderen Synagogen verwirklicht werden, empören die traditionellen Rabbiner.

1812 wird das »Edikt, betreffend die bürgerlichen Verhältnisse der Juden in dem Preußischen Staate« erlassen, das den in Preußen lebenden Juden die vollen bürgerlichen Rechte und Freiheiten gewährt. Nach der Niederlage gegen Napoleon musste Preußen durch Reformen erneuert werden.

1817 versammeln sich auf der Wartburg christlich-deutsche studentische Burschenschaften und verbrennen Bücher missliebiger jüdischer Autoren. Heinrich Heine schreibt später: »Dort, wo man Bücher verbrennt, verbrennt man auch am Ende Menschen.«

1819 brechen in ganz Deutschland Pogrome aus. Unter dem Ruf »Hep! Hep!« und »Jude, verreck!« plündert der Mob jüdische Häuser und zündet Synagogen an. In der Folge werden dem »Willen des Volkes« entsprechend etliche im Emanzipationsedikt von 1812 zugestandene Freiheiten wieder gestrichen: Ab 1819 dürfen christliche Kinder keine jüdischen Schulen mehr besuchen; 1822 werden Juden von den höheren Rängen der Armee ausgeschlossen; 1823 erklärt die preußische Regierung die jüdische Religion nur für »geduldet«.

1841 erscheint die anonyme Flugschrift »Vier Fragen beantwortet von einem Ostpreußen«. Wenig später meldet sich der Verfasser, Johann Jacoby, ein Königsberger Arzt. Seine Schrift macht ihn schlagartig in Deutschland bekannt und zum Helden der demokratischen Opposition. Denn er fordert eine »echte Teilnahme des Volkes an der Politik, geregelt in einer Verfassung«. Jacoby wird des Hochverrats angeklagt, wehrt sich aber juristisch erfolgreich.

1848 Einen Monat nach blutigen Aufständen in Frankreich bricht auch in Deutschland die Revolution aus. Aus lauter Angst vor »französischen Zuständen« sind die deutschen Fürsten zu großen Zugeständnissen bereit. Sie erlassen Verfassungen und versprechen Reformen, die bald darauf wieder kassiert werden.

1849 verabschieden die 586 Abgeordneten aus den deutschen Staaten in der Frankfurter Paulskirche eine demokratische Verfassung über die »Grundrechte des deutschen Volkes« mit dem für die deutschen Juden entscheidenden Paragraphen 16: »Durch das religiöse Bekenntnis wird der Genuss der bürgerlichen und staatsbürgerlichen Rechte weder bedingt noch beschränkt«. In den folgenden Wochen werden Gleichstellungsgesetze verkündet – und wenige Jahre später wieder aufgehoben, eingeschränkt oder vom Übertritt zum christlichen Glaubensbekenntnis abhängig gemacht.

1871 garantiert die Verfassung des neugegründeten Deutschen Reiches den Juden rechtliche Gleichstellung. Doch hohe Ämter in Militär, Verwaltung und Justiz bleiben ihnen faktisch auch weiterhin verwehrt. Mehr und mehr bilden sich judenfeindliche Vereinigungen. Bei den Wahlen zum preußischen Abgeordnetenhaus taucht 1879 zum ersten Mal die Parole »Wählt keine Juden!« auf.

1879 veröffentlicht der Journalist Wilhelm Marr (1818–1914) seine Schrift »Der Sieg des Judentums über das Germanentum«. Das Buch wird ein Bestseller. Zum ersten Mal wird darin die Judenfeindlichkeit nicht mehr religiös, sondern rassisch begründet. Aus Antijudaismus wird Antisemitismus.

1879 hält der vom Kaiser zum Hofprediger berufene Adolf Stoecker (1835–1909) seinen Vortrag, »Unsere Forderungen an das moderne Judentum«, in dem er erklärt: »Wenn wir gesunden wollen, (...) müssen wir den giftigen Tropfen der Juden aus unserem Blute loswerden.« Heinrich von Treitschke (1834–1896), damals einer der prominentesten deutschen Historiker, unterstützt Stoeckers Position. »Die Juden sind unser Unglück«, schreibt er 1879 und löst damit den Berliner Antisemitismusstreit aus.

1881 wird der russische Zar von einem Attentäter ermordet. Die Wut richtet sich gegen die Juden, Pogrome brechen aus. Unter der Parole »Die Juden ruinieren Russland, reißt sie in Stücke« verlieren Tausende ihr Leben. In den nächsten Jahren wandern zwei Millionen Juden aus Osteuropa aus.

1882 erscheint in Berlin der Aufruf »Autoemancipation! Mahnruf an seine Stammesgenossen von einem russischen Juden«. Leon Pinsker aus Odessa fordert seine Glaubensbrüder auf, sich aus der unwürdigen Situation der Anpassung an die Mehrheitskultur zu befreien und ein »eigenes Land« zu gründen. Der Journalist Theodor Herzl (1860–1904) findet 1897 auf dem ersten Weltkongress der zionistischen Vereinigung in Basel Zustimmung zu der Forderung einer »öffentlich-rechtlich gesicherten Heimstätte in Palästina« für die Juden.

1894 wird Albert Dreyfus, Hauptmann im französischen Generalstab, verhaftet, von einem Militärgericht der Spionage für die Deutschen angeklagt und zu lebenslanger Haft auf der Teufelsinsel in Französisch-Guinea verurteilt. Der Verdacht, hier werde einer verurteilt, weil er Jude sei, ruft internationalen Protest hervor. Dreyfus überlebt die Teufelsinsel, wird in einem weiteren Prozess freigesprochen und 1906 in allen Ehren wieder in die französische Armee aufgenommen.

1900 Über die ganze Welt verstreut leben etwa 10,5 Millionen Juden. Etwa drei Viertel davon, circa 7,5 Millionen leben in Osteuropa, 1 Million in den USA, mehr als 500 000 in Deutschland, 300 000 in Nordafrika, 150 000 in Frankreich, 100 000 in den Niederlanden und rund 40 000 in Palästina.

1916, mitten im Ersten Weltkrieg, ordnet das Kriegsministerium die so genannte »Judenzählung« an, angeblich drücken sich die Juden vor der Wehrpflicht. Die »Judenzählung« wird von der jüdischen Bevölkerung als tiefe Demütigung empfunden. Die zionistische Zeitschrift »Ost und West« prophezeit, »dass wir uns auf einen Judenkrieg nach dem Krieg gefasst machen müssen«.

1917 sichert der englische Außenminister Lord Arthur Balfour in seiner berühmten Balfour-Deklaration zu: »Seiner Majestät Regierung betrachtet die Schaffung einer nationalen Heimstätte in Palästina für das jüdische Volk mit Wohlwollen und wird die größten Anstrengungen machen, um dieses Ziel zu erleichtern.« Rechte anderer sollen dabei allerdings nicht beeinträchtigt werden.

1919 bricht in Berlin der so genannte Spartakusaufstand los, er wird blutig niedergeschlagen. Rosa Luxemburg, die als politisch kämpfende Frau, Sozialistin und Jüdin rechten Kreisen verhasst ist, wird, zusammen mit ihrem Mitstreiter Karl Liebknecht, ermordet.

1922 wird Außenminister Walther Rathenau ermordet. Schon mehrfach hat der Mob vor dem Reichstag gebrüllt: »Schlagt ihn tot den Walther Rathenau, die gottverdammte Judensau!«

1922 unterstellt der Völkerbund Palästina als Mandatsgebiet britischer Verwaltung. Die Selbstverwaltung der jüdisch-zionistischen Bevölkerung wird anerkannt.

1933 ist für die deutschen Juden ein Schicksalsjahr. Der Führer der NSDAP, Adolf Hitler, wird von Reichspräsident Paul Hindenburg zum Reichskanzler ernannt. In der Folge kommt es zu ersten judenfeindlichen Aktionen. Im April werden jüdische Geschäfte boykottiert. Im selben Monat verlieren Hunderte jüdische Staatsbedienstete infolge des »Gesetzes zur Wiederherstellung des Berufsbeamtentums« ihre Anstellung. Ab September werden die Juden aus dem Kulturleben ausgeschlossen. Als Reaktion darauf gründen deutsche Juden um den Rabbiner Leo Baeck die Reichsvertretung der Juden.

1935 Die »Nürnberger Gesetze« nehmen den deutschen Juden alle politischen Rechte. Partnerschaften zwischen Juden und Nichtjuden werden als »Rassenschande« gebrandmarkt.

1938 Am 9. November, als in einer vom Propagandaminister vorbereiteten Aktion reichsweit 7500 jüdische Geschäfte und über 200 Synagogen zerstört werden, erreicht die antijüdische Politik einen neuen Höhepunkt (»Reichskristallnacht«). Viele jüdische Bürger werden ermordet, mehrere Zehntausend verhaftet und in die Konzentrationslager nach Dachau, Buchenwald oder Sachsenhausen verschleppt. Nur diejenigen, die sich zur Ausreise aus Deutschland bereit erklären, dürfen die Lager später wieder verlassen.

1939 Während zu Beginn des »Dritten Reiches« mehr als 500 000 so genannte Glaubensjuden in Deutschland lebten, registriert die Volkszählung von 1939 nur noch 250 000 Menschen, die als Juden im Sinne der Nürnberger Gesetze gelten. Alle anderen hatten das Land inzwischen verlassen, die meisten in Richtung USA und Palästina.

1939 Am 30. Januar verlangt Hitler im Berliner Reichstag für den Kriegsfall die »Vernichtung der jüdischen Rasse in Europa«. Von nun an wird die »Lösung der Judenfrage« systematisch vorbereitet. Mit dem »Gesetz über die Mietverhältnisse mit Juden« vom 30. April, das die fristlose Kündigung jüdischer Mieter in »arischen« Häusern vorsieht, beginnt die Phase der Ghettoisierung, der Konzentration aller Juden in bestimmten Stadtteilen. Mit dem Überfall auf Polen beginnt der Zweite Weltkrieg.

1941 Ab dem 19. September sind alle Juden ab dem Alter von sechs Jahren gezwungen, einen handtellergroßen sechszackigen gelben Stern »sichtbar auf der linken Brustseite des Kleidungsstücks« zu tragen; am 23. Oktober wird allen noch in Deutschland und den besetzten Gebieten verbliebenen Juden die Auswanderung untersagt – beides vorbereitende Maßnahmen für die Massendeportationen, die einen Tag später, am 24. Oktober, offiziell angekündigt werden.

1942 Am 20. Januar findet in Berlin die so genannte Wannsee-Konferenz statt, um die »Endlösung der Judenfrage« zu organisieren. Alle europäischen Juden, es ist von 11 Millionen die Rede, sollen in Lagern versammelt, zum Arbeitseinsatz gezwungen und, sobald sie nicht mehr gebraucht würden, getötet werden. Schon im Dezember 1941 wird im besetzten Polen unter strenger Geheimhaltung eine mörderische Maschinerie errichtet: sechs Vernichtungslager – Kulmhof (Chelmno), Belzec, Sobibor, Treblinka, Majdanek (Lublin) und als größtes Auschwitz-Birkenau –, in denen während der folgenden drei Jahre fast drei Millionen Juden aus ganz Europa ermordet werden. Außer diesen sechs Mordzentren gibt es viele andere Konzentrationslager im Osten und Westen Europas – insgesamt 22 Hauptlager mit mehr als 1200 Außenlagern und Außenkommandos.

1945 Am 27. Januar befreit die Rote Armee das Konzentrationslager Auschwitz und trifft auf 5000 Überlebende. Von Osten und Westen rücken die alliierten Streitkräfte nun auf das Deutsche Reich vor, das schließlich im Mai kapituliert. Etwa sechs Millionen europäische Juden waren bis dahin dem deutschen Massenmord zum Opfer gefallen. Für die Überlebenden richten die Alliierten Unterkünfte ein, die so genannten Displaced Persons (DP) Camps.

1948 Am 14. Mai zieht die Mandatsmacht Großbritannien aus Palästina ab. Noch am selben Tag ruft David ben Gurion in Tel Aviv den Staat Israel aus, dessen erster Ministerpräsident er wird. Viele Juden aus Deutschland und den zuvor von Deutschen besetzten Gebieten siedeln nach Israel über.

1950 Im Juli wird der Zentralrat der Juden in Deutschland gegründet. Diese Dachorganisation der neuen Jüdischen Gemeinden und ihrer Landesverbände festigt als offizielle Vertretung die Existenz einer neuen jüdischen Gemeinschaft mit schon bald wieder 20 000 Mitgliedern in der Bundesrepublik.

1952 Zwischen der BRD, Israel und der »Jewish Claims Conference« wird ein Anspruch auf Wiedergutmachung verbindlich geregelt. Die Bundesrepublik zahlt in den darauffolgenden Jahren eine Summe von drei Milliarden D-Mark an Israel. Die Verhandlungen über die Entschädigung der Zwangsarbeiter in den deutschen Industrie- und Rüstungsbetrieben werden erst im Jahre 2001, mehr als 50 Jahre nach Kriegsende, abgeschlossen.

1967 erscheint das Buch »Die Unfähigkeit zu trauern« von Alexander und Margarete Mitscherlich und beschreibt die Nachkriegsstimmung in Deutschland. Eine offene Auseinandersetzung mit den Nazi-Verbrechen war nach 1945 weitgehend ausgeblieben. Es gibt keine öffentliche Trauer, sondern allgemeines Schweigen und Verdrängen.

1972 Der palästinensische Widerstand gegen den Staat Israel erlebt in München einen grausigen Höhepunkt. Während der Olympischen Sommerspiele dringt das palästinensische Terrorkommando »Schwarzer September« in das Olympiadorf ein und nimmt neun israelische Athleten als Geiseln, um in Israel inhaftierte Mitkämpfer freizupressen.

Eine Befreiungsaktion durch die Polizei endet in einem Debakel: Sämtliche Geiseln, ein Polizeibeamter und fünf der acht Terroristen kommen ums Leben.

1978 Zahlreiche empirische Studien, wie die von Alphons Silbermann »Sind wir Antisemiten«, weisen immer wieder darauf hin, das nach wie vor etwa 20 bis 50 Prozent der deutschen Bevölkerung zumindest Reste antisemitischer Einstellungen aufweisen. Tatsächlich kommt es bis heute immer wieder zu judenfeindlichen Ausschreitungen, werden Friedhöfe geschändet und Synagogen beschädigt.

1985 An dem Theaterstück »Der Müll, die Stadt und der Tod« des berühmten Filmemachers Rainer Werner Fassbinder entzündet sich eine Antisemitismus-Debatte. Die öffentliche Kontroverse um das Drama, in der Sätze wie »Die Schonzeit der Juden ist zu Ende« fallen, hat eine mobilisierende und einigende Wirkung auf die Jüdische Gemeinde. Bei der Premiere besetzen Juden aller Generationen die Bühne

2005 Im Mai wird im Zentrum Berlins, nahe des Brandenburger Tores, ein zentrales »Denkmal für die ermordeten Juden Europas« eingeweiht. Das von dem New Yorker Architekten Peter Eisenman entworfene, aus 2711 so genannten Stelen bestehende Mahnmal soll die Erinnerung an die an Juden begangenen Verbrechen wach halten.

Wichtige Begriffe

Aschkenas war ein Nachkomme des Stammvaters Noah, dessen Namen man mit der Region »Germania« gleichsetzte. So wurde mit diesem Namen die Gesamtheit der jüdischen Ansiedlungen nördlich der Alpen bezeichnet. Die Bewohner dieser Gemeinden, die Aschkenasim, unterschieden sich durch diese Namensgebung von den Sefardim, die sich im Gefolge des ab dem 7. Jahrhundert westwärts vorstoßenden Islam vor allem in Spanien ansiedelten.

Bar-Mizwa (Jungen), Bat-Mizwa (Mädchen) Am Sabbat nach seinem dreizehnten Geburtstag feiert der Junge die Bar-Mizwa, mit zwölf Jahren das jüdische Mädchen die Bat-Mizwa. Es ist die Feier ihrer religiösen Volljährigkeit. Zum ersten Mal darf der Bar Mizwa, der »Sohn der Gebote«, zum Gebet den Tefillin (Gebetsriemen) anlegen und gilt von nun an als vollwertiges Gemeindemitglied und Mitglied eines Minjan, in der zehn männliche Personen anwesend sein müssen, um einen Gottesdienst abhalten zu dürfen.

Brit Mila Die Beschneidung wird am achten Tag nach der Geburt eines Knaben in der Synagoge oder im Krankenhaus vorgenommen. »Alles, was männlich ist unter euch, soll beschnitten werden«, sprach Gott zu Abraham (Genesis, 17, 10–12), und dieser Bund zwischen Gott und den Nachkommen Abrahams wird bis ans Ende aller Generationen immer wieder erneuert.

Chanukka ist das achttägige Tempelweihfest, das an den Sieg der Makkabäer und die Wiedereinweihung des Jerusalemer Tempels im Jahre 165 v. Chr. erinnert. Im zuvor geschändeten Tempel, so berichtet es der Talmud, fand sich nur noch ein einziger Krug mit geweihtem Lampenöl. Ein solches Quantum reichte normalerweise aus, um den siebenarmigen Tempelleuchter (Menora) für einen Tag am Brennen zu halten. Wie durch ein Wunder hielt das Öl jedoch für acht Tage vor, und in Gedenken an dieses Wunder werden an Chanukka überall Lichter entzündet.

Cheder Jüdische Jungen kamen früh zur Schule, in den Cheder, den sie bis zu ihrem 13. Lebensjahr besuchten. Sie erhielten dort eine ausschließlich religiöse Bildung und wurden mit den Texten des Judentums vertraut gemacht, mit der Thora, dem Talmud und seinen Kommentaren. Auf die weltliche Bildung, auf Rechnen und Sprachkenntnisse, verwandte man kaum mehr als fünf bis sechs Wochenstunden. Die Lehrer wurden in der Regel nur zeitlich befristet eingestellt und schlecht bezahlt. Anerkennung genossen sie kaum. Mädchen durften erst viel später eine Schule besuchen.

Davidstern oder »Magen David« ist ein sechszackiger Stern, der aus zwei gekreuzten gleichseitigen Dreiecken besteht. Ob Davids Schild tatsächlich diese Sterngestalt hatte, ist nicht bekannt. Vermutlich war der Stern eher ein amulettähnliches Zeichen zur Abwehr böser Geister. Zum zentralen Symbol wurde der Magen David erst ab dem 19. Jahrhundert und steht seitdem für das jüdische Volk. Auch die Flagge des Staates Israel enthält deshalb den Stern.

Diaspora (griechisch: Zerstreuung) bezeichnet zum einen die Vertreibung und Auswanderung der Juden aus ihrem Mutterland in andere Teile der Welt. Zum anderen wird auch die weltweit zerstreute Gemeinschaft selbst so benannt.

Ghetto war das abgeschlossene Judenviertel, in das die Juden in vielen deutschen Städten nach Sonnenuntergang und an Sonn- und Feiertagen eingeschlossen wurden. Es war eine Welt für sich. Außerhalb des Ghettos durften sie nicht den Gehsteig benutzen, mussten entgegenkommenden Christen auf Zuruf Platz machen und den Hut vor ihnen ziehen.

Halacha heißt die Sammlung aller jüdischen Gesetze, Ver- und Gebote. In der Halacha werden die religiösen Pflichten festgeschrieben sowie alle Aspekte des jüdischen Lebens ziemlich genau geregelt.

Hebräisch ist die klassische Sprache des Judentums, in der alle wichtigen religiösen Werke verfasst sind. Sie wird von rechts nach links geschrieben und gelesen. Das Alphabet besteht aus 22 Konsonanten, Vokale werden also nicht mitgeschrieben. Das Problem der fehlenden Vokalzeichen wird seit dem 8. Jahrhundert durch ein System von Punkten und Strichen gelöst, die unter die Konsonanten platziert werden und bestimmte Vokalwerte darstellen.

Jahwe als Name für »Gott« wurde von Moses überliefert. Als Moses Gott nach seinem Namen fragt, erhält er zur Antwort: »Ich werde sein, der ich sein werde.« Und die Abkürzung der hebräischen Fassung dieses Ausdrucks lautet: JHWH. So heißt Gott bei Moses dann »Jahwe«. Viele Gläubige scheuen sich, den »heiligen Namen« auszusprechen. Sie nennen Gott stattdessen einfach »Herr«, »adonai«.

Jeschiwa bezeichnet ursprünglich die Sitzung beispielsweise an einem Gerichtshof. Später heißen so die Akademien, an denen die Rabbiner ausgebildet werden.

Jom Kippur (Versöhnungstag) ist der wichtigste Feiertag des jüdischen Jahres. Es ist ein Tag der Reue, der Buße und der Umkehr, an dem alle Gläubigen Gott um Verzeihung für ihre Sünden und Fehltritte bitten. Es ist ein strenger Fastentag, weder Essen noch Trinken sind erlaubt. Gebete und Gottesdienst beginnen bei Sonnenuntergang und enden erst am Abend des folgenden Tages.

Kabbala (hebräisch für Tradition, Überlieferung) ist der Name für eine sich ab dem 12. Jahrhundert entwickelnde jüdische Mystik. Die Kabbalisten suchten in der inneren Versenkung nach Antworten auf die weltlichen Leiden. Da die Vernunft den Abstand zu Gott offenbar nicht überwinden konnte, so war es vielleicht der Seele möglich, die »Ausstrahlungen« Gottes zu spüren.

Kaddisch Wenn der Mal'ach ha Mawet, der Todesengel, das Leben genommen hat, wird für die Seele des Gestorbenen eine Kerze angezündet. Um die Reinigung und Aufbahrung des Körpers kümmern sich die Chewra Kaddischa, Männer und Frauen. Als Zeichen der Trauer reißen die Angehörigen während der Andacht die Kleider ein. Zum Schluss der Bestattungszeremonie spricht der Erstgeborene oder ein naher Verwandter das Kaddisch (Heiligung), das Gebet der Trauernden, eine Lobeshymne auf Gott und eines der wichtigsten Gebete im Judentum. Für die Trauernden beginnt danach das Schiwa sitzen, die Trauerwoche.

Kaschrut von hebräisch »kascher«, das heißt »geeignet« bezeichnet die Regeln, die zu beachten sind, um »rein« zu bleiben.

Kibbuz ist eine Lebens- und Arbeitsgemeinschaft. Die Kibbuzim entstanden im Rahmen der jüdischen Einwanderung nach Palästina ab etwa 1908 und sollten das Land kultivieren helfen. Der Boden wie auch alles andere Eigentum gehört in diesen Einrichtungen allen Beteiligten gleichermaßen. Die Mitglieder arbeiten entsprechend ihren Fähigkeiten, erhalten aber keinen Lohn, sondern versorgen sich untereinander. Kindererziehung und Bildung erfolgt kollektiv. Heute gibt es nur noch wenige Kibbuzim in Israel.

Koscher ist das jiddische Wort für »kascher«. Bei einem koscheren Essen dürfen die Speisen kein Blut enthalten; Milch- und Fleischprodukte dürfen weder gleichzeitig verzehrt noch mit denselben Geräten zubereitet oder gemeinsam aufbewahrt werden; und es dürfen auch nur bestimmte Fleischsorten gegessen werden: Nicht koscher sind alle Kriechtiere, alle Fleisch- und Aasfresser sowie alle Tiere, die keine gespaltenen Hufe haben und nicht wiederkäuen (z. B. Schweine).

Mazel tow Die Hochzeit gehört im jüdischen Leben zu den großen festlichen Ereignissen. Früher wurden Ehen von so genannten Heiratsvermittlern, den schadchen, gestiftet, in orthodoxen Gemeinden ist dies zum Teil immer noch üblich. Am Ende der Zeremonie trinkt das Brautpaar gemeinsam aus einem Becher, dann zertritt der Bräutigam ein Glas und alle wünschen mazel tow – viel Glück.

Menora heißt der siebenarmige Leuchter im Heiligtum des Jerusalemer Tempels.

Mikwe ist das Tauchbad, das jede Jüdische Gemeinde besitzt. In der Mikwe nimmt die Braut vor der Eheschließung ein rituelles Bad. Auch nach einer Entbindung und einer Menstruationsperiode muss die Frau sich durch ein Bad in der Mikwe wieder reinigen.

Mischna (hebräisch: Wiederholung) ist Teil des Talmuds und beinhaltet die Aufzeichnung mündlicher Überlieferungen, Gesetze und Sitten, damit die Vorschriften (Reinheitsbestimmungen, Ehe- und Familiengesetze, Zivil- und Strafrecht usw.) von Generation zu Generation verlässlich weiter gegeben werden können. Die erste Mischna war bereits um das Jahr 200 vollendet.

Pessach auch Passah genannt, bedeutet »Überschreitung« und ist der Name für eines der wichtigsten jüdischen Feste, das in jedem Frühjahr in Erinnerung an den Auszug aus Ägypten gefeiert wird. Als Pessach wird auch das zu diesem Anlass geschlachtete Lamm bezeichnet. Mit dessen Blut hatten die Israeliten ihre Häuser markiert, damit das Verderben über ihre Behausungen hinwegschritt – deshalb: Überschreitung.

Pogrom wird eine gewalttätige Ausschreitung gegen religiöse, rassische oder nationale Minderheiten genannt. Der Begriff ist russischen Ursprungs, bezog sich ursprünglich auf ein »Unwetter« und meinte die damit einhergehende Verwüstung.

Purim ist ein freudiger Gedenktag, der an eine Begebenheit erinnert, die im Buch Esther beschrieben ist. Darin wird erzählt, wie der persische Minister Haman seinen König mit einer Intrige dazu bewegen will, alle persischen Juden zu ermorden. Der Jude Mordechaj aber und seine Nichte

Esther decken den Komplott auf, woraufhin Haman und seine Anhänger hingerichtet werden. Dieser Sieg über einen Feind des Judentums wird seit jeher in einer Art Karneval mit Maskenumzügen gefeiert.

Rabbi wörtlich »mein Meister«, ist ein Thoragelehrter, der in religiösen Fragen eine hohe Autorität hat. Ein Rabbiner lässt sich nicht ohne weiteres mit einem christlichen Geistlichen vergleichen. Er steht Gott nicht näher als andere Menschen, er predigt auch nicht, sondern dient als Ratgeber in allen Fragen von religiösem Belang.

Rosch ha-Schana (hebräisch: Kopf des Jahres) ist das jüdische Neujahrsfest. Es erinnert sowohl an die Erschaffung der Welt durch Gott als auch an den Bund, der zwischen Gott und Israel geschlossen wurde. Die Menschen sollen an diesem Tag ihr Tun überdenken, in sich gehen und Besserung geloben. In vielen Gemeinden wird der Betraum zu diesem Fest besonders feierlich geschmückt.

Sabbat ist der feierliche Höhepunkt der Woche, die nach jüdischem Brauch am Sonntag beginnt. In sechs Tagen, so berichtet es das erste Buch Mose (Genesis), hat Gott die Welt erschaffen, mit allem, was dazu gehört. Und nachdem sein Werk vollendet war, hat Gott am siebten Tag geruht. An diesem Tag sind viele Tätigkeiten verboten, auch die Vorbereitung von Speisen. Die Arbeit und die Geschäfte ruhen.

Schawuot oder Wochenfest sind zweitägige Feierlichkeiten, die sowohl einen landwirtschaftlichen als auch einen historischen Hintergrund haben. Einerseits wird der Abschluss der Getreideernte gefeiert. Andererseits wird an die Offenbarung der 10 Gebote erinnert, die sich nach talmudischer Überlieferung zur Schawuot-Zeit ereignet hat.

Schma Jisrael »Adonai Eloheinu, Adonai echad« – »Höre Israel, der Herr, unser Gott, ist Einer«, so beginnt das Aufsagen von Kapitel 6 aus dem 5. Buch Mose. Mindestens dreimal täglich ist das »Schma« aufzusagen, um sich zu dem einzigen Gott und zu seiner einzigartigen Beziehung zum Volk Israel zu bekennen.

Schoa (hebräisch: Verderben) ist der von Juden selbst verwendete Name für die vom nationalsozialistischen Regime betriebene Massenermordung von Juden in Deutschland und den von Deutschland besetzten Gebieten. Seit den 1970er Jahren ist daneben auch der Begriff »Holocaust« (Brandopfer) gebräuchlich.

Schtetl hieß die jüdische Siedlung oder das jüdische Viertel einer Kleinstadt in Mittel- und Osteuropa, wo die Juden relativ abgeschottet lebten. Die Bewohner blieben unter sich, ihre Kleidung, ihre Sprache, ihre Bräuche erhielten sich hier eher als anderswo. Es war eine von Armut und Enge gekennzeichnete Gemeinschaft, die dafür aber intakt geblieben zu sein schien.

Sefarad ist die biblische Bezeichnung für die iberische Halbinsel, wo für lange Zeit, unter islamischer Herrschaft, ein zweites blühendes Zentrum jüdischen Kulturlebens entstand, bis die »sefardischen« Juden Ende des 15. Jahrhunderts – nach der »Reconquista«, das heißt der christlichen Rückeroberung Spaniens – wieder von dort vertrieben und ein weiteres Mal in alle Himmelsrichtungen zerstreut wurden.

Sukkot oder Laubhüttenfest ist zum einen ein mehrtägiges Erntedankfest nach dem Einbringen vor allem der Obst- und Weinernte; die Ernte wird symbolisiert durch einen Feststrauß, der aus einem Zweig der Dattelpalme, drei Myrten- und zwei Bachweidenzweigen besteht, ergänzt um einen

Paradiesapfel (Etrog). Die für dieses Fest zu errichtende »Laubhütte« (aus Zweigen, Stroh und Reisig) soll zum anderen an die provisorischen Unterkünfte während der vierzigjährigen Wüstenwanderung der Israeliten erinnern.

Synagoge bedeutet »Haus der Versammlung«, »der Zusammenkunft«. Die Synagoge ist nicht mit einer christlichen Kirche zu vergleichen; sie ist ein Haus des Gebets und zugleich ein Haus des Lernens und ein Versammlungsort für die Gemeinde. Bestimmte Vorschriften für die Bauart von Synagogen gibt es nicht. Die meisten Synagogen bestehen aus drei Teilen: einem Hauptraum mit Betbänken für die Gemeinde, einem Kanzelraum für die Thoralesungen und einem »heiligen« Raum, wo die Thorarollen und Kultgegenstände verwahrt werden.

Takkanot heißen solche Anordnungen und Vorgaben von Rabbinern und Thoragelehrten, die nicht auf biblischen Quellen beruhen. Der Umgang mit moderner Technik beispielsweise wirft Fragen auf, die im Lichte des Alten Testaments neue Antworten und Regelungen verlangen.

Tallit wird der traditionelle Gebetsmantel genannt. Er ist ein rechteckiges Gewand, an dessen Enden so genannte Schaufäden (Zizit, plural: ziziot) angebracht sind. Diese Schaufäden sollen den Gläubigen – wie der Knoten im Taschentuch – stets an Gott und die Pflichten ihm gegenüber erinnern.

Talmud bedeutet »Belehrung«. Nach der Zerstörung des Tempels und der »Zerstreuung« der Juden begann man, Gesetze, Sitten und Überlieferungen aufzuschreiben, um religiöse Vorschriften und Brauchtum zu erhalten. Eine erste Zusammenstellung wurde um das Jahr 500 in Mesopotamien abgeschlossen, im so genannten Babylonischen Talmud. Im Talmud wird zwischen der strengen *Halacha* (Gesetzeslehre) und der *Aggada* (Erzählung) unterschieden. Letztere nimmt mit der Zeit an Umfang immer weiter zu, da es kaum ein Thema gibt, das der Talmud unbeantwortet lässt und die Gesetze im Lichte neuerer Entwicklungen stets neu ausgelegt werden müssen.

Tefillin heißen die Gebetsriemen, die beim Gebet an Kopf und linkem Arm angelegt werden. An den Riemen befinden sich kleine würfelförmige Lederkapseln, die Pergamentstreifen mit Thora-Textstellen enthalten. Eine dieser Kapseln soll in Richtung des Herzens zeigen, eine andere oberhalb des Nasenbeins an der Stirn aufliegen.

Thora ist das Allerheiligste der Hebräischen Bibel. Sie besteht aus den Fünf Büchern Mose. Aufgeschrieben wurden sie etwa zwischen 950 und 800 vor unserer Zeitrechnung. Die Thora, von Hand auf Pergament geschrieben und um zwei Stäbe gewickelt, enthält alle 613 Ge- und Verbote (Mitzwot, Plural: Mitzwa) des Judentums und erzählt die Geschichte von der Weltschöpfung bis zum Tode des Religionsstifters Moses.

Zionismus meint ursprünglich die Orientierung der Juden auf eine Rückkehr in das dem Volk Israel in der Bibel verheißene Gelobte Land (Palästina) und nach Zion (Jerusalem). Im letzten Drittel des 19. Jahrhunderts, als die Juden sich durch den modernen Antisemitismus bedrängt sahen, wurde daraus eine politische Bewegung. Ihr Begründer war der Journalist Theodor Herzl. Er forderte einen eigenen Judenstaat, um die »Judenfrage« zu lösen. Auf Zustimmung stieß er dabei zuerst bei den Juden aus Mittel- und Osteuropa, die viel stärker als die den Zionismus anfänglich ablehnenden Westjuden in der abgeschotteten Welt ihrer Schtetl gelebt hatten.

Das jüdische Jahr

Der jüdische Kalender richtet sich nach dem Mond, wird aber unter Berücksichtigung des Sonnenstandes so ausgeglichen, dass die Monate immer in die gleiche Jahreszeit fallen. Denn ein reines Mondjahr, wie es im Islam gebräuchlich ist, erweist sich beispielsweise für die Landwirtschaft als sehr unpraktisch. Da das Mondjahr um elf Tage kürzer ist als das Sonnenjahr, verschieben sich die Jahres- und Monatsanfänge laufend und wandern durch alle Jahreszeiten – sodass man sich für Aussaat und Ernte nicht am Kalender orientieren kann.

Um die Differenz zum Sonnenjahr immer wieder auszugleichen, wird im Schaltjahr zwischen Schevat und Adar ein zusätzlicher Monat von 30 Tagen eingeschoben, der schlicht Adar I genannt wird.

So heißen die Monate des jüdischen Kalenders:

1. Tischri
   (September bis Oktober, 30 Tage)
2. Cheschwan
   (Oktober bis November, 29 bzw. 30 Tage)
3. Kislev
   (November bis Dezember, 30 bzw. 29 Tage)
4. Tevet
   (Dezember bis Januar, 29 Tage)
5. Schevat
   (Januar bis Februar, 30 Tage)
6. Adar
   (Februar bis März, 29 Tage)
7. Nisan
   (März bis April, 30 Tage)
8. Ijjar
   (April bis Mai, 29 Tage)
9. Siwan
   (Mai bis Juni, 30 Tage)
10. Tammus
    (Juni bis Juli, 29 Tage)
11. Aw
    (Juli bis August, 30 Tage)
12. Elul
    (August bis September, 29 Tage)